한 권으로 끝내는
정치테마주

KB112547

한 권으로 끝내는
정치테마주

초판 1쇄 인쇄 | 2021년 8월 20일
초판 1쇄 발행 | 2021년 8월 27일

지은이 | 최기운·이창민·김종혁
펴낸이 | 박영욱
펴낸곳 | (주)북오션

편 집 | 권기우·이상모
마케팅 | 최석진
디자인 | 서정희·민영선·임진형
SNS마케팅 | 박현빈·박가빈

주 소 | 서울시 마포구 월드컵로 14길 62
이메일 | bookocean@naver.com
네이버포스트 | post.naver.com/bookocean
전 화 | 편집문의: 02-325-9172 영업문의: 02-322-6709
팩 스 | 02-3143-3964

출판신고번호 | 제2007-000197호

ISBN 978-89-6799-604-8 (03320)

*이 책은 북오션이 저작권자와의 계약에 따라 발행한 것이므로 내용의 일부 또는 전부를
 이용하려면 반드시 북오션의 서면 동의를 받아야 합니다.
*책값은 뒤표지에 있습니다.
*잘못 만들어진 책은 구입하신 서점에서 교환해 드립니다.

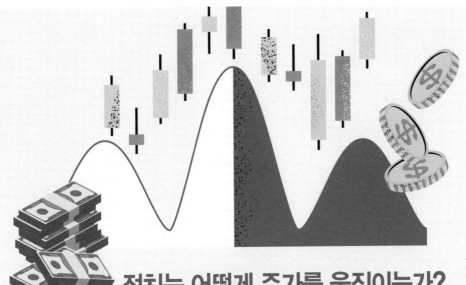

정치는 어떻게 주가를 움직이는가?

한 권으로 끝내는

최기운 | 이창민·김종혁 (L&K투자연구소) 지음

정치테마주

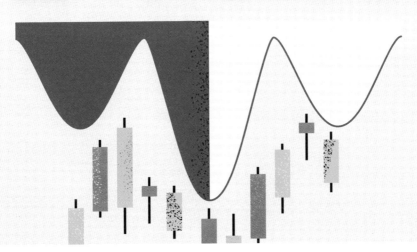

북오션

책을 시작하며

사실 《한 권으로 끝내는 정치테마주》는 우리의 작은 궁금증을 해결해 나가는 과정을 담은 책이다. 선거철이 되면 정치테마주 급등 기사가 쏟아진다. 그러면 과연 어떤 정치적 사건에 주가가 반응하는 것일까? 모든 것이 이 호기심에서 출발했다. 우리는 이를 알아내려고 최근 정치사와 정치테마주를 일일이 비교하기 시작했다. 이 과정을 담은 파트가 '제2장 정치적 사안과 주가추이 비교'다. 여기서 몇 가지 공통된 사건 혹은 상황이 정치테마주를 움직인다는 사실을 알 수 있었다.

2장을 작성하며 우리는 어떤 후보의 테마주가 급등하면 다른 후보의 테마주는 침체하는 경우를 많이 목격했다. 곧바로 우린 후보별 테마주의 급등 기간을 합치기로 했고 곧 재미있는 현상을 발견했다. 각각의 급등이 꼬리에 꼬리를 물고 이어진다는 것이었다. 마치 거대한 자금이 테마주를 차례차례 이동하는 듯했다. 이는 '제3장 자금 흐름 따라 가기'에 담겨 있다.

이 거대한 흐름을 탔을 때의 수익률은 굉장한 수준이었다. 그렇다면 '이 물결은 어떠한 상황 때문에 일어난 것일까?'라는 호기심이 생겨났

4

다. 이 궁금증을 풀고자 우리는 다시 정치사로 되돌아갔다. 그 결과 여론조사 지지율과 상당 부분 연관이 있음을 확인했다. 급등 기간은 지지율 상승을 동반했다. 이를 구체적으로 알아보려고 수많은 여론조사 자료를 모아 테마주와 비교했고 그 관계를 추정해 보고자 '제4장 여론조사와 주가 관계'를 썼다.

최초의 질문에서 파생된 질문이 이 책을 쓰도록 만들었다. 그러나 글을 쓰는 내내 어떤 우려가 따라 다녔다. 정치테마주는 투기 세력이 만든 허위를 재료로 형성되었으며 가파른 급등락 탓에 많은 투자자가 피해를 입었다. 그렇기에 우리가 다룬 내용이 정치테마주 투기를 조장하지는 않을까 하는 우려였다. 정치테마주가 그간 보여준 급등을 유지하는 한 이에 대한 관심을 막을 방법은 없다고 생각한다. 그렇다면 최소한 알고 투자할 수 있도록 돕는 것이 그 위험과 피해를 최소화하는 차선이 아닐까 생각했다.

그래서 정치테마주의 불편한 진실까지 적나라하게 보여줄 필요성 또한 느꼈다. 이는 마지막 장인 '제5장 정치테마주의 모든 것'에 담겨 있다. 정치테마주의 탄생과 변천사부터 세력들의 불공정거래에 대한 금융 당국의 제재, 기업과 주주의 도덕적 해이까지 앞에서 미처 다루지 못한 정치테마주, 그 자체를 이야기하면서 마무리 지었다.

목 차

chapter 3　자금 흐름 따라가기

chapter 4　여론조사와 주가의 관계

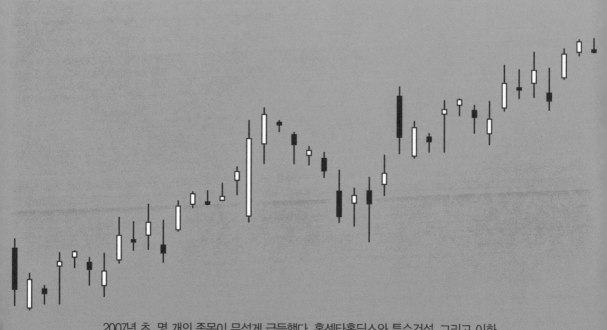

2007년 초, 몇 개의 종목이 무섭게 급등했다. 홈센타홀딩스와 특수건설, 그리고 이화
공이 대표적인 종목이었다. 이 급등은 워낙 극적이었기에 언제 폭락해도 이상하지 않
았다. 그러나 이 광기는 아슬아슬한 분위기 속에서 같은 해 12월 7일까지 지속되었다.
이 중 가장 인상적이었던 이화공영은 1월 2일부터 주가가 약 3108퍼센트나 상승하기
에 이른다. 이 광기는 몇 년을 주기로 반복됐다.

chapter 1

들어가기에 앞서

01

반복되는 광기

2007년 초, 몇 개의 종목이 무섭게 급등했다. 홈센타홀딩스와 특수건설, 그리고 이화공영이 대표적인 종목이었다. 이 급등은 워낙 극적이었기에 언제 폭락해도 이상하지 않았다. 이 광기는 아슬아슬한 분위기 속에서 같은 해 12월 7일까지 지속되었다. 이 중 가장 인상적이었던 이화공영은 1월 2일부터 주가가 약 3108퍼센트나 상승하기에 이른다.

이 광기는 몇 년을 주기로 반복됐다. 2011년 말, 아가방컴퍼니와 메디앙스로 대표되는 종목군이 1년간 1000퍼센트에 달하는 주가 상승률을 기록했으며 2016년에는 바른손과 우리들휴브레인 등으로 구성된 종목군이 반년도 안 되는 더 짧은 시간 동안 약 500퍼센트에 달하는 주가 상승률을 보여줬다.

다음은 앞서 말한 종목의 주가상승폭과 업종을 담은 표다. 각각의 종목을 보면 높은 주가 상승률 이외에 딱히 공통점이 보이지 않는다. 또한, 단기간에 이 정도나 주가가 상승할 업종인가 하는 의구심이 드는 종목도 상당수 보인다.

종목명	기간	시작가	최고가	업종
홈센타 홀딩스	2007.01.02.~2007.12.07.	509	7,658	건축자재 도소매업
특수건설	2007.01.02.~2007.12.07.	2,587	40,948	보링·그라우팅 및 관정 공사업
이화공영	2007.01.02.~2007.12.07.	796	25,538	건물 건설업
아가방 컴퍼니	2010.12.20.~2012.01.03.	2,200	22,250	유아용 의류 도매업
메디앙스	2010.12.20.~2012.01.03.	2,025	22,985	치약비누 및 기타 세제 제조업
바른손	2016.04.12.~2016.09.08.	2,611	15,212	문화콘텐츠 제작 및 배급업
우리들 휴브레인	2016.04.12.~2016.09.08.	2,730	15,300	의료기기 도매업

사실 위 종목은 지난 세 번의 대선에서 당선된 후보의 정치테마주다. 재미있는 점은 당선되지 못한 후보 역시 테마주를 형성했으며 이들과 시기만 다를 뿐 비슷한 주가 상승을 보여줬다는 것이다. 이 현상은 20대 대선을 앞두고도 다시 한번 반복되는 중이다.

정치를 알아야 하나?

정치테마주는 이름 그대로 정치인의 행보에 영향을 받는다. 어떤 이가 대선주자로 부각돼 주목도가 올라가면 관련 테마주의 주가가 상승하는 경향이 있었다. 반대로 주목도가 떨어지거나, 대선주자로서 영향력을 상실하면 해당 정치테마주는 하락하는 경향을 보였다. 즉 한 후보의 정치 인생에 돈을 건 게임이라고 할 수 있다.

출마 선언 = 주가 상승?

여기서 문제는 주목도가 여전하며 대선주자로서 영향력을 상실하지 않았는데도 정치테마주가 하락하는 경우도 빈번하다는 점이다. 또한, 유사한 정치적 사건에 대해 정치테마주가 전혀 다른 반응을 보이는 경

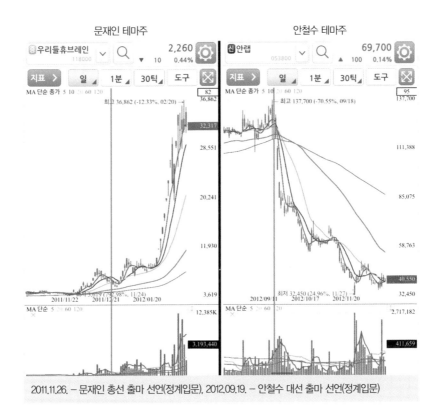

2011.11.26. – 문재인 총선 출마 선언(정계입문), 2012.09.19. – 안철수 대선 출마 선언(정계입문)

우도 많다. 가장 쉬운 예로 제18대 대선 시기 문재인과 안철수의 정계 입문 당시를 들 수 있다.

당시 문재인과 안철수는 모두 제18대 대선 막바지 들어 차기 대선주 자로 거론되었다. 또한, 정계의 러브콜을 고사하던 중 결국 대선 출마를 결심했다는 공통점이 있기도 했다. 문재인은 대선 1년 전 총선에 출마 하며 공식적으로 정계에 입문했으며 안철수는 대선 출마를 통해 정치권 에 뛰어들었다.

단순하게 항간에 떠도는 '출마 선언 = 주가 상승'의 공식을 대입한다면 위의 상황은 이해하기 힘들다. 만약 총선 출마 선언 이후 문재인의 테마주가 급등하는 광경을 목격한 이가 안철수가 대선에 출마하겠다고 선언했다는 속보를 접했다고 가정해 보자. 활발하게 주식 투자를 하는 이라면 당일 안철수 관련 테마주를 매수했을 가능성이 크다. 그렇다면 그 결과는 어떠했을까? "왜 내가 사면 항상 떨어질까?" 하는 자괴감과 함께 참혹한 수익률을 받아들어야 했을 것이다. 즉, 정치적 맥락 없이 풍문과 같은 공식을 따라서 정치테마주에 투자한다면 매우 큰 피해를 볼 수 있다.

정치테마주의 업종

안정적인 주식 투자를 하려고 한다면 업종에 대한 이해는 필수다. 만약 전기차 회사에 투자하고자 한다면 전기차 시장의 전망과 기업별 점유율, 그리고 경제적 해자를 가려내는 정도는 시장을 이해해야 한다.

그렇다면 정치테마주에서 '업종'은 무엇일까? 종목마다 매우 다양한 업종에 포함돼 있지만 결국 '정치적 흐름과 맥락'이다. 대다수 정치테마주가 소형주에서 형성되기 때문에 해당 기업 자체의 실적보다 외부 변수인 정치적 상황이 주가에 더 큰 영향을 주는 경우가 많다. 따라서 정치적 상황이 어떻게 흘러가는지 이해할 수 있어야 재료의 형성과 소멸 포인트를 잡아낼 수 있다.

03

재료와 소멸, 그리고 선반영

재료의 형성과 소멸

우선 재료의 사전적 정의를 알아보자. 재료란 '주가를 움직이게 하는 구체적인 사건과 정보'(한경 경제용어사전), '증권거래에서 주식의 시세를 움직이는 요인'(표준국어대사전)으로 정의 내릴 수 있다. 일반적으로 주식시장에서 재료는 주가 상승을 견인하는 사건으로 알려져 있는데 보통 "재료가 형성돼 주가 상승 모멘텀이 발생했다"고 말한다.

반대로 재료 소멸이란 주가 상승의 동력이 사라짐을 말한다. 만약 이후 추가 재료가 형성된다면 조정과 상승을 반복하는 전형적인 장기 급등 곡선을 그릴 수 있다. 하지만 추가 재료 형성에 실패한다면 조정은 큰 폭락으로 이어질 가능성이 높다.

여기서 한 가지 의문이 들 것이다. 앞서 문재인, 안철수의 테마주를 비교한 자료를 보면 같은 사건이 발생했음에도 주가의 향방은 크게 엇갈렸다('총선 출마 선언은 상승하고 대선 출마 선언은 하락하는구나'라고 단순하게 보지 않기를 바란다. 큰 관점에서 정계 입문이라는 공통된 사건이었다).

"문재인 테마주는 출마 선언으로 재료가 형성되었지만, 안철수 테마주는 출마 선언으로 재료가 소멸됐다"라고 말한다면 설득력이 크게 떨어지는 주장이다. 사실 이 차이는 '재료의 선반영' 정도에서 발생했다고 보는 편이 타당하다.

재료의 선반영

재료의 선반영이란 주가가 상승할 것이라는 기대감이 주가에 미리 반영되는 것을 말한다. 즉, 이벤트가 발생하기 전에 기대감으로 먼저 주가가 상승하는 것이다. 이때 선반영 폭이 클수록 재료가 빠르게 소멸한다.

예를 들어, 파급력이 있는 A 정치인이 대선에 출마하는 상황을 가정해 보자. 여기서 재료는 '대선 출마 선언'이다.

이 정보는 소수만 알고 있을 수도 있지만, 시장에 널리 퍼졌을 수도 있다. 전자라면 재료의 선반영이 크지 않아 출마 선언 직후에 주가가 상승하기 시작할 가능성이 있다.

하지만 후자라면 상황은 크게 다르다. 재료가 선반영돼 출마 선언 직전까지 꾸준히 주가 상승이 이루어질 것이다. 이후 예상대로 A 정치인이 출마 선언을 해서 당일 큰 움직임을 보여 준다면 이른 시점 매수한 이는 어떤 결정을 내릴 수 있을까? 차익 실현을 위한 매도는 한 가지 옵

션이다. 그리고 이 선반영된 매도세가 재료 형성 이후의 매수세를 상회한다면 재료 소멸로 주가 하락이 시작될 것이다.

이러한 메커니즘을 이해한다면 앞선 사례가 달리 보일 것이다. 안철수는 대선 출마에 앞서 서울시장 출마를 고려한다고 직접 밝혀 정치권을 흔든 적이 있다. 이 기간 안철수 테마주의 주가는 매우 많이 올랐다. 이처럼 대선 출마 이전부터 상당 부분 선반영되어서 정작 출마 후에는 차익 실현과 재료 소멸로 주가가 폭락했다.

이에 비해 문재인은 박근혜와 안철수의 테마주가 급등한 이후 총선에 출마하며 본격적으로 정계에 뛰어들었다. 당시 정치 구도상 문재인과 안철수가 야권을 양분할 것으로 보였으나 안철수 테마주와 달리 문재인 테마주는 형성 여부조차 알 수 없을 정도로 주가 상승이 미미했다. 따라서 문재인 테마주의 재료 선반영은 상대적으로 적었고 출마 선언을 시점으로 주가가 폭등했다.

이를 요약하면 정치적 상황을 바탕으로 재료가 형성되고, 이것이 선반영 되는 정도에 따라 재료 소멸 시점이 결정된다고 할 수 있다. 그렇다면 재료에 해당하는 정치적 사건에는 어떤 종류가 있을까? 다음 장에서 후보별로 정치 행보와 테마주를 비교하며 어떠한 상황에서 주가 급등 상황이 연출되는지 살펴보도록 하겠다.

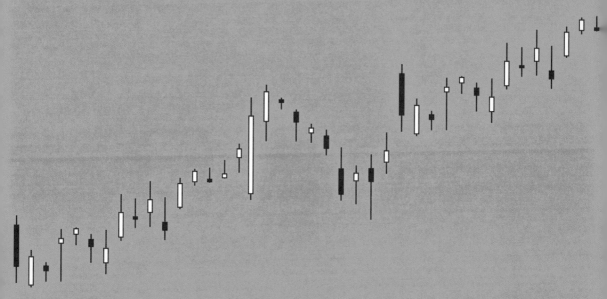

선거철이 되면 정치테마주 급등 기사가 쏟아진다. 그러면 과연 어떤 정치적 사건에 주가가 반응하는 것일까? 모든 것이 이 호기심으로부터 출발했다. 우리는 이를 알아내기 위해 최근 정치사와 테마주 주가 흐름을 비교하기 시작했다.

chapter 2

정치적 사안과 주가 추이

제19대 대통령 선거_ 출마 후보 편

문재인

故 노무현 전 대통령의 비서실장 출신인 문재인은 친노 진영의 구심점을 맡아 제18대 대선을 치렀다. 비록 낙선했으나 3.5퍼센트 차이의 2위로 마감한 아쉬운 패배였다. 그런 점이 여전히 문재인을 19대 대선에서 가장 주목해야 할 후보로 여길 충분한 이유가 됐다.

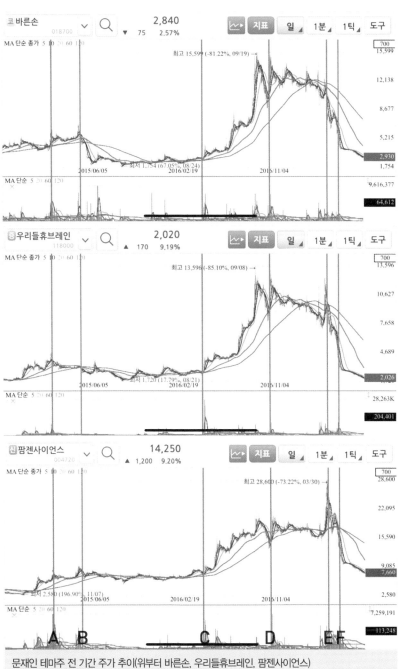

문재인 테마주 전 기간 주가 추이(위부터 바른손, 우리들휴브레인, 팜젠사이언스)
(바른손-코스닥, 우리들휴브레인/팜젠사이언스-코스피)

	일자	비고
A	2015.02.08.	새정치민주연합 대표 선출
B	2015.04.29.	4·29 재보궐선거
C	2016.04.13.	제20대 국회의원 선거
D	2016.10.24.	Jtbc 태블릿PC 보도
E	2017.04.03.	더불어민주당 경선 승리
F	2017.05.09.	제19대 대통령 선거

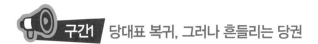 구간1 당대표 복귀, 그러나 흔들리는 당권

새정치민주연합, 문재인 대표 체제 출범

문재인은 제18대 대선 패배 이후 정계 일선에서 물러나 있었다.[1] 그 시기 새정치민주연합[2]을 이끈 사람은 안철수–김한길 공동대표였다. 그러나 공동지도부는 7·30 재보궐선거에서 야권이 패하자 사퇴한다. 이후 새정치민주연합은 당대표직을 공석으로 둔 채 비상대책위원회 체제로 운영된다.[3]

비대위 이후 새 지도부 선출을 위한 전당대회를 앞둔 문재인은 그동안의 잠행을 끝내고 당대표 선거에 출사표를 던진다(2014.12.29.). 그는

---

1 연합뉴스(2012.12.30.) 문재인, 신년 초까지 칩거 이어갈 듯
2 김한길 지도부의 기존 민주당과 안철수의 새정치연합이 합당하여 만든 정당이다(2014.03.26.).
3 동아일보(2014.07.31.) 김한길–안철수 동반퇴진… 새정치민주연합 비대위체제 전환

출마 선언 직후 여론조사에서 지지율 1위를 기록한다(2014.12.29.).[4] 선거 결과, 문재인은 박지원을 꺾고 새정치민주연합의 2기 지도부로 선출된다(2015.02.08.).

문재인 대표 체제에서의 첫 선거, 4·29 재보궐선거

문재인 대표는 당대표로 선출된 후 첫 번째로 4·29 재보궐선거를 지휘하는 역할을 맡는다. 해당 선거는 4석의 의석이 걸려 있었는데 성완종 리스트로 여당 악재가 있었지만, 야권에도 분열이라는 악재가 있어 쉽사리 결과가 점쳐지지 않던 상황이었다.[5] 결국, 새정치민주연합은 단 한 석도 건지지 못한 결과를 맞이한다(2015.04.29.). 심지어 야당 텃밭이었던 광주에서조차 무소속 후보(천정배)에게 1위 자리를 내주며 문재인 지도부에서 이탈한 호남 민심을 확인했다. 이후 새정치민주연합은 급격히 흔들리기 시작한다.

문–안 갈등, 흔들리는 문재인 체제

이후 문재인은 재보궐선거 패배와 당내 계파 갈등 탓에 꾸준히 지지율 하락을 겪는다.[6] 이 기간 동안 새누리당의 김무성에게 여야 지지율 1위를 내줬으며 메르스 시기 존재감을 높인 박원순에게 추월을 허용한다.[7]

---

4   아주경제(2014.12.29.) 문재인, 차기 대선주자 지지율 1위 등극… '당대표 출마'로 추가 상승 동력 꾀하나

5   문화일보(2015.04.27.) 〈4·29 재보선 D–2〉승패 가를 막판 3大 변수… ① 成리스트 수사 ② 투표율 ③ 야권표 분열

6   연합뉴스(2015.07.17.) 새누리 41%, 새정치연합 22%… 정당지지도 격차 벌어져

7   경향신문(2015.08.14.) 박원순 대선 지지도 3개월째 1위, 김무성 2위

안철수 편에서 자세히 다루겠지만 문재인과 안철수는 지난 18대 대선 단일화 룰 협상 과정에 이어 또다시 불협화음을 드러낸다.[8] 문재인 지도부가 재보궐선거에서 패배하자 반문 세력이 안철수를 중심으로 집결하며 반발이 커져만 갔다. 총선까지의 남은 시간 동안 당내에서 가장 많이 나온 말은 문재인 책임론, 친노 패권주의, 그리고 호남홀대론이었다.[9]

결국, 문재인과 안철수는 2015년 내내 당권을 놓고 부딪힌다. 그러던 중 10·28 재보궐선거에서 또다시 패배하자 안철수는 혁신전당대회를 열어 당대표를 다시 뽑자고 요구한다.[10] 그러나 문재인은 분열의 전당대회가 될 뿐이라며 이를 거절한다.[11] 결국, 안철수는 기자회견을 열고 본인이 창당한 새정치민주연합을 탈당한다(2015.12.13.).

〈 구간1. 문재인 테마주 주가상승률 〉
• 2014년 12월 29일 – 당대표 선거 출마 선언
• 2015년 2월 8일 – 문재인, 새정치민주연합 대표 당선
• 2015년 4월 29일 – 상반기 재보궐 선거 패배
• 2016년 4월 13일 – 제20대 국회의원 선거

---

8   동아일보(2015.05.26.) [정가뒷談]'아' 하면 '어' 하는 문재인–안철수
9   조선일보(2015.05.05.) 선거 패배 이후에도 끊이지 않는 문재인 대표의 不通 논란
10   JTBC(2015.11.30.) 안철수, '혁신전대' 요구··· "꼴찌 해도 좋다" 대결 신청
11   중앙일보(2015.12.03.) 문재인, '안철수 제안' 거절··· "전당대회는 해법 아니다"

	바른손		우리들휴브레인		팜젠사이언스	
	주가	코스닥	주가	코스피	주가	코스피
2014.12.29.	3,668	539.22	3,282	1,927.86	5,350	1,927.86
2015.02.06.	+59.5%	+12.0%	+25.4%	+1.4%	+33.5%	+1.4%
2015.04.29.	+51.6%	+29.0%	+3.0%	+11.1%	+41.5%	+11.1%
2016.04.12.	−28.8%	+28.6%	−16.8%	+2.7%	+33.6%	+2.7%
구간1. 평균 상승률	테마주			+4.0%		
	코스피			+2.7%		
	코스닥			+28.6%		

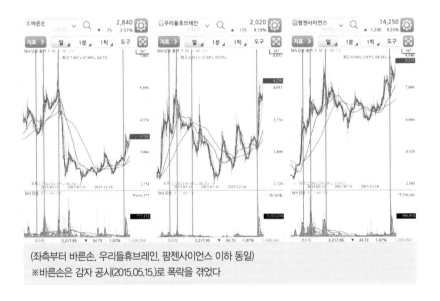

(좌측부터 바른손, 우리들휴브레인, 팜젠사이언스 이하 동일)
※바른손은 감자 공시(2015.05.15.)로 폭락을 겪었다

차트와 함께 보기① 정계복귀 재료

문재인이 정계 복귀하는 과정에서 당대표 당선 기대감이 선반영돼 주

가가 상승하다가 당선 직후 재료 소멸로 하락했다고 분석할 수 있다. 단, 차트와 당시 종합주가지수를 비교해 보면 정치테마주로서의 움직임이 두드러졌다고 볼 수는 없다. 그러나 최근 정치테마주 시장의 경향성을 감안한다면 충분히 의미 있는 사례다.

우선 당대표에 선출된다면 잠행기 기간보다 적극적인 정치 활동을 하리라고 기대할 수 있었다. 특히, 당시 문재인은 대선 패배 이후 오랫동안 휴식을 취하다 정계에 복귀하는 것이기에 당대표직은 더욱 중요했다. 최근 이러한 기대감이 정치테마주에 반영되는 경우가 많다. 예를 들어 21대 총선 직전 안철수의 귀국과 이낙연, 황교안의 당대표 선거가 테마주 시장에 반영되기도 했다.

차트와 함께 보기② 4·29 재보궐선거 패배 이후 재료 형성 無

문재인에게 4·29 재보궐선거는 대선레이스의 첫 번째 시험대였다. 만약 당대표로서 재보궐선거를 승리로 이끌었다면 지지율 상승과 함께 문재인 테마주가 움직일 가능성이 있었다(추후 다루겠지만 김무성 당시 원내대표는 재보궐선거 연승으로 지지율이 급등했다. 이와 함께 테마주도 두 차례에 걸쳐 폭등한 것이 목격되었다).

그러나 앞서 서술한 대로 선거에서 완패하며 문재인 체제는 급격히 흔들리기 시작했다. 계속되는 당내 계파 싸움으로 지지율은 하락했고 10·28 재보궐선거마저 패배한다. 따라서 문재인 테마주가 상승할 재료가 전혀 없었다고 볼 수 있었다.

구간2 제20대 국회의원 선거

배수의 진, 제20대 총선

당시 새정치민주연합은 계속 내홍에 시달렸다. 재보궐선거 3연패와 계파 갈등으로 호남 지역 의원과 비문 세력이 안철수를 중심으로 탈당해 국민의당을 창당하기까지 했다. 전통적으로 민주당 텃밭이던 호남을 잃는다면 그 타격은 막심할 것이다.[12]

문재인은 더불어민주당으로 당명을 변경하고 이번 총선에서 호남의 외면을 받는다면 정계를 은퇴하겠다는 승부수를 띄운다.[13] 그리고 선거대책위원장이자 비상대책위원장으로 김종인을 영입해 전권을 위임한 후 당대표직을 사퇴한다. 김종인은 '경제민주화'를 대표하는 경제 전문가로 진영 논리에서 비교적 자유로웠다(18대 대선에서 박근혜 대선캠프, 19대 대선과정에서는 더불어민주당 비대위원장, 그리고 최근까지 국민의힘 비대위원장직을 역임했다).[14] 이는 당의 스텐스를 좀 더 중도 쪽으로 옮겨 '친노 패권주의'라는 오명을 지우고, 경제 공약들을 앞세워 중도 표심을 공략하는 전략이었던 것으로 보인다.[15]

그러나 지난 세 번의 재보궐선거에서 보수 여당인 새누리당과 단일대오로 붙어도 전패한 게 현주소였다.[16] 설상가상으로 야권은 국민의당과

---

12 연합뉴스(2016.01.04.) [뉴스1번지] 문재인-안철수, 호남민심 잡기 가열
13 조선일보(2016.04.08.) 광주 방문 문재인, 호남 지지 거두면 정계 은퇴… 대선 불출마
14 뉴스1(2016.01.14.) 더민주 '경제민주화 상징 김종인, 선대위원장으로 영입'
15 한겨레(2016.01.14.) 김종인 영입한 문재인 '중도선점' 경쟁 승부수
16 국민일보(2015.10.29.) 새누리당 10.28 재보선 사실상 승리… 재보선 '3연승'

민주당으로 분열되었다. 따라서 더불어민주당의 승리를 점치는 전문가는 많지 않았다. 당시 새누리당의 목표 의석수는 300석 중 최소 150석인 과반이었는데 이는 여당의 자만이라는 역풍을 우려해 보수적으로 세운 목표였고 일각에선 180석으로 잡는다는 말까지 나왔다.[17]

이변, 더불어민주당 원내 제1정당 등극

야권 분열이라는 악재에도 불구하고 더불어민주당은 123석을 가져가며 당초 목표를 크게 웃도는 성적을 기록해 원내 제1정당에 등극한다(2016.04.13.). 이에 비해 과반 의석 그 이상이 목표였던 새누리당은 122석에 그쳐 원내 제2당으로 내려앉는 충격적인 참패를 당하게된다.[18]

문재인은 총선 승리를 기점으로 지지율이 큰 폭으로 상승해 대선 행보에 파란불이 들어왔다. 다만 국민의당은 호남에서 23석을 가져갔고 더불어민주당은 3석에 그쳤기에 문재인의 '호남 패배 시 정계은퇴' 발언이 일정 부분 조명을 받았다.[19] 그러나 문재인은 정계은퇴 발언에 대하여 특별한 언급 없이 대선 행보를 이어간다(이후 이에 대해 총선 승리를 위한 전략적 발언이었다고 해명해 논란을 빚기도 했다).[20] 그리고 반기문이 리얼미터 여론조사에 집계되기 전까지 문재인은 총선 승리를 발판으로 삼아 여야 통합 지지율 1위를 질주한다.

---

17 JTBC(2016.02.19.) [여당] '180석' → '과반 절실'… 총선 목표 하향 조정?

18 조선일보(2016.04.14.) 새누리 참패, 더민주 환호, 국민의당 돌풍

19 동아일보(2016.04.14.) 호남 참패 불구 더민주 '123석' 일등공신 문재인, 그의 거취는?

20 뉴스1(2016.05.17.) 광주 온 문재인, 호남 총선 참패 입장 요구에 '침묵'

〈 구간2. 문재인 테마주 주가상승률 〉

· 2016년 4월 13일 - 20대 총선
· 2016년 9월 9일 - 북한 5차 핵실험

	바른손		우리들휴브레인		팜젠사이언스	
	주가	코스닥	주가	코스피	주가	코스피
2016.04.12.	2,611	693.45	2,730	1,981.32	7,150	1,981.32
2016.09.08.	+412.1%	-3.8%	+405.5%	+4.2%	+173.4%	+4.2%
구간2. 평균 상승률	+330.3%					

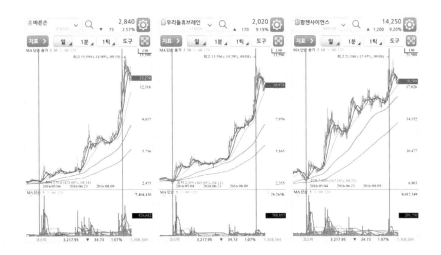

차트와 함께보기③ 지지율 상승 재료

문재인은 이미 20대 총선에서 불출마 선언을 한 상황이었다. 또한 더불어민주당의 승리 가능성 역시 낮았기에 총선 직전까지 이렇다 할 재료 생성이 없었으며 주가 상승 역시 거의 없었다(만약 문재인이 총선 불출마 선언을 하지 않았더라면 문재인 테마주는 총선 전에 주가가 한 차례 급등한 후 조정이 왔을 것이다). 그러나 총선 승리를 기점으로 문재인의 지지율은 20퍼센트 벽을 뚫는 데 성공한다. 즉, 지지율 상승을 통한 대세론 형성을 재료로 주가가 급등했다.

또한, 이전까지 주가가 저평가 상태였던 점 역시 호재로 작용했다. 문재인의 라이벌이라 할 수 있는 안철수의 테마주와 비교해 보자. 안철수는 총선에서 녹색 돌풍을 일으키며 양당 체제에 균열을 만드는 데 성공한다. 그러나 안철수 테마주는 앞선 새정치민주연합 탈당으로 지난 대선 고점의 절반가량까지 주가가 오른 이후였다. 반면 총선 직전 문재인 테마주는 지난 대선 고점의 10분의 1이 안 되는 저평가 상태였다. 이러한 요인으로 문재인 테마주는 큰 조정 없이 상당 수준까지 주가 상승이 가능했던 것으로 보인다.

 **구간3 대북 관련 이슈**

북한 핵실험

총선 이후 문재인은 여야 통합 지지율 1위 자리를 장기간 유지하며 대세론을 형성했다.[21] 그러나 6월 이후 그의 상승세는 주춤한다. 반기문의 등장 때문이었다. 또한 북한이 제5차 핵실험을 감행하기에 이른다 (2016.09.09.). 분단국가인 우리나라에서 대북 관련 이슈는 매우 민감한

---

21 동아일보(2016.05.23.) 더민주, 4주 만에 정당지지도 1위 탈환⋯ 문재인은 19주 연속 1위

사안이다. 이러한 대북 악재 직후에는 보수 진영 후보의 선호도가 올라가는 경향이 있다. 게다가 반기문 UN사무총장이 여야 통합 1위를 달리던 중이었기에 문재인에게 간접적인 악재로 작용할 수도 있었다.[22] 그러나 여론조사상 뚜렷한 지지율 하락은 없었으며 반기문에게 소폭 밀리는 형국이 유지되는 정도였다.

리얼미터 여론조사	문재인	반기문
2016년 5월 30일 공표	21.5%	–
2016년 6월 2일 공표	22.2%	25.3%
2016년 9월 12일 공표 (북 핵실험 직후)	18%	22.8%

송민순 회고록 출간

책 한 권으로 정계가 들썩이는 경우가 종종 있다. 《안철수의 생각》이 의사 안철수가 아닌 정치인 안철수로서 대중들에게 한 걸음 다가가는 계기를 만들었다면 홍준표의 《나 돌아가고 싶다》는 돼지발정제 논란으로 그를 괴롭히는 골칫덩어리가 되었다.[23] 송민순 회고록은 문재인의 저서는 아니었으나 끼친 영향으로는 후자에 가까웠다.

북한이 핵실험을 감행한 지 한 달이 되지 않은 시점, 송민순의 회고록 《빙하는 움직인다》가 출간된다(2016.10.07.). 송민순은 노무현 정부에

---

22 시사위크(2016.09.13.) 북풍에 입지 좁아지는 문재인·박원순·김부겸
23 조선일보(2017.04.21.) 洪 '돼지 흥분제' 논란에 "들은 얘기 기재한 것… 나와 관련 없어"

서 외교통상부 장관을 역임했던 인물이다. 그는 해당 저서를 통해 노무현 정부가 '유엔 북한 인권 결의안'에 대한 의견을 북한 측에 물어봤다고 폭로했다.[24] 이 때문에 그 당시 청와대 비서실장이었던 문재인에게 종북 행위의 당사자이자 책임자라는 비난이 쏟아졌다.[25] 이미 핵실험으로 안보 정국이 형성돼 있었고 대부분의 여론조사에서 반기문에게 밀리는 상황이었다. 이런 와중에 일어난 송민순 회고록 출간은 그의 대선 행보에 큰 걸림돌이 되는 사건이었다.[26]

〈 구간3. 문재인 테마주 주가상승률 〉

- 2016년 9월 9일 − 북한 5차 핵실험
- 2016년 10월 7일 − 송민순 회고록 《빙하는 움직인다》 출간
- 2016년 10월 24일 − Jtbc 태블릿PC 보도

	바른손		우리들휴브레인		팜젠사이언스	
	주가	코스닥	주가	코스피	주가	코스피
2016.09.09.	13,613	664.99	13,750	2,037.87	19,200	2,037.87
2016.10.07.	−16.0%	+1.6%	−14.2%	+0.8%	−14.1%	+0.8%
2016.10.24.	−22.8%	−2.6%	−24.4%	+0.5%	−27.6%	+0.5%
구간3. 평균 상승률	−24.9%					

---

24 중앙일보(2017.04.25.) [배명복 칼럼] '송민순 회고록' 바로 읽기
25 조선일보(2016.10.17.) '송민순 회고록' 진실공방
26 시사포커스(2016.10.20.) 문재인, '회고록 파동'에 지지율 20%대 붕괴

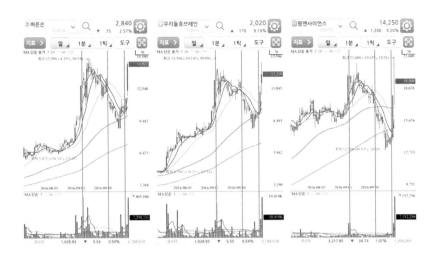

차트와 함께 보기④ 북한 핵실험, 지수 급락

총선 이후 문재인 테마주는 지수 폭락장에도 큰 영향 없이 꾸준히 우상향 그래프를 유지했다. 그러나 북한 핵 실험 이후 주가가 주춤하면서 하락하기 시작한다.

좀 더 세부적으로 보겠다. 대북 핵실험으로 비롯된 코리아 리스크 탓에 지수는 단기적인 급락을 피할 수 없었다.[27] 당시 문재인 테마주는 매우 고평가된 과열 상태이기에 작은 사건이라도 민감하게 반응할 가능성이 있었다. 그러나 지수가 급락했음에도 문재인 테마주는 곧바로 반응하지 않고 횡보했다.

그동안 문재인 테마주는 지수가 하락하면 버티고, 지수가 상승하면 더 크게 오르며 역행해왔다. 하지만 이전과는 다른 분위기가 포착되었

27　매일경제(2016.09.09) 모처럼 달아오르던 증시 '北核 찬물'

다. 핵 실험 당일은 지수가 폭락했으나 다음 날부터 가파르게 반등에 성
공한다. 그러나 이제까지의 흐름과 달리 문재인 테마주는 전고점을 뚫
지 못하고 조금씩 하락하는 모양새로 횡보한 것이다. 그리고 이후 더 안
좋은 악재에 직면하게 된다.

차트와 함께 보기⑤ 송민순 회고록 출간

북한 핵실험으로 국민의 불안감이 증폭되고 나서 얼마 지나지 않은
시점, 문재인은 송민순 회고록으로 곤욕을 치른다. 여기다 지수까지 반
등을 끝내고 하락하자 문재인 테마주도 동반 하락하기 시작한다. 문재
인 테마주가 지수 하락장에도 횡보했던 전력을 감안한다면 분위기가 바
뀌었음을 알 수 있었다. 지수와 무관하게 주가가 미친 듯이 오르던 광기
가 식었음을 분명하게 보여주는 국면이었다.

 **탄핵 정국**

사상 초유의 탄핵 사태

어느 날 저녁, Jtbc 뉴스룸은 대한민국을 뒤흔들 사건을 보도한다
(2016.10.24.). 여기서 드러난 최순실 태블릿PC 속 문건은 사상 초유의
탄핵 사태가 일어나는 발단이 되었다.[28] 대통령 박근혜를 둘러싼 논란은
일파만파 커졌고 매주 주말 광화문은 촛불로 가득 찼다. 결국, 새누리당
마저 분열되며 박근혜 탄핵소추안이 가결되었고(2016.12.09.) 헌법재판

---

28 연합뉴스(2016.12.16.) 소유주부터 입수 경위까지… 태블릿PC 진실게임

관 전원일치로 탄핵이 인용된다(2017.03.10.).

보수의 대권 후보로 칭해지던 인물들은 박근혜의 국정농단 사태로 사실상 궤멸 상태에 빠진다.[29] 이는 문재인을 비롯한 진보 진영 주자들에게 반사이익으로 작용했다.[30] 지지율 1위 반기문도 이런 흐름을 피할 수 없었다. 총선 이후 새누리당에 이렇다 할 후보가 없자 대안으로 반기문이 친박 세력의 지지를 등에 업고 보수의 대표주자로 떠올랐었기 때문이다. 반기문은 탄핵안 가결과 UN사무총장 퇴임식 이후 강도 높은 검증 과정을 거쳐야 했다.[31] 결국, 반기문은 귀국한 지 고작 일주일 만에 갑작스럽게 불출마를 선언한다(2017.02.01.).

문재인, 대통령 당선

이로써 더불어민주당 경선이 사실상 대선이라는 평가를 받았으며 누가 문재인 대세론을 뒤집을 수 있을지 지켜보는 양상으로 진행되었다.[32] 탄핵정국에서 이재명이 그 중심에 있었다면 반기문 불출마 선언 이후의 중심은 안희정 충남도지사였다.[33] 그러나 이 둘 모두 문재인을 넘어서는 데 실패한다. 결국, 문재인은 이변 없이 압도적인 지지로 더불어민주당 경선을 통과한다(2017.04.03.). 그는 대세론을 끝까지 지키며 역대 최다

---

29 한겨례(2016.12.11.) "보수세력 파산했다… 박정희 프레임 벗어나야 새출발 가능"

30 경인일보(2017.01.12.) [진보 잠룡들의 도전]유리한 판세 발판 삼고, 정권 재탈환 노린다

31 조선일보(2016.12.25.) '반기문 검증' 신호탄… 潘文 '검증 전쟁' 시작됐다

32 한국일보(2017.02.07.) 野 경선이 사실상 본선? 2007년 판박이 대선

33 SBS(2017.02.03.) 달아오른 민주 경선… '문재인 대세론'에 안희정-이재명 2위 싸움 가열

표 차이로 당선된다(2017.05.09.).[34]

〈 구간4. 문재인 테마주 주가상승률 〉

- 2016년 10월 24일 – Jtbc 뉴스룸 태블릿PC 보도
- 2017년 4월 3일 – 더불어민주당 경선 문재인 승리
- 2017년 5월 9일 – 제19대 대선 문재인 당선

	바른손		우리들휴브레인		팜젠사이언스	
	주가	코스닥	주가	코스피	주가	코스피
2016.10.24.	10,513	647.88	10,400	2,047.74	13,900	2,047.74
2017.04.03.	−3.0%	−3.0%	+5.3%	+5.8%	+84.5%	+5.8%
2017.05.10.	−54.1%	−0.8%	−62.5%	+10.9%	−12.2%	+10.9%
구간4. 평균 상승률	−42.9%					

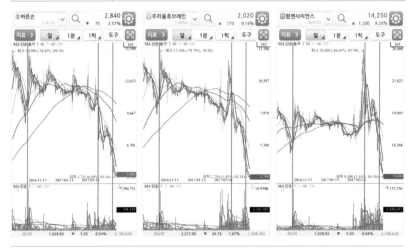

34 한겨레(2017.05.10.) 문재인, 41.1% 득표로 당선 확정… 역대 최다 557만 표 차 승리

비록 문재인이 대세론을 형성하며 대통령까지 당선됐지만, 탄핵정국 테마주 시장의 주인공은 아니었다. 자금은 당선 가능성이 높은 후보가 아닌 국민의 관심사가 높은 후보에게로 흘러간 것으로 보였다.

사실 탄핵안 가결, 강력한 라이벌 후보의 불출마 선언, 지지율 급등, 심지어는 현직 대통령 탄핵 등 문재인 테마주에 재료로 작용할 이슈는 많았다. 그러나 당일만 요동쳤을 뿐 상승 추세를 전혀 만들지 못했다. 이는 고평가 상태와 타 후보자 테마주로의 자금 유출이 원인이었을 것으로 보인다.

흐름을 본다면 문재인의 대선 출마는 기정사실이었다. 따라서 일반적인 상황에서 문재인의 대선 출마는 크게 의미 있는 재료는 아니었다. 그러나 경선 직전 대선 출마를 선언하자 팜젠사이언스(구 우리들제약)가 주가 급등을 시작한다. 곧 있을 본선 가능성을 선반영한 것으로 보인다. 그리고 경선 통과 직후 재료 소멸이 발생하며 문재인 테마주는 끝난다.

홍준표

홍준표는 '모래시계' 검사로 명성을 떨치며 YS 키즈로 정치에 입문한 5선(15,16,17,18,21) 국회의원이다.[35] 한나라당 당대표와 경남도지사 재선 성공 등 정치 경력이 화려하지만 대선 후보로서는 복병 정도로만 분

---

35 한국경제(2014.06.05.) 홍준표, '모래시계 검사'로 불리는 까닭이…

류되던 것이 현실이었다. 여기다 성완종 리스트에 관련돼 재판까지 받게 되자 대선과는 더욱 거리가 멀어졌다. 그러나 홍준표는 보수가 궤멸된 탄핵정국 속에서 재판에서 무죄를 선고받으며 급격히 주목을 받게 된다.[36]

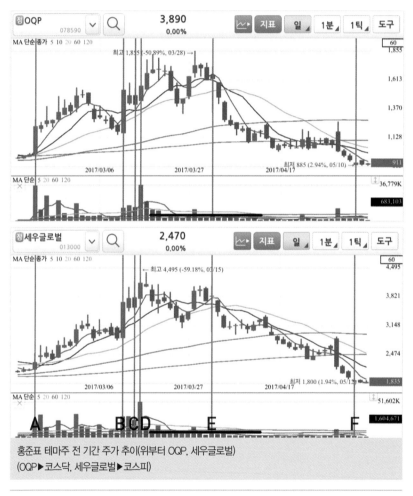

홍준표 테마주 전 기간 주가 추이(위부터 OQP, 세우글로벌)
(OQP▶코스닥, 세우글로벌▶코스피)

36 동아일보(2017.02.17.) 홍준표 '성완종 1억' 혐의 무죄… 보수진영 다크호스로 부상하나

	일자	비고
A	2017.02.16.	성완종 리스트, 2심 무죄
B	2017.03.10.	헌법재판소, 박근혜 탄핵 인용
C	2017.03.14.	대선 출마 선언 날짜 고시
D	2017.03.15.	황교안, 대선 불출마 선언
E	2017.03.31.	자유한국당 경선 승리
F	2017.05.09.	제19대 대통령 선거

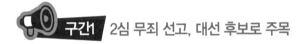 2심 무죄 선고, 대선 후보로 주목

판결 리스크 해소

엄밀하게 따지면 아직 대법원 판결이 남아 있기 때문에 판결 리스크가 해소된 것은 아니었다. 그러나 그동안 불가능했던 대선 출마가 2심 무죄로 가능해진 점, 그리고 보수 진영에 마땅한 대선후보가 없다는 점이 홍준표를 전면에 내세우는 동력이 됐다.[37] 비록 지지율은 2심 무죄 이후에도 한 자릿수에 불과했지만 자유한국당 대선후보 적합도에서 황교안 권한대행에 이은 2위를 기록하며 대선 가능성을 보여준다.[38]

---

37 동아일보(2017.02.16.) '항소심서 무죄' 홍준표 "대란대치 지혜 발휘해 위기 극복"… 대선 출마 시사?

38 리얼미터(2017.02.27.) 한국당 대선후보 적합도, 황교안 19.9% vs 홍준표 10.8%

친박? 비박?

당시의 보수후보들에게는 박근혜에 대한 스탠스가 중요한 쟁점이었다. 유승민과 김무성으로 대변되는 비박 세력은 탈당 후 바른정당을 창당했으며 친박 스탠스를 취한 이들은 당에 남아 새누리당에서 자유한국당으로 당명을 변경했다.[39]

홍준표는 비박 후보로서 친박과는 거리가 멀었으나 그는 바른정당이 아닌 자유한국당에 남는다.[40] 자유한국당의 주지지층을 감안한다면 박근혜에 대해 신중한 입장을 취할 수밖에 없었다.[41] 홍준표는 친박 세력을 비판하면서도 탄핵이 확정된 것도 아닌데 대선 출마를 이야기하는 것은 예의가 아니라며 출마에 대한 확답을 피하기도 했다.[42] 결국 헌법재판소는 박근혜 탄핵안을 인용 판결했으며(2017.03.10.) 얼마 지나지 않아 18일에 대선 출마를 선언하겠다고 고시한다(2017.03.14.).[43]

〈 구간1. 홍준표 테마주 주가상승률 〉

• 2017년 2월 16일 – 성완종 리스트 2심 무죄
• 2017년 3월 10일 – 헌법재판소, 박근혜 탄핵 인용
• 2017년 3월 14일 – 대선 출마 날짜 고시

---

39 MBC(2017.02.13.) 자유한국당 공식 출범, 보수 주도권 경쟁 격화
40 중앙일보(2017.03.20.) [대선 D-50 ②자유한국당] 비박 홍준표냐 친박 뒤집기냐
41 중앙일보(2017.04.05.) [팩트체크] "친박은 없다" 홍준표 발언 설득력 있나
42 연합뉴스(2017.02.23.) 홍준표 "출마 시기 마지노선은 탄핵 이후가 될 것"
43 한겨레(2017.03.15.) 홍준표, 18일 대구 서문시장서 대선 출마 선언

	OQP(前두올산업)		세우글로벌	
	주가	코스닥	주가	코스피
2017.02.15.	2,125	615.95	987	2083.86
2017.03.10.	+73.9%	−0.6%	+54.8%	+0.6%
2017.03.14.	+67.5%	−0.3%	+42.0%	+2.4%
구간1 평균 상승률	+54.8%			

(왼쪽부터 OQP, 세우글로벌. 이하 동일)

차트와 함께 보기① 판결 리스크 해소

재판 결과가 테마주에 영향을 주는 경우가 최근 잦아지고 있다(19대 대선의 홍준표와 제20대 대선의 이재명이 대표적이다). 이전까지 홍준표는 대선 출마 자체가 불가능했다. 그러나 2심에서 무죄 판결을 받음으로써 대선 출마에 대한 가능성이 생겨 주가가 상승한 것으로 보인다.

하지만 당시 홍준표의 지지율은 매우 미미한 편이었다. 현실적으로 당선 가능성을 논하기 매우 어려웠다. 따라서 홍준표 테마주는 당선 가능성보다는 대선 출마 선언을 재료로 삼아 단기적인 움직임을 보였을 확률이 높다.

차트와 함께 보기② 탄핵 인용 이후 대선 출마 선언 가능성

이 구간에서 가장 중요한 소재는 대선에 대한 홍준표의 발언이었다. 그는 헌재의 판결이 나오기도 전에 먼저 대선 출마를 이야기하는 것은 예의가 아니라며 자신의 입장을 판결 이후에 밝히겠다고 했다. 즉, 판결이 나온다면 대선 출마를 진지하게 논의할 수 있다는 말이기도 했다.

결국 박근혜의 탄핵은 헌법재판소에서 인용되었다. 판결이 나왔기 때문에 홍준표의 발언대로라면 이제 대선 출마에 대한 입장을 밝힐 상황이 조성됐다. 그러므로 홍준표 테마주는 탄핵 인용 당일 급등한다. 사상 초유의 탄핵으로 인한 정치테마주에 대한 단순 관심도 증가(이날 대부분의 정치테마주가 재판관의 한마디 한마디에 요동쳤다)[44]와 홍준표의 대선 출마 선언 가능성이라는 두 가지 이유로 보인다.

---

44 매일경제(2017.03.10.) 대통령 탄핵에 요동치는 정치테마주

즉, 대선 출마 선언 가능성이 헌재 판결 당일 선반영되었다. 그리고 이후 홍준표는 대선 출마를 선언하지만 이 가능성이 선반영되었기 때문에 재료 소멸이 발생할 여지가 있었다. 결국 홍준표 테마주는 대선 출마 선언 당일 음봉을 기록하며 마무리한다.

 **구간2** 보수 진영의 대표 후보, 홍준표로 교체

황교안 불출마 선언, 대표 후보의 두 번째 교체

반기문의 갑작스러운 대선 불출마 선언 이후 보수 진영 1위 후보는 황교안 대통령 권한대행이었다. 보수 진영 1위 후보의 예기치 못한 공백에 친박 지지층이 박근혜의 마지막 국무총리였던 황교안으로 집결한 것으로 보인다.[45]

공교롭게도 홍준표가 출마 선언 날짜를 고시한 다음 날, 황교안은 불출마를 선언한다(2017.03.15.). 여권 1위 후보가 연이어 대선 의지를 접자 보수 표심은 또다시 길을 잃는다. 결국 이 보수 표심은 차선책으로 자유한국당 대선후보적합도 2위였던 홍준표를 향한다.[46]

리얼미터 여론조사	홍준표	황교안
2017년 3월 13일 공표	3.6%	13.5%
2017년 3월 20일 공표	9.8%	–

---

45 YTN(2017.02.03.) YTN 긴급 여론조사 안희정, 황교안 급부상… 주목할 부분은?
46 YTN(2017.03.18.) 황교안 불출마… 홍준표, 보수층 표심 흡수

보수 단일화 난항

현실적으로 야권 후보와 조금이라도 접전을 벌이려면 보수 단일화는 필수였다. 그러나 상황은 복잡했다. 자유한국당은 바른정당보다 지지율이 높다는 명분으로 단일화 협상에서 줄곧 우위를 점하려 했다. 그러나 바른정당은 국정농단 사태에 대한 사과를 요구하며 친박 세력과의 명분 없는 단일화 가능성을 차단했다.[47]

결국 홍준표는 자유한국당 후보 경선을 통과했다(2017.03.31.). 친박 지지층을 기반으로 조금씩 지지율을 높여갔으며 상승세를 지속하기 위해 바른정당을 '패션보수'라 비난하며 보수층을 자유한국당 중심으로 흡수하려 했다.[48] 반면 바른정당의 유승민은 자유한국당이 국정농단 책임 세력이라는 이유로 계속 거부한다. 결국 바른정당 중 일부가 탈당해 자유한국당으로 복당했지만 완전한 단일화에는 실패한다.[49]

그럼에도 홍준표는 막판 보수 집결에 성공하며 2위를 맹추격했다.[50] 그리고 결국 대선에서 안철수를 제치고 현실적 목표였던 2위를 달성한다.[51] 또한, 바른정당과의 보수 적통 자리를 둔 경쟁에서도 압도적으로 승리하며 제20대 대선에서의 행보를 기대하게 만들었다.

47 MBN(2017.03.31.) 홍준표 "바른정당과의 단일화 아닌 흡수" 발언… 유승민 측 '무시'

48 연합뉴스(2017.03.31.) 홍준표 "유승민, 단일화보단 한국당에 들어와야"… 일문일답

49 한겨레(2017.05.04.) [디스팩트] 바른정당 탈당 사태, 대선 막판 변수되나

50 데일리한국(2017.04.29.) 홍준표 막판 뒷심에 文=긴장 安=절망 커져

51 한국경제(2017.05.10.), 홍준표 "무너진 당 복원에 만족"… 3위 그친 안철수 "미래 위해 더 노력"

⟨ 구간2. 홍준표 테마주 주가상승률 ⟩

- 2017년 3월 14일 – 대선 출마 날짜 선언
- 2017년 3월 15일 – 황교안 19대 대선 불출마 선언
- 2017년 3월 31일 – 홍준표 자유한국당 후보 경선 선출
- 2017년 5월 9일 – 제19대 대선

	OQP		세우글로벌	
	주가	코스닥	주가	코스피
2017.03.14.	1,402	614.12	3,560	2133.78
2017.03.15.	+11.4%	−0.9%	+16.3%	−0.0%
2017.03.31.	+15.4%	+1.6%	+7.4%	+1.2%
2017.05.10.	−34.6%	+4.7%	−47.6%	+6.4%
구간2. 평균 상승률	−41.1%			

홍준표가 대선 출마를 선언했음에도 불구하고 오히려 음봉을 기록한다. 홍준표 테마주는 이렇게 끝난 듯했다. 그러나 황교안 불출마로 길 잃은 보수 표심이 홍준표를 향했다. 또한 바른정당과의 단일화 및 경선 통과 가능성을 재료로 주가가 다시 상승하기 시작한다. 그러나 단일화 협상은 지지부진했고 후보 경선마저 통과하자 재료 소멸에 의한 주가 하락이 시작된다.

이후 보수 집결에 성공하자 지지율이 꾸준히 상승했고 현실적인 목표였던 대선 2위를 달성한다. 당시 정치 지형상 홍준표로서는 나쁘지 않은 결과를 만들어 냈지만 너무 늦은 시점이었다. 테마주는 주가 반전 없이 지수를 역행하는 하락장이 한창이었고 이것이 대선 당일까지 지속되면서 19대 대선을 마친다.

안철수

안철수는 의사, 프로그래머, 벤처사업가 등 다양한 분야에 도전하며 당시 청년들의 멘토로 자리 잡은 인물이었다. 그리고 제18대 대선에서 '새정치'라는 자신만의 브랜드를 내세우며 정계에 혜성과 같이 등장했다. 당시 그의 등장은 안철수 현상이라 일컬어질 정도로 기성 정치권을 위협했다. 정치 신인임에도 불구하고 처음으로 박근혜 대세론을 위협했으며 대선 후보까지 이르게 된다. 비록 문재인 지지를 선언하며 불출마했지만, 그는 제19대 대선에서 야권이 주목하는 가장 유력한 대선 후보였다.

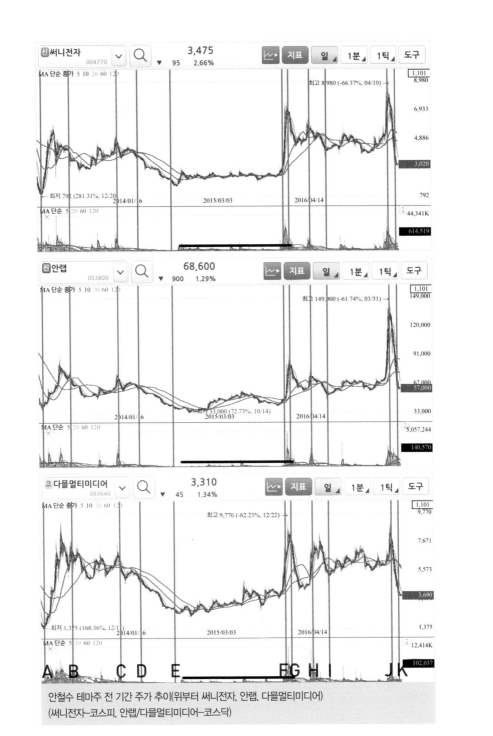

안철수 테마주 전 기간 주가 추이(위부터 써니전자, 안랩, 다믈멀티미디어)
(써니전자-코스피, 안랩/다믈멀티미디어-코스닥)

	일자	비고		일자	비고
A	2012.12.19.	제18대 대통령 선거	G	2016.01.10.	국민의당 창당준비위원회 발족
B	2013.04.24.	재보궐선거, 원내 진입	H	2016.04.13.	제20대 국회의원 선거
C	2013.11.28.	신당 창당 선언	I	2016.06.29.	국민의당대표직 사퇴
D	2014.03.02.	민주당과 합당 후 창당 발표	J	2017.04.04.	국민의당 경선 승리
E	2014.07.31.	새정치민주연합 대표직 사퇴	K	2017.05.09.	제19대 대통령 선거
F	2015.12.13.	새정치민주연합 탈당			

 **구간1 중앙 정치 무대 입문**

안철수 귀국, 원내입성

안철수는 18대 대선 당일 미국으로 출국했다. 당시 안철수 캠프 대변인(유민영)이 한두 달 정도 미국에 체류할 것이라 밝힌 바 있다. 따라서 시간이 흐를수록 그의 복귀에 기대가 모였다. 또한 안철수와 미국에서 만난 측근이 앞으로 어떤 정치 행보를 할지 준비된다면 귀국할 것이라 밝히면서 그의 귀국은 곧 정치 활동 재개로 읽혔다(2013.01.12.).

결국 안철수는 측근(송호창 의원)을 통해 귀국 날짜와 약 두 달 후에 있을 재보궐선거 출마 의지를 전한다(2013.03.03.). 이로써 정치권은 안철수의 정계 복귀와 그의 원내 진입 가능성에 주목한다. 민주당은 지난 대선에서 안철수의 양보를 받은 바 있었다. 따라서 안철수 출마 예정지인 노원병에 공천하지 않기로 결정하고, 결국 60퍼센트가 넘는 압도적인 득표율로 안철수는 원내에 입성한다(2013.04.24.).

〈 구간1. 안철수 테마주 주가상승률 〉
- 2012년 12월 19일 – 제18대 대선, 안철수 출국
- 2013년 3월 3일 – 재보궐선거 출마 선언
- 2013년 4월 24일 – 재보궐선거 당선

	써니전자		안랩		다믈멀티미디어	
	주가	코스피	주가	코스닥	주가	코스닥
2012.12.20.	998	1,999.50	41,950	479.21	1,650	479.21
2013.03.04.	+333.9%	+0.6%	+74.3%	+12.1%	+327.9%	+12.1%
2013.04.24.	+314.7%	−3.2%	+72.8%	+17.7%	+372.1%	+17.7%
구간1. 평균 상승률	+253.2%					

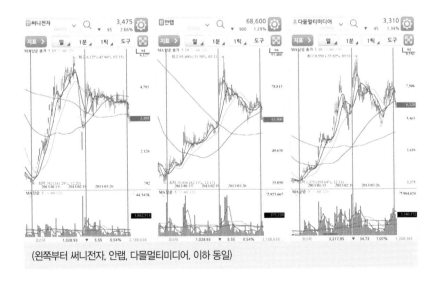

(왼쪽부터 써니전자, 안랩, 다믈멀티미디어. 이하 동일)

차트와 함께 보기① 이례적인 대선 직후 재료 형성

이제까지 정치테마주는 대선 직전에만 큰 움직임을 보여왔다. 그 이전에는 굵직한 정치적 이슈에도 좀처럼 반응하지 않았다. 그러나 안철수 테마주는 정치테마주의 새로운 트렌드를 만들어 낸 듯하다.[52]

대선 직후 안철수 테마주가 광기에 가까운 모습을 보여준 것이다. 써니전자는 대선이 끝난 다음 날부터 안철수가 재보궐선거 의사를 밝히기까지 두 달 조금 넘는 기간 동안 무려 열다섯 번이나 상한가를 기록한다(단, 이 당시 가격제한폭은 지금과 달리 15퍼센트였다). 안철수의 정계복귀와 추후 대선행보에 대한 기대감이 재료를 형성한 것으로 보였다. 여러 번의 거래정지도 광기와 같은 매수세를 막을 수 없었다. 이 광기를 막은 것은 다름 아닌 한 공시였다(2013.02.18.). 그 공시 내용은 안랩 출신의 써니전자 대표이사가 자진 사임했다는 내용이었다. 이날부터 써니전자는 5일 연속 '쩜하'를 기록한다.[53]

그리고 안철수의 정계 복귀를 알리는 기자회견 이후 다시 테마주는 일제히 급등한다. 하지만 그간의 주가 상승은 안철수 정계 복귀를 재료로 선반영됐기에 상승은 지속되지 못한다. 또한 이후 원내 입성에 성공하자 재료가 소멸해 하락하기 시작한다.

---

52 연합뉴스(2013.04.24.) 4·24 재보궐 선거 시작… 안철수 테마주 일제 상승

53 연합뉴스(2013.02.25.) [특징주] 써니전자, 5거래일 연속 하한가

 **구간2** 안철수 신당 창당

안철수 신당, 양당제 정치구도의 균열

가칭 안철수 신당은 18대 대선이 끝난 시점부터 줄곧 예측돼 왔다.[54] 안철수의 '새정치'에 대한 국민적 기대가 그만큼이나 높았기 때문이다. 이를 반증하는 것이 아직 만들어지지도 않은 안철수 신당이 여론조사에 집계된 점이다. 또한, 두 거대 정당에 버금가는 지지율을 획득함으로써 오랫동안 이어져온 사실상 양당제 정치구도의 균열을 내다볼 수 있었다.

한겨레&한국사회여론연구소 여론조사	안철수신당	새누리당	민주통합당
2013년 3월 2일 (안철수 귀국 전)	29.4%	30.7%	11.6%
2013년 4월 28일 (안철수 원내입성 직후)	30.9%	30.7%	15.4%

2013년 하반기 재보궐선거, 불참

2013년 재보궐선거는 시작부터 상당한 주목을 받았다. 우선 재보궐선거는 국회의원이 사퇴하거나 무효가 된 공석을 뽑는 선거로 일반적으로 규모가 작은 편이다. 그러나 이 선거는 재판 때문에 많은 의석(당초 예상은 최대 11석이었다)이 해당될 것이라 예측돼 미니 총선으로 불리기도 했다.[55] 또한, 안철수가 양보가 아닌 독자노선으로 지휘할 것이라 밝

---

54   MBN(2012.12.20.) 문재인 '2선 후퇴'·안철수 '신당 창당' 전망
55   채널A(2013.04.24.) [종합뉴스]10여 곳 재보선 '미니 총선'… 여야-안철수 거취 직결

힌 첫 번째 선거였다(2013.08.26.). 이번 선거 결과에 따라 안철수 신당의 향방이 달려 있다고 봐도 과언이 아니었기 때문에 이번 선거에 정치권의 귀추가 주목되었다.

그러나 의원들에 대한 판결이 늦어지면서 흐름상 '미니총선'은 커녕 2석 정도의 작은 규모로 줄어들 것이라는 예상이 나왔다. 이에 안철수는 재보궐선거 의석수가 2~3석일 경우 불참하겠다고 밝힌다(2013.09.15). 결국 10·30 재보궐선거 의석수는 2석에 그쳤고 안철수의 선거 데뷔전은 미뤄졌다.

새정치연합 창당

안철수는 기자회견을 통해 '국민과 함께하는 새정치추진위원회'를 출범하며 신당 창당을 공식 선언한다(2013.11.28.). 시기를 정확하게 밝히지 않았지만 다가오는 지방선거에 참여하겠다는 의지를 보였다.[56] 신당 창당을 본격화하자 안철수 신당은 리얼미터 여론조사상 줄곧 민주당보다 지지율이 10퍼센트 앞서는 모습을 보인다. 따라서 안철수 중심의 야권 개편을 기대할 수 있었다.[57] 안철수 신당의 이름은 정치인으로서 자신의 슬로건과 같은 '새정치'를 표방해 새정치연합으로 결정됐다.

〈 구간2. 안철수 테마주 주가상승률 〉
• 2013년 4월 24일 – 재보궐선거 당선

---

56 뉴시스(2013.11.28.) [일문일답]안철수 "지방선거 책임있게 참여"
57 이투데이(2013.11.28) [종합]신당창당 공식선언 '안철수發 정계개편' 주목

- 2013년 8월 26일 – "재보궐선거 야권연대 없다"
- 2013년 9월 15일 – 재보궐선거 불참 시사
- 2013년 11월 28일 – 신당 창당 선언

	써니전자		안랩		다믈멀티미디어	
	주가	코스피	주가	코스닥	주가	코스닥
2013.04.24.	4,139	1,935.31	72,500	563.81	7,790	563.81
2013.08.26.	−15.6%	−2.5%	−25.5%	−5.3%	−17.2%	−5.3%
2013.09.16.	−12.4%	+4.0%	−27.3%	−6.7%	−31.1%	−6.7%
2013.11.28.	+4.5%	+5.7%	−14.3%	−8.6%	−27.7%	−8.6%
구간2. 평균 상승률	−12.5%					

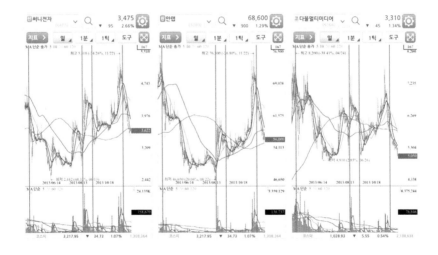

지난 구간에서 안철수 테마주는 정계 복귀와 원내 입성을 재료로 급등했다. 그리고 원내에 입성에 성공하면서 지수 하락에 이어 큰 조정을 겪었다. 이제까지의 주가 상승이 안철수에 대한 막연한 기대감이었다면 이제는 원내에서 그 기대감을 충족시켜 줄 행보가 필요했다.

다음 재료는 역시 '신당 창당'이었다. 안철수가 독자노선으로 재보궐 선거를 지휘하겠다고 밝히면서 신당 창당의 로드맵을 그리자 테마주가 다시 시동을 걸었다. 하지만 재보궐의석 수가 예상보다 적자 안철수는 불참 의사를 전했고 테마주는 일제히 급락한다. 그러나 아직 '신당 창당'이라는 재료가 소멸된 것은 아니었다. 단지 조금 늦어졌을 뿐이었기에 테마주는 곧바로 반등에 성공한다.

그러던 중 안철수 측근이 연합뉴스와 통화하며 신당 창당 준비가 상당히 진척됐고 11월 24일 즈음 창당을 선언할 것 같다는 소식을 알린다(2013.11.17.). 안철수 테마주는 신당 창당을 재료로 다시 급등하기 시작했으며 예고했던 날짜 전날까지 급등을 이어갔다(24일이 일요일이기 때문에 거래일 기준 전날인 22일 금요일까지 급등세가 지속되었다). 안철수는 예고한 날짜보다 약간 미뤄진 28일 신당 창당을 선언했고 테마주는 직후 재료 소멸로 급락한다.

 새정치민주연합 공동대표

민주당과의 합당, 새정치민주연합
당초 새정치연합을 창당할 것이라는 계획과 달리 안철수는 갑작스럽

게 민주당과 합당 후 신당을 창당하겠다고 발표한다(2014.03.02.).[58] 이 과정에서 안철수 신당에 기대를 건 일부 지지층과 중도보수로 칭해지는 의원들이 안철수를 떠나기도 했다.[59] 하지만 안철수는 중앙정치에 입문한 지 1년 만에 제1야당의 대표직이라는 중책을 맡는다.

약 4개월 만의 대표직 사퇴

제6회 지방선거는 세월호 참사로 정부심판론이 대두되었고 새정치민주연합 창당으로 야권이 개편됨으로써 야당에게 다소 유리할 것이라 예측되었다.[60] 그러나 선거는 치열했다. 새정치민주연합은 광역단체장에서 캐스팅보트로 작용하는 충청 지역 4석을 필두로 전체 9석을 얻어낸다. 그리고 새누리당은 8석을 얻었으나 접전지 인천, 경기, 부산을 모두 가져가는 데 성공하며 양 지도부는 무승부를 거뒀다고 평가받았다.[61] 따라서 '미니총선'이라 불린 다음 재보궐선거를 기대하게 했다(2014.06.04.).

7·30 재보궐선거는 15석이 걸린 역대 최대 규모의 재보궐 선거로 진행되었다. 결과는 안철수–김한길 지도부가 이끈 새정치민주연합의 대패였다. 각종 공천 파동과 지지부진했던 야권 단일화가 화근이었다.[62] 15석 중 겨우 4석을 차지하는 데 그쳤으며 호남을 제외한 지역에서는 단 한 석만 건지며 참패했다. 거물급 의원들(손학규, 노회찬, 김두관 등)이

---

58   세계일보(2014.03.02) '깜짝 신당'… 정치판 흔들다

59   MBN(2014.03.10.) 새정치에 실망한 사람들 '보수의 이탈'

60   MBN(2014.05.26.) 격전지 7곳 중 6곳 야권후보들 우세

61   매일신문(2014.06.05.) 여·야 사실상 '무승부'… 7·30 재보선서 다시 붙는다.

62   국민일보(2014.07.31) 새정치민주연합 참패 원인은… 권은희 파동·꼼수 연대·낮은 투표율

대거 탈락한 진보 진영의 충격적인 패배였다. 게다가 텃밭이라 여긴 호남에서 친박계 후보(이정현)가 당선된 점은 야권에 더 큰 충격을 줬다.[63] 결국, 지도부는 책임을 질 수밖에 없었다. 안철수는 선거 바로 다음 날 대표직 사퇴 의사를 밝히고 칩거에 들어간다(2014.07.31.).

〈 구간3. 안철수 테마주 주가상승률 〉
- 2013년 11월 28일 – 신당 창당 선언
- 2014년 3월 2일 – 민주당과 합당 후 창당 발표
- 2014년 6월 4일 – 제6회 지방선거
- 2014년 7월 30일 – 7·30 재보궐선거

	써니전자		안랩		다믈멀티미디어	
	주가	코스피	주가	코스닥	주가	코스닥
2013.11.28.	4,325	2,045.77	62,100	515.52	5,630	515.52
2014.03.03.	−5.9%	−4.0%	−0.2%	+2.8%	−0.2%	+2.8%
2014.06.03.	−34.3%	−1.8%	−20.3%	+3.1%	−38.8%	+3.1%
2014.07.31.	−58.8%	+1.5%	−37.3%	+4.1%	−52.9%	+4.1%
구간3. 평균 상승률	−49.7%					

---

63   한겨레(2014.07.30.) 야당, 충격의 참패… 이정현, 호남서 당선 '대이변'

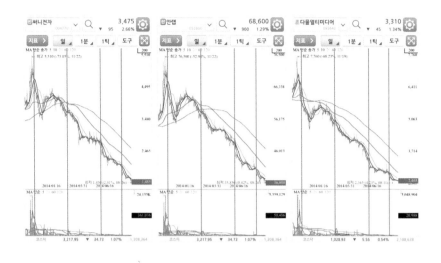

차트와 함께 보기③ 다음 재료, 새정치연합 정당 지지율

신당 창당 선언 후 재료가 소멸하며 안철수 테마주는 급락한다. 그러나 그동안 상승분에 비해 큰 하락은 아니었고 주가는 다시금 반등에 성공한다. 새정치연합이 창당된 다음 재료는 과연 창당의 파급력이 어느 정도인가, 즉 정당 여론조사 결과였다. 만약 예상보다 지지율이 낮다면 테마주 급락은 피할 수 없을 테지만 높다면 주가는 다시 상승할 가능성이 있었다.

그러나 안철수는 갑작스럽게 '민주당과의 통합 후 창당'이라는 계획을 발표한다. 이는 안철수가 신당을 창당해 야권 개편으로 이어지는 게 아니라 기존 민주당이 안철수를 추대하는 모양새로 진행된다는 뜻이었다.

이제까지 안철수 테마주는 야권 개편으로 기존 정치 지형을 흔들 것이라는 기대감 속에 상승했다. 그러나 이러한 예상이 빗나감으로써 재료 소멸이 발생할 가능성이 있었다. 실제 써니전자와 다믈멀티미디어가 당일 거래량이 터지며 상한가를 기록하고 안랩 역시 매우 높은 상승을 보여줬으나 이후 재료가 소멸해 긴 내리막길이 시작된다. 해당 사안을 통해, 단순히 뉴스와 이슈를 보고 정치테마주에 투자해서는 안 된다는 점을 독자에게 재차 강조한다.

차트와 함께 보기④ 상승 재료 無

신당 창당이라는 안철수 테마주의 근본적인 재료가 소멸했고 주가는 하락 추세에 접어든다. 안철수는 더 이상 정치 신인이 아니라 이제 증명하고 선거를 승리로 이끌어야 할 위치인 제1야당 새정치민주연합의 대표가 됐다. 따라서 안철수의 첫 시험대인 제6회 지방선거와 7·30 재보궐선거는 매우 중요했다. 그러나 설상가상으로 미니 총선이라 불린 재보궐선거에서 완패하며 고작 4개월 만에 대표직을 사퇴하기에 이른다. 정치테마주가 상승할 도리가 없는 기간이었다.

 구간4 안철수–문재인 갈등기

안철수 vs 문재인, 어디서부터 시작했나?

이 둘의 갈등은 제18대 대선 후반 야권 단일화 과정부터 시작했다. 당시 토크콘서트를 진행하며 청년들의 멘토로 자리 잡은 안철수는 서울시장 출마설 이후 처음으로 박근혜 대세론을 깬 후보가 됐다. 그러나 고(故) 노무현 대통령의 지지 기반을 고스란히 물려받은 친노의 적자 문재인 역시 야권에서 높은 지지층을 확보함으로써 어느 누가 대선에 나선다 해도 이상하지 않은 그림이 됐다.

예상대로 단일화 협상 과정은 매우 팽팽하게 진행됐다. 그러나 이 의견차를 좁히지 못하고 안철수는 돌연 사퇴하고 만다. 결과적으로 야권 단일화는 이루어졌지만 석연치 않은 단일화였으며 시너지 효과도 예상보다 적었다.[64] 대선 결과는 51대48, 문재인의 아쉬운 패배였다. 그렇기에 친노, 친문을 중심으로 안철수가 더 적극적으로 문재인을 도왔다면 다른 결과가 나오지 않았을까 하는 목소리가 나왔다.[65] 안철수는 문재인에게 양보했음에도 이러한 의견이 나오자 불편함을 내비친다.[66]

대선 패배의 영향으로 문재인이 칩거하는 동안 안철수가 공동대표직을 역임하며 비노 세력과 함께 당의 지도부를 구성했다. 그러나 앞서 보았듯 선거에 패배하며 4개월 만에 공동대표직을 사퇴한다.

이후 공석이었던 당대표직에 문재인이 출마하겠다고 선언한다. 이로부터 불과 일주일 후 안철수의 측근이 대담집《안철수는 왜?》를 발간하며, 이 둘의 미묘한 갈등이 수면 위로 올라오게 된다.[67] 이는 제18대 대선 당시의 단일화 과정을 엮은 책으로 친노 세력에 대한 비판이 주된 내용이었다. 이에 정치권, 특히 진보 진영에서 불편한 분위기가 오간다. 안철수는 민주당 내 비주류 세력의 중심으로서 2015년 내내 문재인 지도부와 갈등하는데, 이는 그 시발점이 된 사건이라고 할 수 있다.

---

64 뉴스1(2012.12.10.) '安 효과' 의외로 미약 평가 속 安측, "더 지켜봐야"… 지원활동 한층 강화하나
65 연합뉴스(2013.01.19.) "대선패배 참회" 민주, 슬그머니 '안철수 책임론'
66 뉴스1(2013.01.19.) 안철수 측, 민주당 내 '안철수 공동책임론' 등에 강력 반발
67 한겨레(2015.01.05.) 안철수 주변인사들 '안철수는 왜' 발간 친노 비판 내용… 출간시점 논란

안철수 중심의 지도부 비토 여론 형성

안철수-김한길 체제가 흔들리던 시기와 유사한 상황이 펼쳐졌다. 4·29 재보궐선거에서 문재인 지도부가 완패를 당하자 안철수를 중심으로 한 비문 세력이 문재인 책임론을 강하게 주장하기 시작한 것이다. 지도부에 대한 비토 여론은 며칠 후 치러진 원내대표 선거에서 드러났다. 비노(이종걸)와 친노(최재성)가 붙어 결선투표까지 가는 접전 끝에 비문이 승리를 거둔다(2015.05.07.). 문재인을 중심으로 한 친노 세력의 위축을 알 수 있는 사건이었다.[68]

반면 안철수는 조금씩 대선을 향한 기지개를 켜기 시작한다. 이철희 두문정치연구소 소장이 진행하는 〈퇴근길 이철희입니다〉 현장 공개방송이 있던 날이었다(2015.06.02.). 안철수는 이날 방송에 참여해 이철희와 각종 정치 사안을 두고 대담을 이어갔다. 여기서 대선 출마 의지와 당에 대한 비판의 목소리를 높였다.[69]

또한, 전북대 강연에서 안철수는 당의 혁신이 실패했다며 문재인 지도부에 대해 이전보다 비판의 수위를 높인다(2015.09.02.). 그리고 곧이어 천정배 의원과 회동하는데 이 역시 큰 주목을 받았다(2015.09.09.). 천정배는 새정치민주연합을 탈당하고 신당 창당을 모색 중인 호남 기반의 정치인이었다. 이렇게 안철수는 비노 세력과 더불어 호남 기반 의원과 관계를 맺으며 당내 비주류 세력의 구심점이 되어 갔다.[70]

---

68 매일경제(2015.05.07.) 새정치연합 새 원내대표에 비노·수도권 4선 이종걸(종합)

69 머니투데이(2015.06.02.) 안철수 "2017년 대선 출마 생각있다… 혁신은 '대표'의 몫"

70 한겨레(2015.09.09.) 안철수·천정배 "지금 이대로는 안된다"

〈 구간4. 안철수 테마주 주가상승률 〉

- 2014년 7월 31일 − 안철수, 새정치민주연합 공동대표직 사임
- 2015년 1월 5일 − 대담집《안철수는 왜?》출간 발표
- 2015년 4월 29일 − 4·29 재보궐선거
- 2015년 6월 2일 − 대선 출마 시사
- 2015년 9월 9일 − 무소속 천정배 의원과의 회동

	써니전자		안랩		다믈멀티미디어	
	주가	코스피	주가	코스닥	주가	코스닥
2014.07.30.	1,985	2,082.61	40,700	541.81	2,820	541.81
2015.01.05.	+7.8%	−8.0%	−8.5%	+3.6%	−5.1%	+3.6%
2015.04.29.	+29.7%	+2.9%	+19.9%	+28.4%	+25.7%	+28.4%
2015.06.02.	+8.6%	−0.2%	+13.0%	+30.1%	+1.1%	+30.1%
2015.09.09.	+20.9%	−7.1%	+11.8%	+33.4%	+48.6%	+33.4%
구간4. 평균 상승률	+27.1%					

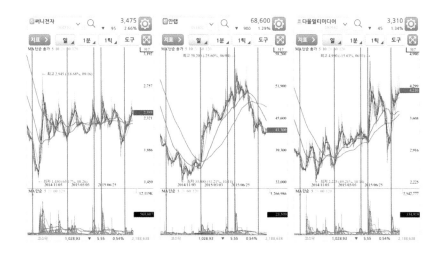

차트와 함께 보기⑤ 안철수 테마주 재시동

해당 구간에서 특정 이슈에 대한 반응으로 당일 급등과 조정을 반복했을 뿐 추세를 만들지는 못했다. 또한, 지수 급등장에도 크게 따라가지 못했으며 다소 침체된 상황을 이어간다.

그럼에도 고무적인 점이 있었다. 안철수가 어떠한 행보를 보일 때마다 당일 변동이기는 하나 테마주가 움직였다는 점이다. 당대표 사퇴 이후 정치적 주목도가 크게 떨어졌기에 테마주 시장이 여전히 안철수를 주목하고 있다는 점은 중요했다(불명예스러운 대표직 사퇴 이후 테마주 시장이 거의 주목하지 않는 경우도 많다. 제20대 총선 이후 김무성이 대표적이다). 안철수가 재차 정치권의 이목을 끌 행보를 한다면 안철수 테마주가 움직일 수 있다는 가능성을 보여준 구간이었다.

 **구간5** 안철수 탈당

〈안철수 탈당일지〉

9월 2일	안철수, "새정치민주연합"의 근본적 성찰과 커다란 변화가. 당 혁신은 실패했다" 발언
9월 13일	안철수, '문재인 대표께 드리는 글' 성명 발표… 중앙위 연기·재신임 투표 취소 요구
9월 14일	문재인, '안철수 전대표께 드리는 답글' 중앙위 연기 및 재신임 투표 취소 수용 불가
9월 15일	안철수, 더불어민주당 문재인 대표와 비공개 회동
9월 20일	안철수, '부패척결 방안' 발표… 원스트라이크 아웃제, 기소되면 당원권 정지 제시
10월 11일	안철수, '낡은 진보 청산 방안' 발표… 배타적·패권적 운동권 문화 극복 제시

11월18일	문재인 대표, 문재인-안철수-박원순 공동지도부(문안박 연대) 제안
11월28일	안철수, 문 대표와 심야 회동
11월29일	안철수, '문안박 연대' 거부 기자회견… 혁신전당대회 소집 요구
12월3일	혁신전당대회 대최 거부
12월6일	안철수, 혁신전당대회 거부 결정 재고 요청
12월13일	문재인 대표, 안철수 자택 심야 방문 / 안철수, 더불어민주당 탈당
12월27일	안철수, 신당 기조 발표… 합리적 개혁노선 제시

출처: 뉴시스

위의 표는 언론사에서 작성한 〈안철수의 탈당에서 창당까지의 일지〉 중 탈당 부분을 발췌한 자료다. 굵은 글씨로 표시한 부분은 탈당하기 직전에 일어난 중요한 사건이다. 이 부분을 특히 주목해야 한다고 판단한 이유는 10·28 재보궐선거 패배 이후이며 문재인 대표에게 당권을 내려놓으라고 요구했다는 점 때문이다.

당권은 누가 가져갈 것인가, 안철수의 탈당

표의 굵은 글씨 중 가장 눈여겨볼 부분은 '문안박 연대'와 '혁신전당대회'다. 이 두 가지는 당권에 직접적인 영향을 줄 수 있는 사안이었다. 쉽게 말해 문안박 연대는 당시 지지율 상위 세 명(문재인, 안철수, 박원순)이 당대표의 권한을 공유하자는 제안이었다. 그리고 혁신전당대회는 전당대회를 통해 당대표를 새로 뽑자는 요구였다. 문안박 연대는 비문 세력이 강하게 반발했기 때문에 안철수가 거부할 것이라는 예상이 지배적이었고[71] 안철수는 역시 이를 거부하며 혁신전당대회를 제시했다.

　그러나 문재인 대표는 안철수의 제안인 혁신전당대회 소집 요구를 거절한다. 이에 비문 세력은 즉각 반발했으며 안철수는 혁신전당대회 소집을 재요구하며 이를 수용하지 않으면 탈당할 것이라고 최후통첩을 날린다(2015.12.06.). 문재인은 탈당 기자회견이 예정된 새벽까지 안철수를 찾아 만류하지만, 그의 결정을 막을 수 없었다. 결국, 안철수는 새정치민주연합을 탈당한다(2015.12.13.).

안철수 신당, 연쇄 탈당

　안철수는 탈당에 이어 신당 창당 기자회견을 연다(2015.12.21.). 그리고 당내의 안철수계 및 호남계, 비주류 의원이 연쇄 탈당해 신당 창당에 합류한다. 당명은 국민의당으로 발표했으며 국민의당 창당준비위원회가 발족하면서 본격적인 안철수의 대권 행보를 기대하게 했다.

〈 구간5. 안철수 테마주 주가상승률 〉
- 2015년 10월 28일 – 10·28 재보궐선거
- 2015년 12월 13일 – 안철수, 새정치민주연합 탈당
- 2015년 12월 21일 – 신당 창당 기자회견
- 2016년 1월 10일 – 국민의당 창당준비위원회 발족

71　노컷뉴스(2015.11.20.) 안철수, '문안박 연대' 제안 거부 쪽으로 기울어

	써니전자		안랩		다믈멀티미디어	
	주가	코스피	주가	코스닥	주가	코스닥
2015.10.28. (수)	2,300	2,042.51	42,300	693.53	4,010	693.53
2015.12.11. (금)	+28.0%	-4.6%	+13.8%	-5.8%	+65.3%	-5.8%
2015.12.21. (월)	+153.9%	-3.0%	+44.2%	-3.6%	+94.5%	-3.6%
2016.01.11. (월)	+184.8%	-7.2%	+86.8%	-2.7%	+75.8%	-2.7%
구간3 평균 상승률	+115.8%					

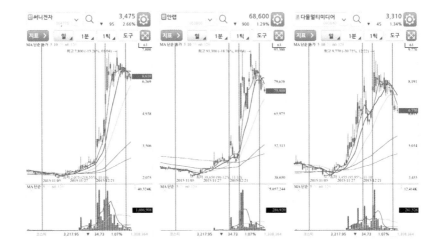

차트와 함께 보기⑥ 대표적인 호재, 탈당

일반적으로 탈당은 당내 주류 세력과 갈등이 극심해질 때 발생한다. 특히 선거에서 경선 또는 공천이 불투명해지면 주로 탈당하며 큰 주목을 받는다. 그래서 정치테마주 시장에서 탈당은 매우 강력한 상승 재료다. 19대 대선에서 안철수와 유승민, 그리고 제20대 대선에서 홍준표가 대표적이다. 그리고 이들 모두 테마주 급등을 동반했다.

국내 정치 특성상 탈당으로 당적을 옮기면 자칫 '철새'라는 오명이 정치 생활 내내 뒤따를 수 있다. 따라서 탈당은 갈등이 최고조에 달했을 때 취할 수 있는 최후의 선택으로 여겨지며, 만약 갈등을 빚는 지도부의 지지도가 높지 않다면 국민적 관심도와 탈당 파급력이 더욱 커지는 경향이 있다. 또한, 경선 및 공천 탈락이 유력할 때 발생하므로 탈당은 당선 가능성을 높일 수 있다(앞의 탈당 경험이 있는 세 명 모두 지도부의 지지도가 낮은 가운데 탈당했으며 직후 총선에서 당선되었다).

차트와 함께 보기⑨ 안철수의 탈당

안철수가 문안박 연대 거부 기자회견을 연 다음 날부터 테마주 시장은 조금씩 반응하기 시작한다. 주가 급등은 아니었지만, 거래량이 터지며 분위기가 전환됐다(다만 앞의 차트에서는 탈당 당시의 거래량이 워낙 많아서 이날 거래량이 매우 미비해 보인다). 또한 이날은 안철수가 직접 탈당 가능성을 언급하기도 했다. 이 시기부터 탈당을 감행한 당일까지 주가는 급등한다.

물론 탈당 직후 재료 소멸이 일어날 수 있었다. 관건은 재료 소멸로 끝나느냐 아니면 곧바로 다른 재료가 생성되느냐. 이는 정치테마주를 판단할 때 가장 어려운 부분이다. 안철수는 '창당의 아이콘'으로 보일 정도로 신당 창당설이 꾸준히 제기돼 왔다. 그래서 탈당 직후 신당 창당이라는 재료가 추가로 생성된 셈이었다. 결국, 기자회견 이후 최고점을 찍고 재료가 소멸하며 하락한다.

 **구간6** 국민의당 창당

제20대 총선, 녹색 돌풍

국민의당 공동대표직(안철수-천정배)에 추대된 안철수의 첫 번째 시험대는 제20대 총선이었다. 안철수는 목표 의석수로 40석을 이야기했지만 많은 이들이 현실적인 목표로 받아들이지 않았다. 보수 대 진보, 일대일 구도에서 직전 네 번의 선거 결과가 야권의 무/패/패/패(6회 지방선거/7·30/4·29/10·28 재보궐선거)였으며, 야권이 민주당, 국민의당으로 분열된 현재로선 목표 의석치인 40석에 크게 못 미칠 가능성이 높다는 전망이 우세했다.[72]

그러나 이변이 발생했다. 호남의 28석 중 무려 23석을 가져갔으며 비례대표 지지율에서, 더불어민주당을 제치고 2위를 차지했다. 목표였던 40석에 근접한 38석을 얻어내 양당제 정치 구도에 균열이 일으키는 데 성공한다(2016.04.13.).

물론 숙제는 많았다. 이러한 결과를 만든 일등공신은 호남이었다. 따라서 호남정당이라는 프레임에 갇힌다면 중도 확장에 걸림돌이 될 수 있었다.[73] 또한 국민의당 투표층이 확고한 지지층이라 보기 힘들었다. 보수와 진보 양쪽 모두에 실망한 무당층이 국민의당을 선택한 것이기 때문이었다.[74] 추후 양당이 변화하거나 국민의당이 기성 정치권과 다름

---

72 헤럴드경제(2016.03.31.) 새누리 160∼170 더민주 100∼110 국민의당 15∼20 정의당 5∼10

73 오마이뉴스(2016.04.15.) 호남 석권한 국민의당, 그들에게 남겨진 숙제

74 동아일보(2016.04.15.) 중도층 잡은 안철수… 정책대안 있어야 '3黨 존재감'

없는 모습을 보인다면 언제든지 지지를 철회할 수 있었기에 안철수 입장에서는 큰 숙제를 남긴 승리였다.

국민의당 리베이트 의혹, 안철수 149일 만에 대표직 사퇴

중앙선거관리위원회(이하 선관위)는 국민의당 비례대표 의원(김수민)을 리베이트 의혹으로 검찰에 고발한다(2016.06.09.). 리베이트는 일종의 뇌물이다. 선관위는 리베이트의 일부가 국민의당으로 흘러 들어간 경위를 포착했고 안철수계 의원 두 명도 함께 고발한다. 돈을 받고 비정상적으로 비례대표 명단에 올라 당선됐다는 혐의였다. 이 의혹으로 안철수와 국민의당의 이미지가 크게 실추된다.[75] 결국 안철수는 149일이라는 짧은 임기를 마치고 공동대표직에서 물러난다(2016.06.29.).

〈 구간6. 안철수 테마주 주가상승률 〉
- 2016년 1월 10일 – 국민의당 창당준비위원회 발족
- 2016년 4월 13일 – 제20대 총선
- 2016년 6월 9일 – 국민의당 리베이트 의혹
- 2016년 6월 29일 – 안철수, 당대표직 사퇴

---

75 비즈니스포스트(2016.06.10.) 안철수, '김수민 리베이트 의혹'으로 당 이미지 훼손 곤혹

	써니전자		안랩		다믈멀티미디어	
	주가	코스피	주가	코스닥	주가	코스닥
2016.01.11. (월)	6,550	1,894.84	79,000	674.96	7,050	674.96
2016.04.14. (목)	−18.2%	+6.4%	−9.5%	+2.7%	−13.9%	+2.7%
2016.06.09. (목)	−26.3%	+6.8%	−26.1%	+4.5%	−13.6%	+4.5%
2016.06.29. (수)	−39.2%	+3.2%	−35.3%	−0.8%	−27.8%	−0.8%
구간6. 평균 상승률	−34.1%					

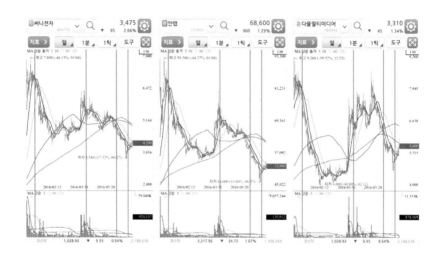

차트와 함께 보기⑦ 총선 준비, 그러나 폭등 후 주가 조정

국민의당이 창당된 후 정치권은 과연 안철수의 제3지대가 성공할 수 있을지에 주목했다. 그러나 테마주 시장의 분위기는 완전히 딴판이었다. 국민의당 창당준비위원회가 발족된 이후 테마주들은 재료 소멸로 일제히 폭락했다. 탈당과 창당을 재료로 주가가 연달아 움직였으며 급

등폭도 상당했기에 이는 당연한 수순이었다.

결국, 총선 직전이 되어서야 한 차례 상한가 가까이 폭등하는 등 예상하기 힘든 흐름을 보여준다. 이날 세 테마주가 거래량을 동반하며 동시다발적으로 급등했다. 그러나 안철수와 관련한 특별한 이슈가 있었다기보다 단순히 선거 직전 당선 기대감 때문에 급등한 것으로 보인다.

차트와 함께 보기⑧ 다시 불어온 '안풍', 테마주에는 영향 無

국민의당은 현실적인 목표였던 20석을 훌쩍 넘은 40석에 가까운 의석을 확보했다. 더불어민주당 텃밭이었던 호남을 국민의당이 대부분 선점했으며 비례대표 지지율에서 새누리당에 이어 2위를 기록하는 등 두 거대 정당의 아성을 일부 무너뜨리는 데 성공했다. 이로써 야권에서는 문재인과 안철수가 양강 구도를 구축하게 된다.

하지만 이러한 정치적 성과와는 달리 안철수 테마주는 미풍에 그쳐 주가가 오히려 조금씩 하락하기 시작한다. 사실 안철수 테마주는 앞선 탈당과 창당 때 지난 대선의 고점 대비 절반 가까이 오른 상태였다. 반면 문재인 테마주는 총선 직전까지 이렇다 할 주가 상승이 없어 매우 낮은 가격대에 형성돼 있었다.

자, 그러면 투자자 입장에서 생각해 보자. 지난 대선에서 보여준 고점 대비 10분의 1가량의 주가를 보이는 지지율 1위 후보의 테마주와 지난 대선 고점 대비 절반 이상 오르고 하락 추세인 2위 후보의 테마주 중 어디에 투자할 것인가? 안철수 테마주의 침체는 이러한 이유였다고 추정했다.

구간7 탄핵정국

탄핵정국 초반, 지지율 하락

태블릿 보도 이후 정치권은 술렁였다. 이 시기 야권 후보 대부분 반사 이익을 누렸으나 안철수는 그러지 못했다. 그는 박근혜 탄핵을 강하게 주장했으나 초반 촛불집회와 거리를 두는 태도를 보였고 국민의당이 박근혜 탄핵안을 12월 2일에 의결하자는 제안을 거부하는 등의 일이 일어나 지지율이 줄곧 떨어졌다.[76] 또한 박지원 체제의 국민의당이 안철수와 엇박자 행보를 보이자 그의 리더십을 의심하는 사람들이 생겼고 추후 '안철수를 찍으면 박지원이 상왕이 된다'고 비판받는 씨앗이 되었다.

대안으로서 빛난 안철수

안철수는 대선 후반, 경선에서 탈락한 타후보에 대한 사표 심리를 보상해 줄 대안으로서 주목받는다. 당시 안철수의 지지층은 크게 호남 지역과 중도층, 그리고 사표 심리로 발생한 보수층 일부였다.[77] 그런데 더불어민주당 경선이 문재인의 압승으로 흘러가자 안희정과 이재명을 향했던 반문·중도 표심이 차선책으로 안철수로 이동했다.

---

76 헤럴드경제(2016.12.12.) 安·국민의 당 지지율 '추풍낙엽'
77 매일신문(2017.05.01.) 호남 민심과 보수 표심서 줄타기… 안철수 '불편한 동거' 계속될까

리얼미터 여론조사	안철수	안희정	이재명
2017년 4월 3일 공표	18.7%	12.1%	9.5%
2017년 4월 10일 공표(더불어민주당 경선 종료)	37.2%	–	–

하지만 안철수와 문재인의 양자 구도는 오래가지 못했다. 막판 안철수가 토론회 부진 등 악수를 두는 틈에 홍준표가 보수 결집에 성공한다.[78] 사표 심리 때문에 안철수를 향했던 보수층이 홍준표로 이동한 것이다. 이제 안철수는 문재인이 아닌 홍준표의 지지율과 비등비등해졌다. 이 추세는 결국 선거 당일까지 이어졌고 2위마저 홍준표에게 내주며 큰 아쉬움과 함께 대선을 마무리한다.

〈 구간7. 안철수 테마주 주가상승률 〉
- 2016년 8월 28일 – 대선 출마 선언
- 2016년 10월 24일 – Jtbc 태블릿PC 보도
- 2017년 3월 19일 – 대선 출마 선언
- 2017년 4월 4일 – 국민의당 경선, 안철수 승리
- 2017년 5월 9일 – 19대 대선

---

78 MBC 여론조사(2017.05.04.) 보수층의 이동, 洪 상승'安 하락…2위 싸움 치열

	써니전자		안랩		다믈멀티미디어	
	주가	코스피	주가	코스닥	주가	코스닥
2016.08.26.	3,780	2,037.50	54,000	680.43	5,690	680.43
2016.10.24.	+33.6%	+0.5%	+16.1%	−4.8%	+6.5%	−4.8%
2017.03.17.	+31.2%	+6.2%	+59.4%	−9.9%	+18.8%	−9.9%
2017.04.03.	+108.7%	+6.4%	+168.9%	−7.6%	+47.5%	−7.6%
2017.04.04.	+61.4%	+6.1%	+100.0%	−9.1%	+16.2%	−9.1%
2017.05.10.	−19.8%	+11.4%	+7.0%	−5.5%	−33.6%	−5.5%
구간7. 평균 상승률	−15.5%					

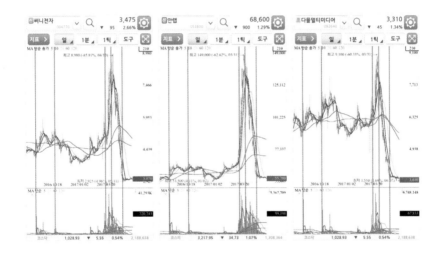

차트와 함께 보기⑨ 탄핵정국 초반 관심 빗겨 가

안철수는 대선 출마 선언과 함께 정계에 복귀한다. 이와 함께 안철수 테마주가 상승하지만 일시적이었다. 정치적으로 크게 이목을 끌지 못했으며 지지율 변화도 미비했다.

이러한 흐름은 탄핵정국 초반까지 이어진다. 정치테마주의 주가는 대중의 관심도에 따라 크게 변화한다. 국민의당 경선에서 무난히 대선을 직행할 가능성이 높아졌음에도 테마주 시장은 그를 주목하지 않았다. 오히려 탄핵안 의결 과정에서 국민의당에 잡음이 생김으로써 안철수에 대한 비판 여론이 형성되는 등 악재로 작용했다.

차트와 함께 보기⑩ 타후보의 낙마, 지지율 상승

안철수는 더불어민주당 후보들이 낙마할 때마다 지지율이 크게 상승했다. 안철수가 표방하는 중도가 대안으로서 특히 돋보였기 때문이다.[79] 사실 테마주 시장은 반기문 불출마 선언 당시에도 안철수를 주목했다. 안철수 테마주는 이날 갭 상승을 기록하며 많은 거래량을 보여줬다. 하지만 반기문 지지층은 안희정과 황교안으로 나뉘었고 정작 안철수는 크게 빛을 보지 못했다. 이에 테마주는 다시 침체하기 시작했다.

그러나 경선 시즌은 달랐다. 당시 더불어민주당 경선에서는 중도층과 반문층을 흡수한 안희정과 이재명의 탈락 가능성이 점쳐지고 있었다. 매우 치열한 더불어민주당 경선을 감안한다면 이들의 지지층이 고스란히 문재인으로 향한다고 보장할 수 없었다. 이러한 와중 안철수가 국민의당 경선을 독주해 나가자 안철수 테마주가 급등하기 시작한다. 경선 통과와 이후 중도·반문 지지층 유입 가능성이라는 재료가 선반영된 결과로 보인다. 당시 무서운 상승폭을 고려하면 경선 통과 이후 추

---

79 YTN(2017.04.05.) 안철수 확장성 확인··· 타 후보 지지표 흡수

가 재료가 나오기는 어려워 보였고 통과 당일 재료가 소멸하리라 예상됐다. 하지만 이 광기처럼 보인 상승은 경선 통과 하루 전인 3일에 공포 매도가 시작되며 끝난다. 차익 실현은 정해진 날짜나 발생 여부가 정해진 게 아니다. 언제든, 아무 이유 없이 일어날 수 있음을 보여주는 예시다(최근 박영선 장관의 서울시장 재보궐선거 출마설로 급등했던 제이티 역시 이와 유사했다. 그의 출마 선언이 선반영돼 약 한 달간 50퍼센트 가까이 주가가 상승했으며 청와대 개각 시점까지 재료가 유지될 것으로 보았다. 그러나 급등폭이 더욱 커졌고 아무 이슈가 없는 11월 25일부터 공포 매도가 쏟아지며 이틀간 약 26퍼센트 하락했다. 급등폭이 갑자기 커진다면 차익실현 욕구도 함께 커진다).

안철수는 경선 통과 이후 대선까지 극적인 지지율 상승과 하락을 모두 겪었다. 하지만 선거 직전이었기에 주가는 큰 반응 없이 가파른 우하향 곡선을 그리며 마무리됐다.

유승민

경제 정책 분야 싱크탱크인 한국개발연구원(KDI) 출신으로 여의도 연구소장과 4선 국회의원(17~20대)을 역임한 인물이다. 박근혜(당시 한나라당 대표)의 비서실장 출신으로 대표적인 친박계 인사로 분류되었다. 그러나 원내대표 시절 청와대와 갈등을 빚으며 사퇴하는 과정에서 새누리당 내 비박계를 대표하는 대선 후보로 거듭난다.

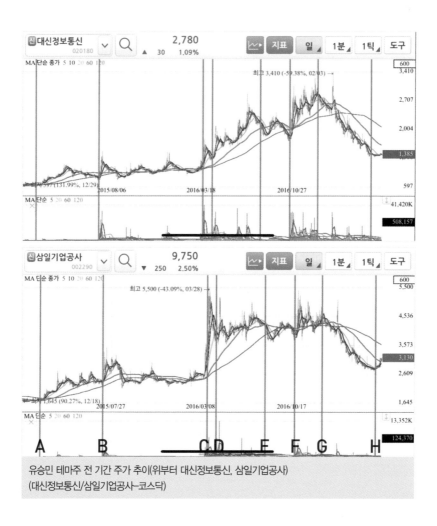

유승민 테마주 전 기간 주가 추이(위부터 대신정보통신, 삼일기업공사)
(대신정보통신/삼일기업공사–코스닥)

	일자	비고
A	2015.02.02.	새누리당 원내대표 선출
B	2015.07.08.	원내대표직 사퇴
C	2016.03.23.	새누리당 탈당

D	2016.04.13.	제20대 국회의원 선거
E	2016.08.09.	새누리당 전당대회, 친박계 승리
F	2016.10.24.	Jtbc 태블릿PC 보도
G	2016.12.27.	새누리당 탈당
H	2017.05.09.	제19대 대통령 선거

 **구간1** 새누리당 원내대표

원내대표 선출, 비박의 중심이 되다

유승민은 새누리당 원내대표 선거에서 친박계 의원(이주영)을 꺾고 선출된다(2015.02.02.). 그는 원내대표 연설에서 증세 없는 복지를 정면 반박하고 재벌 개혁과 양극화 해소 등 기존의 보수와는 다소 차별화된 경제관을 보여주며 주목을 받는다.[80] 이러한 모습이 당시 청와대와 미묘한 갈등을 자아냈다.[81]

특히 여야 합의로 통과된 국회법 개정안이 유승민과 청와대가 대립하는 데 결정적인 요인이 됐다. 유승민은 국민연금 개혁안을 통과시킨다는 조건으로 국회법 개정안은 야당의 편을 들어 주었다. 그러나 청와대는 이러한 여야 합의에 불쾌한 감정을 드러낸다(국회법 개정안은 정부 시행령의 강제성을 완화하는 안건이었다). 박 대통령은 통과된 법안에 대한

---

80   연합뉴스(2015.04.09.) 유승민 '新보수' 파장… 與 정책노선논쟁 격화(종합2보)
81   경향신문(2015..04.09.) 청와대 유승민 연설 관련 "별도의 논평을 삼가겠다"

거부권을 행사하며(2016.06.25.) '배신의 정치'라는 말로 유승민을 비판한다. 이후 당내 친박계를 주축으로 유승민에게 사퇴하라는 압박을 가했고 결국 유승민은 원내대표직을 사퇴한다(2015.07.08.).

7월 15일 발표된 리얼미터 여론조사에 따르면 유승민은 보수진영 2위(9%)를 기록한다. 그리고 이후 대선 주자 선호도 조사에 집계돼 대선후보로 거론되기 시작한다. 당시 유승민 지지층의 정치 성향을 살펴보면 무당층 지지가 절반 이상(56.6%)을 차지했는데 이로써 주요 지지층이 중도·보수 세력임을 알 수 있었으며 확장성을 장점으로 하는 후보라 볼 수 있었다.[82]

〈 구간1. 유승민 테마주 주가상승률 〉

• 2015년 2월 2일 – 유승민, 새누리당 원내대표 선출
• 2015년 7월 8일 – 원내대표직 사퇴

	대신정보통신		삼일기업공사	
	주가	코스닥	주가	코스닥
2015.02.02.	652	590.27	1,750	590.27
2015.07.08.	+18.1%	+23.0%	+27.7%	+23.0%
구간1. 평균 상승률	+22.9%			

---

82 채널A(2015.07.12.) 유승민 지지도 급상승… 중도·40대에 '압도적'

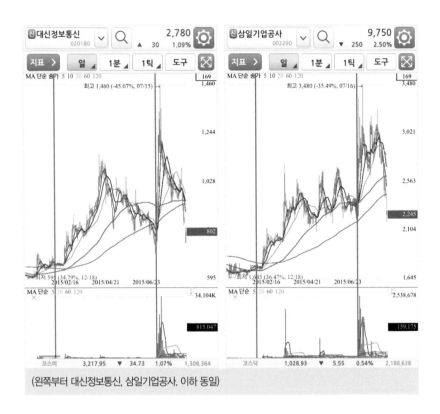

(왼쪽부터 대신정보통신, 삼일기업공사. 이하 동일)

차트와 함께 보기① 원내대표직 사퇴, 유승민 테마주 형성기

당시 사퇴 전까지 유승민 테마주의 흐름은 주가 상승장임을 감안할 때 정치적 사안이 반영된 결과라 보기는 무리가 있다. 하지만 원내대표 사퇴 이후 주가와 거래량 차트를 보면 유승민 테마주의 탄생을 알리는 듯하다. 사퇴 이후 리얼미터 여론조사에 집계돼 유의미한 지지율을 기록한 시점부터 거래량이 터지기 시작했다. 대선 주자로서는 신인인 유승민을 테마주 시장이 주목하기 시작한 시점이라 볼 수 있다.

줄어든 입지, 유승민계 공천 학살

제20대 총선 시즌이 시작됐다. 이 시기는 항상 여러 계파의 공천 잡음이 끊이지 않는다. 지역주의가 강한 대한민국에서 공천은 종종 본선보다 더 중요할 때가 많기 때문이다(호남과 영남의 지역별 국회의원 정당을 비교해 보면 간단하다. 정당 선호도가 낮은 지역으로 공천을 받길 원하는 이는 많지 않다). 비박계인 김무성 대표는 청와대와 대립하며 친박 위주의 공천을 막고자 했다(당시 박근혜 정부의 지지도 하락으로 비박계의 인기가 상대적으로 높았다).[83] 그러나 친박계 의원(이한구)이 공천관리위원장에 임명되면서 상황은 유승민, 김무성을 필두로 하는 비박계에게 좋지 않게 흘러간다(2016.02.05.).[84]

앞서 원내대표 시절의 사건들 때문에 친박계의 눈 밖에 난 유승민계는 공천 탈락이 유력했다.[85] 그리고 예상대로 유승민계 의원들이 대거 컷오프됐고 유승민 본인조차 출마 여부를 알 수 없게 되었다.

이 과정에서 유승민은 여론조사 2위를 차지하는데 당시 유일하게 공천 여부가 확정되지 않은 후보이기도 했다. 전문가들은 유승민계에 대한 공천 학살에 국민적 관심이 모임으로써 오히려 유승민이 공천 학살의 최대 수혜자가 됐다고 분석하기도 했다.[86] 결국 당적변경 신청기일

---

83 한국일보(2016.01.19.) 김무성, 靑·친박 겨냥한 듯 "비례대표도 상향식 공천"

84 뉴시스(2016.02.05.) 與 비박계, "이한구에 유감" 연판장 돌려

85 아시아경제(2016.03.02.) 이한구, '공천 칼춤' 본격화… 유승민계 탈락 '촉각'

86 동아일보(2016.03.17.) 유승민, 여권 차기 대선주자 2위… 與 '공천 학살' 최대 수혜자?

(2016.03.24.) 하루 전까지 공천이 보류됐고 컷오프 당한 친유계 의원과 함께 탈당한다(2016.03.23.).

리얼미터 야권 부분 차기 대선주자 선호도	김무성	유승민	오세훈
2016년 3월 17일 공표	19.3%	18.7%	11.1%

직인 날인 거부 사태, 무소속 당선

유승민이 본인의 지역구에 무소속 출마한다 해도 새누리당의 후보와 상대한다면 표가 갈려 당선을 자신할 수 없는 상황이었다.[87] 하지만 유승민이 탈당한 다음 날, 김무성 대표의 직인 날인 거부 사태로 묘한 상황이 연출된다(2016.03.24.).

법적으로 총선 후보자 추천장에는 당대표의 날인이 있어야 한다. 김무성 대표는 몇몇 선거구 공천이 잘못되었기에 추천장에 서명하지 않을 것이라 선언하고 부산으로 내려가 버린다. 결국 새누리당의 최고의원들이 부산으로 내려가 김무성을 찾았고 진통 끝에 몇몇 지역구 공천이 합의된다. 그런데도 끝까지 거부한 지역구가 존재하는데 유승민과 친이계 좌장인 이재오의 지역구, 그리고 송파구을이었다(송파구을에는 탄핵 심판 당시 박근혜의 변호인이 되는 유영하가 공천될 예정이었다).

이러한 불협화음 속에서 새누리당은 처음에 예상한 150~180석에 못 미치는 성적을 기록한다(2016.04.13.). 또한 원내 제1정당 자리를 더불어민주당에 내주며 큰 충격에 빠진다. 그러나 이와 반대로 유승민은 큰

---

87 뉴시스(2016.03.23.) 무소속 출마 유승민, 승패는 반반…지더라도 차기 포석?

격차로 당선돼 보수 진영 대권 후보가 모두 몰락한 가운데 주목받기 시
작한다.[88]

리얼미터 야권·부분 차기대선주자 선호도	유승민	김무성	오세훈
2016년 4월 20일 공표	17.6%	10.7%	10.2%

〈 구간2. 유승민 테마주 주가상승률 〉

- 2015년 7월 8일 – 유승민, 원내대표직 사퇴
- 2016년 3월 23일 – 새누리당 탈당
- 2016년 4월 13일 – 제20대 총선
- 2016년 4월 20일 – 리얼미터 여론조사, 유승민 여권 1위 (종장 이후)

	대신정보통신		삼일기업공사	
	주가	코스닥	주가	코스닥
2015.07.08.	770	726.22	2,235	726.22
2016.03.24.	+92.2%	−5.5%	+79.0%	−5.5%
2016.04.14.	+60.4%	−4.5%	+64.2%	−4.5%
2016.04.21.	+144.8%	−3.4%	+131.3%	−3.4%
구간2. 평균 상승률	+138.1%			

88　동아일보(2016.04.21.) 輿 대선주자 지지도 요동… 유승민, 김무성 제치고 1위 '우뚝'

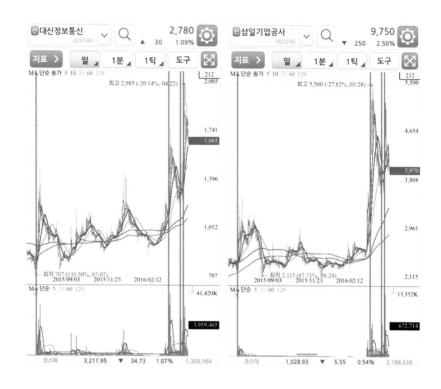

차트와 함께 보기② 원내대표 사퇴, 반짝 상승 후 기나긴 주가 횡보

　유승민이 원내대표직을 사퇴하자 테마주는 폭등한다. 그러나 지도부 자리에서 물러난 이상 원내대표 시절만큼의 주목도를 끌기란 쉽지 않았다. 따라서 자연스레 언론의 주목도가 줄어들었다. 실제로 리얼미터 주간 차기 대선 지지율을 확인하면 유승민은 사퇴 직후 지지율이 가장 높았으며 추후 하락해 20대 총선 전까지 3~4%대 박스권에 갇힌다. 유승민 테마주도 지수와 함께 장기간 횡보했다.

　참고로 새정치민주연합에서 탈당한 안철수 신당에 유승민이 합류할 것이라는 소문이 돈 적이 있다(2015.12.18.). 이 시기 대신정보통신이 급등했으나 합류가 무산되면서 주가 횡보는 계속됐다.

차트와 함께 보기③ 탈당과 지지율 재료

앞선 안철수 편에서 탈당은 정치테마주에서 상당한 재료로 작용한다고 이야기한 바 있다. 유승민은 공천 학살 과정에서 지지율이 상승했으며 탈당을 감행하자 유승민 테마주가 급등한다. 그리고 다음 날 김무성의 직인 날인 거부 사태로 당선 가능성이 올라간 것 역시 호재로 작용했다.

또한, 이번 총선에서 그동안 보수 진영의 대권 후보로 거론되던 이들(김무성, 오세훈, 김문수)이 대거 낙선 혹은 불명예 사퇴를 하는 등 대선 행보에 치명상을 입는다. 반대로 유승민은 보수 후보 궤멸 상황 속에서 대선 주자로 급부상한다. 테마주 역시 총선 직전부터 박스권 상승을 그려 나간다.

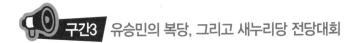 **구간3 유승민의 복당, 그리고 새누리당 전당대회**

새누리당 복당, 대권 고심

유승민은 예상보다 빠르게 새누리당에 복귀한다(2016.06.16). 그리고 차기 전당대회 불출마를 선언하며(2016.07.06.) 다음 대선을 노리는 것이 아닌가 하는 추측이 돌았다(새누리당 당헌 93조에 따라 대선 후보 경선에 출마하려면 모든 선출직 당직에서 1년 6개월 전에 사퇴해야 한다. 이를 대권·당권 분리조항이라 부른다).[89] 또한 얼마 후 언론에 직접 대권을 깊이

89　시사저널(2016.07.07.) 유승민, 대선 직행 카드 '만지작만지작'

고민하고 있다는 소식을 알리기도 했다(2016.07.12.).

당 안팎의 온도차

새누리당의 전체적인 세는 총선을 계기로 크게 줄어들었다. 하지만 비박 공천 학살 때문에 당내 친박 세력의 입지는 도리어 커졌다.[90] 이 우위를 여실히 보여주는 사건이 8·9 새누리당 전당대회다.

비박계(김용태, 정병국, 주호영)와 친박계(이정현, 한선교, 이주영)에서 나란히 세 명의 후보가 출사표를 던졌다. 이때 비박은 전당대회 4일 전 단일화(주호영)에 성공해 단일 후보로 나섰으나 친박계의 표가 셋으로 갈라진 상황임에도 패배한다. 이를 통해 비박 좌장 유승민의 당내 입지가 더욱 축소됐다. 또한, 당시 친박계가 반기문 UN사무총장과의 커넥션을 보여주는 시기였기에 상황은 더욱 좋지 않았다.[91]

〈 구간3. 유승민 테마주 주가상승률 〉

- 2016년 4월 20일 − 리얼미터 여론조사, 유승민 여권 1위 (종장 이후)
- 2016년 6월 16일 − 유승민 복당 승인
- 2016년 7월 6일 − 전당대회 불출마 선언
- 2016년 8월 9일 − 새누리당 전당대회, 친박계 의원 당선
- 2016년 10월 24일 − Jtbc 태블릿PC 보도

---

90 한국일보(2016.04.16.) 새누리 총선 대패에도 당내 입지 더 넓힌 친박
91 아시아경제(2016.08.09.) [새누리 8·9 전대] 친박계 당권 장악에 반기문 유엔사무총장 유력 대권 후보로

	대신정보통신		삼일기업공사	
	주가	코스닥	주가	코스닥
2016.04.21.	1,885	701.62	5,170	701.62
2016.06.16.	+4.2%	−3.0%	−20.7%	−3.0%
2016.07.06.	+12.7%	−2.3%	−15.8%	−2.3%
2016.08.09.	+13.3%	−0.1%	−19.4%	−0.1%
2016.10.24.	−5.3%	−7.7%	−26.9%	−7.7%
구간3. 평균 상승률	−16.1%			

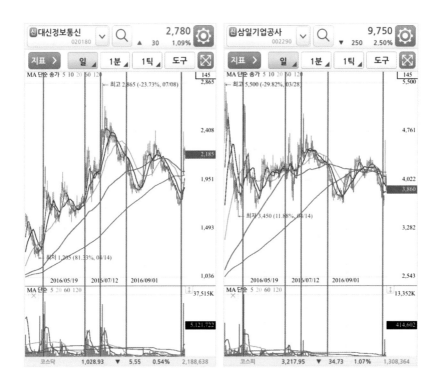

차트와 함께 보기④ 전당대회

유승민 테마주는 탈당, 당선, 그리고 여권 주자 지지율 1위를 기록하면서 급등해 왔다. 그러나 해당 구간에 들어서는 대신정보통신이 몇 개의 재료에 따라 약간 주가 상승을 이어갔을 뿐 전반적인 분위기가 상당히 식은 것을 알 수 있다.

대선에 출마하려면 그에 앞서 당내 경선을 통과해야 한다. 경선은 당내 입지가 매우 중요하다. 유승민은 비박 좌장 중 하나였기에 친박의 세가 위축돼야 가능성을 모색할 수 있었다. 그러나 전당대회를 통해 친박의 세가 여실함이 드러났다. 또한, 인지도가 압도적인 반기문 UN사무총장이 대권 후보로 거론되기 시작했으며 친박과의 커넥션을 보여준 것역시 유승민에게는 상당한 악재였다. 유승민 테마주는 이를 반영하듯 침체를 이어가게 된다.

 구간4 탄핵정국

박근혜 탄핵안 가결

앞서 여러 번 설명했다시피 탄핵정국이 시작되었다. 탄핵안이 가결되려면 현역의원 200인의 동의가 필요했다. 야3당인 더불어민주당, 국민의당, 정의당은 탄핵안에 동의했으나 가결까지의 정족수가 다소 부족한상태였다. 이때 캐스팅보트를 쥐고 있던 그룹이 김무성과 유승민을 중심으로 한 새누리당 내 비박계였다.[92] 그리고 이들이 고심 끝에 동참을

---

92   JTBC(2016.12.01.) [데스크브리핑] '열쇠' 쥔 비박계… 탄핵 정국 어디로?

결정하면서 박근혜 탄핵안은 가결된다(2016.12.09.).

이는 유승민이 보수 진영에서 배신자로 낙인찍히는 원인이 된다.[93] 한 때 박근혜의 최측근이었던 유승민이 청와대와의 갈등으로 원내대표직을 사퇴했으며 탄핵안 가결에 동참했다. 중도층에겐 소신 있는 개혁 보수로 보일 수 있었지만 박근혜 지지층에게는 불편한 이력의 소유자였다. 이 배신자 프레임은 현재까지도 유승민의 발목을 잡고 있다.

길잃은 보수층의 외면

유승민을 포함한 비박계 의원 29명은 새누리당을 탈당하고(2016.12.27.) 개혁 보수 노선의 바른정당을 창당한다(2017.01.24.). 훗날 오세훈은 바른정당이 반기문 총장을 대권 주자로 옹립하려고 만든 정당이었다고 후술했다. 하지만 반기문이 불출마 선언을 하자 결국 유승민이 바른정당의 대권 주자로 뛰게 된다.

하지만 당시 보수 지지층 사이에서는 유승민에 대한 거부감 상당했다.[94] 반기문 지지층은 대안으로서 유승민이 아닌 황교안 대통령권한대행을 선택한다.

리얼미터 여론조사	유승민	황교안	반기문
2017년 1월 4주차	2.4%	6.6%	16.5%
2017년 2월 1주차	4.9%	12.4%	-

---

93 TV 조선(2016.12.12.) [정치속보기] 친박 "김무성·유승민 배신자"… 의도는?
94 경향신문(2017.03.17.) 유승민·남경필 안 뜨고, 보수층은 외면… 바른정당, 최대 위기

그리고 황교안마저 불출마 선언을 한다(2017.03.15.). 하지만 유승민은 이번에도 보수 지지층을 흡수하지 못한다. 그리고 몇 달 전까지만 해도 1퍼센트대 군소후보였던 홍준표가 이들을 흡수하며 유승민을 앞서 나가기 시작한다.

리얼미터 여론조사	유승민	홍준표	황교안
2017년 3월 13일 공표	3.1%	3.6%	13.5%
2017년 3월 20일 공표	3.8%	9.8%	–

보수층을 끌어안지 못한 유승민의 지지율은 군소후보 수준에 머물며 현 보수의 대안 세력으로 인정받지 못한다. 이 때문에 바른정당은 홍준표에 관해서 통합론과 자강론으로 나뉜다.[95] 결국 대선을 고작 8일 남겨둔 시점에 통합론을 주장한 의원 13명이 홍준표 지지를 선언하며 바른정당을 탈당한다.

유승민은 어려운 상황이었지만 마지막 TV 토론회 발언 시간을 아껴가며 국민에게 자신이 추구하는 따뜻한 보수의 가치를 이야기한다. 그리고 탈당 사태에도 불구하고 대선에 완주할 것임을 밝힌다. 결국 대선에서 그간 여론조사보다 다소 높은 6.76퍼센트를 기록한다. 하지만 보수 적통을 놓고 벌인 경쟁에서 자유한국당의 홍준표에게 밀리며 4위로 마무리한다.

---

95   서울경제(2017.04.25.) 바른정당 '원샷 단일화' 제안에… 劉 "완주 소신"

〈 구간4. 유승민 테마주 주가상승률〉

- 2016년 10월 24일 − Jtbc 태블릿PC 보도
- 2016년 12월 27일 − 새누리당 탈당
- 2017년 2월 2일 − 반기문 불출마
- 2017년 3월 15일 − 황교안 불출마
- 2017년 5월 9일 − 제19대 대통령 선거

	대신정보통신		삼일기업공사	
	주가	코스닥	주가	코스닥
2016.10.24.	1,785	647.88	3,780	647.88
2016.12.27.	+54.9%	−4.6%	+20.4%	−4.6%
2017.02.02.	+69.7%	−5.4%	+21.2%	−5.4%
2017.03.15.	+17.6%	−6.1%	−9.5%	−6.1%
2017.05.10.	−23.5%	−0.8%	−23.8%	−0.8%
구간4. 평균 상승률	−23.7%			

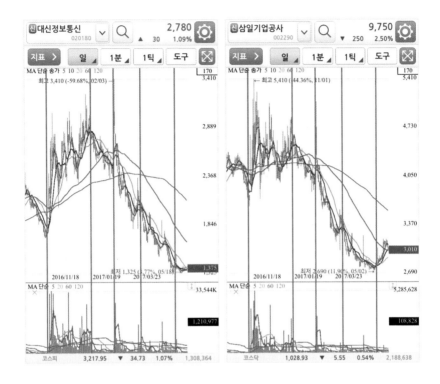

차트와 함께 보기⑤ 탄핵정국과 두 번째 탈당, 일시적 재료

 유승민의 지지율은 박근혜 정부의 지지도와 역으로 움직이는 것이 자주 목격된다. 이러한 흐름은 탄핵정국 초반까지는 유사했다. 하지만 이번에는 박근혜의 지지율이 하락하는 정도로 끝나지 않았다. 대통령직까지 잃게 되면서 보수 진영에 대한 국민적 반감이 생기게 된다.

 이 때문에 유승민 테마주 역시 태블릿PC 보도 직후 급등하지만 장기적인 상승장으로 이어지지 못했다. 탈당이 점쳐지면서 이를 재료로 매수세가 커졌으나 현실적으로 당선이 쉽지 않았기에 매도세 역시 상당했다. 그리고 탈당 이후 재료가 소멸해 유승민 테마주의 하락장이 시작된다.

차트와 함께 보기⑥ 반기문 불출마

반기문이 갑작스럽게 대선 불출마를 선언하며 다음 날 유승민 테마주는 급등한다. 유승민이 이탈한 반기문의 지지층을 일정 부분 흡수할 것이라는 예상이 많았다. 이는 매우 합리적으로 들렸다. 하지만 유승민에 대한 보수층의 반감은 매우 컸으며 중도층 역시 대안이 다양한 상황이었다(중도적 스탠스를 취한 후보로 안철수와 안희정이 있었고 이들의 지지율이 훨씬 높았기에 굳이 사표 확률이 높은 유승민에게 향하지 않았다). 결국 반기문 지지층은 다른 후보를 향했고 유승민의 지지율이 제자리걸음을 하자 주가는 무섭게 하락하기 시작했다.

특히 해당 구간의 유승민 테마주 차트를 보면 전반적인 하락 추세 속에, 긴 위꼬리가 달린 음봉이 자주 등장한다. 황교안 불출마 선언, 바른정당 탈당 사태 등이 대표적이다. 그러나 차트가 이미 망가져 버린 대선 막바지에는 정치테마주에 관심을 가지지 않는 게 좋다. 저 음봉의 긴 윗꼬리를 보면 그날 하루의 움직임이 그려진다. 분명 당장이라도 상한가를 찍을 듯이 주가가 올랐을 것이다. 분봉차트를 보면 단타로 충분히 먹을 수 있을 것처럼 보인다. 그러나 '저 포도는 신포도일거야' 하고 넘어가는 마음가짐이 필요한 시점이기도 하다. 당장 언제 떨어져도 이상하지 않은 추세이기 때문이다. 당일의 광기(매수세)가 아무리 강하다 해도 장기적인 추세(차트)를 이기기는 힘들다.

02

제19대 대통령 선거_ 불출마 후보편

반기문

반기문은 참여정부 시절 외교통상부 장관을 역임하였으며 제8대 UN 사무총장이다. 세계적 인지도와 선거에서 캐스팅보드 역할을 자주 했던 충청도 출신이라는 점은 대선 주자로서 매력적이었다. 다만 반기문은 진영 색채가 뚜렷한 인물은 아니었다. 개인적 성향은 다소 보수에 가깝다는 평가를 받으나 참여정부 시절 장관이었으며 노무현 대통령의 적극적인 지원하에 UN사무총장에 당선되었다는 점이 진보 진영 대선 후보로서의 가능성도 배제할 수 없게 만들었다.[96] 하지만 제20대 총선에서 보수진영 후보가 대거 이탈하자 그 대안으로서 급격히 떠오른다.

---

96 문화일보(2015.02.16.) 〈여론조사—여권 잠룡〉반기문, 여권선 1위 야권선 2위⋯ 與野 따라 차이 주목

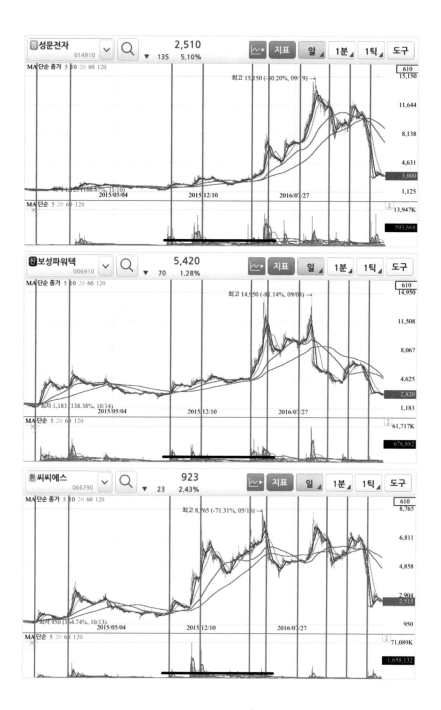

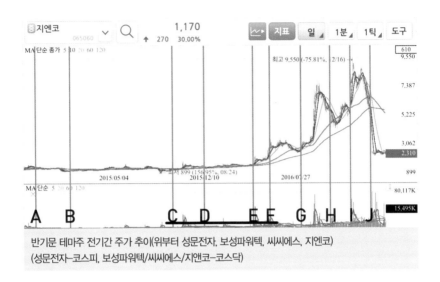

반기문 테마주 전기간 주가 추이(위부터 성문전자, 보성파워텍, 씨씨에스, 지엔코)
(성문전자–코스피, 보성파워텍/씨씨에스/지앤코–코스닥)

	일자	비고		일자	비고
A	2014.10.21.	여론조사 첫 집계&1위	F	2016.05.25.	방한 일정 시작
B	2015.01.14.	새누리당 영입설	G	2016.08.09.	새누리당 전당대회, 친박계 승리
C	2015.09.23.	박근혜–반기문 회동 일정 발표	H	2016.10.24.	Jtbc 태블릿PC 보도
D	2015.12.08.	더불어민주당 영입설	I	2016.12.12.	UN사무총장 퇴임
E	2016.04.13.	제20대 국회의원 선거	J	2017.02.01.	대선 불출마 선언

반기문, 차기 대선 여론조사 깜짝 1위

반기문은 차기 대선 여론조사[97]에서 깜짝 집계된다(2014.10.21.). 반기문은 현실 정치인이 아니기에 여론조사에 잡힌다는 것 자체가 큰 이슈거리였다. 그런데 이 여론조사에서 반기문은 1위까지 기록한다. 이에 반기문 대망론은 더욱 관심을 받게 된다.[98]

현실정치인에 대한 국민의 피로감은 항상 존재한다. 그래서 한 분야에서 성공한 비정치인이 많은 주목을 받는다. 이러한 경향은 최근 더 강해지고 있다. 18대 대선의 안철수, 19대 반기문 그리고 20대의 윤석열과 유시민(유시민은 비록 정치인 출신이지만 정계 은퇴 후 작가 생활을 하고 있다는 점을 고려하면 넓은 의미에서 포함될 수 있다)이 대표적이다. 매 대선마다 비정치인 출신 대선 후보가 등장하고 있으며 그때마다 반응은 뜨거웠다.[99]

반기문 영입설 쇄도

반기문이 여론조사에서 1위를 차지한 이후 정치권은 그에게 러브콜을 보내느라 뜨거웠다.[100] UN사무총장이라는 세계적 기구의 수장이라는 점에서 반기문은 상당히 매력적인 카드였다. 새누리당은 반기문 영

---

97 한길리서치, 2014.10.17~10.18 조사, 2014.10.21. 공표
98 뉴시스(2014.11.05.) 손사래 쳤지만… '반기문 대망론' 사그라지지 않을 듯
99 매일경제(2021.04.21) [레이더P] 비정치인 대선주자 2011 안철수 2021 윤석열, 묘하게 겹친다
100 헤럴드경제(2014.11.04) 반기문에 러브콜하는 정치권… 대체 왜?

입에 가장 먼저 뛰어든 정당이었다. 당대표 김무성은 반기문 영입 가능성을 직접 언급하며 긍정적인 입장을 보여준다(2015.01.14.). 또한 박근혜 대통령이 뉴욕 UN본부에서 반기문과 회동을 가진다는 일정이 발표되자 새누리당 영입설은 더욱 뜨거워졌다(2015.09.23.).

곧이어 민주당도 반기문 영입에 뛰어든다. 문재인은 반기문을 참여정부가 만들어낸 사무총장이라 칭하며 직무가 끝난다면 영입에 욕심 내보겠다는 뜻을 밝힌다(2015.12.08.). 반기문은 이러한 영입설을 계속 부인하며 정치권과 선을 그었지만 사람들의 기대 속에 반기문 대망론은 점차 커져갔다.

〈 구간1. 반기문 테마주 주가상승률 〉
- 2014년 10월 21일 - 반기문, 차기 대선 지지도 1위(한길리서치)
- 2015년 1월 14일 - 김무성의 '반기문 영입설' 언급
- 2015년 9월 23일 - 박근혜-반기문 회동 일정 발표
- 2015년 12월 8일 - 문재인, 반기문 더불어민주당이 영입할 것

	성문전자		보성파워텍		씨씨에스		지엔코	
	주가	코스피	주가	코스닥	주가	코스닥	주가	코스닥
2014.10.21.	1,195	1,915.28	1,309	557.54	347	557.54	1,380	557.54
2015.01.14.	+15.9%	-0.1%	+216.0%	+3.0%	+72.3%	+3.0%	-16.7%	+3.0%
2015.09.23.	+54.0%	+1.5%	+125.7%	+22.0%	+71.2%	+22.0%	-12.7%	+22.0%
2015.12.08.	+113.4%	+1.8%	+232.2%	+19.9%	+361.1%	+19.9%	+4.7%	+19.9%
구간1 평균 상승률	+177.9%							

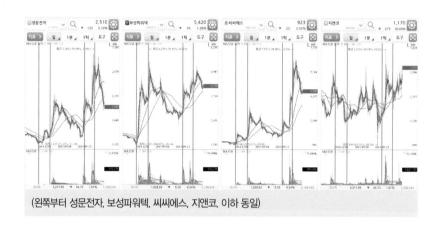

(왼쪽부터 성문전자, 보성파워텍, 씨씨에스, 지앤코. 이하 동일)

차트와 함께 보기① 반기문 테마주 1차 급등

반기문 테마주로 다양한 종목이 거론됐다. UN사무총장이라는 압도적인 인지도 때문에 테마주에 편입된 종목이 다양했으며 그만큼 테마주 관련 사건사고도 잦았다.

해당 구간에서는 보성파워텍과 씨씨에스의 움직임이 가장 두드러졌다(지앤코는 당시 거래량 차트와 주가 차트 모두 정치테마주로서 움직였다고 말하기에는 무리가 있다). 지수와 역행하는 주가 급등 시점이 반기문 정계 입문설이 득세했던 시점과 일치했기에 반기문 테마주의 태동을 예상하는 것이 자연스러웠다.[101]

---

101 한국경제(2015.01.15.) 반기문 테마株 급등

구간2 반기문 추대 분위기

여권 대선 후보 몰락, 반기문 부각

앞에서 다뤘듯이 제20대 총선에서 새누리당은 뼈아픈 패배를 당한다. 이 과정에서 여권의 대선 후보로 분류되던 이들(김무성, 김문수, 오세훈)이 대거 대선 가도를 이탈했다. 물론 유승민이 대선 후보로서의 가능성을 보여주었지만 친박계와의 갈등을 감안했을 때 보수 진영 전체의 구심점이 되기는 쉽지 않아 보였다.

이러한 새누리당의 인물난은 총선 이후 야권 후보가 여론조사에서 1, 2위를 달리는 상황과 대비됐다. 정권 연장에 빨간불이 들어오자 새누리당은 반기문 카드에 눈을 돌렸다.[102] 새누리당이 반기문 카드를 만진다는 소식이 들리자 그에게 대선에 대한 질문이 쏟아진다. 당시 그는 부정도 긍정도 하지 않으며 애매모호한 답변으로 일관했다. 아직 사무총장이라는 자리에 있기 때문에 확답을 미뤘다고 볼 수 있으나 모호한 태도는 반기문 출마설에 점점 힘을 실어 주었다.[103]

그러던 중 반기문의 방한이 내정되면서 이를 두고 대권행보가 아니냐는 갑론을박이 이어졌다(2016.05.25.). 기자회견에서 반기문은 대통령을 하기에 고령이지 않느냐는 질문에 아파서 결근한 적이 없다고 답하며 자신감을 보여주기도 했다. 또한, 방한 일정 중 충청 출신의 정치계 원로인 김종필의 자택을 예방하자 언론은 그가 대선 출마 의지를 보인

---

102 YTN(2016.04.14.) 與, 대선주자들 '치명타'… 다시 반기문에 시선
103 연합뉴스(2016.04.16.) 반기문 총장, 대권 질문에 고개만 '절레절레'

것으로 해석했다(2016.05.28.).[104] 이후 반기문은 리얼미터 여론조사에 집계되기 시작했고 장기간 여야 통합 지지율 1위를 달린다.

반기문 추대, 친박 vs 비박

그가 경선 과정 없이 합의 추대를 원한다는 반기문의 측근발 소식이 기사화됐다. 새누리당 당헌상 대선 후보가 되려면 반드시 당내 경선을 통과해야 했다. 이에 대해 친박과 비박은 또다시 충돌한다. 친박이 반기문 추대로 새로운 우군을 확보하려 했다면 비박은 반기문을 견제하는 입장이었다. 이 두 집단은 전당대회에서 당대표 선거를 통해 힘겨루기를 했다. 앞서 유승민 편에서 보았듯이 친박이 표가 갈렸음에도 승리한다. 이는 반기문의 약점인 당내 기반을 친박계를 통해 보완할 것임을 암시했다(2016.08.09.).[105]

〈 구간2. 반기문 테마주 주가상승률 〉
- 2016년 4월 13일 – 제20대 총선
- 2016년 5월 25일 – 5박 6일의 방한 일정 시작
- 2016년 8월 9일 – 새누리당 전당대회, 친박 승리
- 2016년 10월 24일 – Jtbc 태블릿PC 보도

104 연합뉴스(2016.05.28.) 반기문, JP 예방… '충청 대망론'·대권 행보 본격화
105 매일경제(2016.08.09.) 반기문 대망론 탄력… 비박계 잠룡은 주춤

	성문전자		보성파워텍		씨씨에스		지엔코	
	주가	코스피	주가	코스닥	주가	코스닥	주가	코스닥
2016.04.14	2,930	2015.93	6,610	693.42	2,500	693.42	1,565	693.42
2016.05.25	+84.3%	-2.7%	+40.9%	-0.6%	+64.8%	-0.6%	+55.6%	-0.6%
2016.08.09	+145.1%	+1.4%	+36.2%	+1.1%	+46.0%	+1.1%	+82.1%	+1.1%
2016.10.24	+284.0%	+1.6%	-14.5%	-6.6%	-4.4%	-6.6%	+273.2%	-6.6%
구간2. 평균 상승률	+134.6%							

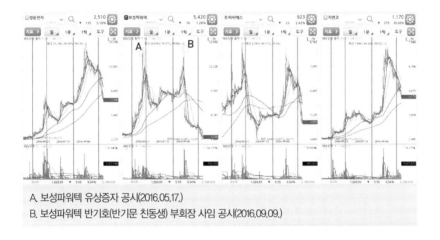

A. 보성파워텍 유상증자 공시(2016.05.17.)
B. 보성파워텍 반기호(반기문 친동생) 부회장 사임 공시(2016.09.09.)

차트와 함께 보기② 반기문 정계 입문 재료

총선이 끝난 후 반기문 카드의 매력도는 더욱 높아졌다. 크게 보면 반기문의 대선 출마를 재료로 테마주가 움직인 것으로 보이며 세부 재료로 들어가면 두 차례의 급등과 조정으로 볼 수 있었다.

반기문 테마주 급등 재료는 방한과 새누리당 전당대회였다. 일정이 미리 고시됐기에 선반영 정도가 컸던 방한은 직후에 재료가 소멸했다. 그러나 전당대회는 선거이기에 결과를 짐작할 수는 있으나 미리 알 수는 없다. 따라서 선반영 정도가 매우 적었고 전당대회 이후 주가가 상승하기 시작한다. 전당대회 이후의 급등은 반기문 추대 가능성에 대한 재료였다는 표현이 더 적합한 설명일 것이다.

차트와 함께 보기③ 공시 폭락과 대장주 변동

지난 구간까지 반기문 테마주를 주도한 종목은 보성파워텍과 씨씨에스라고 할 수 있다. 그러나 해당 구간에서 나란히 폭등과 폭락을 반복하며 몹시 불안정한 주가 상태를 보이는데 이 시기에 성문전자와 지앤코 등 새로운 종목이 인상적인 모습을 보이며 대장주 교체를 예상케 했다.[106]

그 시작은 보성파워텍의 공시였다. 유상증자(A) 소식이 들려오자 보성파워텍이 급락한다. 유상증자는 주식을 추가 발행해 기업의 자본금을 늘리는 것이다. 특히 원금이나 이자를 갚을 필요 없이 자금을 확보할 수 있다는 점에서 기업 입장에서 매력적이다. 단, 시중에 주식 수가 늘어나는 것이니 회사의 가치가 희석돼 단기적으로는 악재로 작용하는 경우가 많다. 그리고 반기호 부회장의 사임(B) 역시 반기문 테마주에서 탈락한다는 의미이기에 폭락할 수밖에 없는 공시 내용이었다.

그리고 한 종목의 공포 매도는 다른 종목에도 영향을 미치기 쉽다. 지

---

106 파이낸셜뉴스(2016.05.17.) 반기문 테마주, 세대교체되나… 서원쌍방울 등 급등

난 구간부터 함께 상당한 수준으로 주가가 상승한 씨씨에스가 이후 폭락한다. 대신 다른 종목이 두각을 나타내며 광기의 바톤을 이어받는다. 성문전자와 지앤코 이외의 다양한 종목이 반기문 테마주라는 이름을 달고 이전보다 더 크게 급등하기 시작했다.

구간3 탄핵정국

반기문, 탄핵정국의 최대 피해자

리얼미터 정례 여론조사에서 반기문은 집계 이후 한 번을 제외하고 줄곧 여야 통합 1위를 달렸다. 그러나 태블릿PC 보도 직후 1위 자리를 문재인에게 내준다. 그동안 친박 세력의 지지를 받아온 반기문이었기에 역풍을 피해 가기란 쉽지 않았다.[107] 탄핵정국 초반 반기문은 이전보다 조용한 행보를 보여 뚜렷한 지지율 변화가 없었다. 하지만 박근혜에게 실망한 중도층이 서서히 이탈하면서 지지율 부침을 겪기 시작했다.

바른정당으로 돌파구 마련?

궤멸 위기에 놓인 보수 진영은 친박과 비박으로 나뉘어 분열했다. 친박은 새누리당에 남아 박근혜 탄핵안을 부정하는 입장을 고수했다. 그에 반해 비박은 김무성과 유승민을 중심으로 탈당해 바른정당을 창당하고 박근혜 탄핵안에 찬성하며 보수 개혁의 필요성을 주장했다.

당시 대다수는 바른정당이 반기문을 영입해 대선을 치를 것이라 예상

---

107 뉴시스(2016.11.01.) '최순실 국정농단'… 반기문에 직격탄? 文에 역전당해

했다.[108] 비록 친박의 지지를 받던 반기문이었지만 비박 입장에서도 대안이 없었으며 반기문 입장에서도 침몰하는 배인 새누리당보다 바른정당이 나은 선택이라 판단한 것으로 보였다.[109]

그러나 보수에 대한 국민적 반감은 매우 컸고 반기문은 직격탄을 맞는다. 그가 대통령 선거에 출마할 것이라고 선언하자(2017.01.25.), 정권 교체를 할 절호의 찬스를 맞이한 야당은 반기문을 혹독하게 검증하며 공세를 시작한다. 이 과정에서 반기문의 지지율은 크게 떨어지기 시작했다. 사무총장에서 퇴임하고 귀국한 직후에 실시한 여론조사에서 처음으로 10퍼센트대 지지율로 폭락한다.[110] 결국, 대선 출마를 선언하고 나서 겨우 1주일이 지난 시점, 반기문은 불출마를 선언하며 대권 도전을 마무리 짓는다(2017.02.01.).

〈 구간3. 반기문 테마주 주가상승률 〉
- 2016년 10월 24일 – Jtbc 태블릿PC 보도
- 2016년 12월 13일 – UN사무총장 퇴임 고별연설
- 2017년 1월 25일 – 대선 출마 선언
- 2017년 2월 1일 – 대선 불출마 선언

---

108 이데일리(2017.01.23.) 반기문, 결국 바른정당行? 김무성·오세훈 접촉… 손학규 러브콜
109 이데일리(2017.01.27.) "지지율 떨어지는데"… 반기문, 바른정당 문 두드릴까
110 리얼미터(2017.01.23.)

	성문전자		보성파워텍		씨씨에스		지엔코	
	주가	코스피	주가	코스닥	주가	코스닥	주가	코스닥
2016.10.24.	11,250	2,047.74	5,650	647.88	2,390	647.88	5,840	647.88
2016.12.13.	+0.0%	−0.6%	+14.7%	−5.7%	−4.8%	−5.7%	+32.5%	−5.7%
2017.01.25.	−39.5%	+0.9%	−19.9%	−5.9%	−35.4%	−5.9%	−3.3%	−5.9%
2017.02.03.	−74.0%	+1.2%	−49.7%	−6.0%	−68.7%	−6.0%	−57.6%	−6.0%
구간3. 평균 상승률	−62.5%							

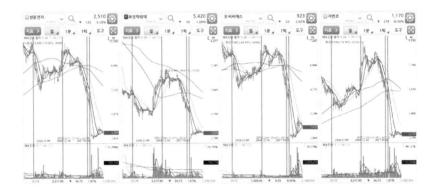

차트와 함께 보기④ 주가상승 동력 크게 위축

태블릿PC 보도 이후 반기문 테마주는 폭락한다. 친박과의 커넥션이 제기된 그였기에 국정농단 사태의 발단이 된 이 보도는 큰 악재였다. 당일 주가는 많이 폭락하지 않았지만 주가 상승 동력은 크게 떨어졌다. 결론적으로 남은 재료는 사실상 UN사무총장직 퇴임 하나였다. UN사무총장 퇴임이 얼마 안 남은 시점이었으며 퇴임 시 이전보다 적극적인 정치적 발언과 행보가 가능하기 때문이었다. 그리고 대선 출마 선언은 18대 대선의 안철수 테마주 사례를 비춰 보면 이제까지 주가 상승에 대한 재료 소멸이 될 가능성이 있었다.

차트와 함께 보기⑤ 최종 재료 소멸

반기문 테마주는 재료 반영으로 퇴임식 직전 급등한 후 횡보한다. 그리고 박근혜 탄핵안이 가결된 직후, 반기문에 대한 혹독한 검증이 시작되었다. 그의 지지율은 떨어져 갔고 반기문 테마주의 주가는 점차 꺼진다. 그가 귀국해 대선 출마를 선언했지만 이는 재료 소멸에 불과했다.

19대 대선에서 역대급으로 다양한 정치테마주가 등장했지만, 반기문 테마주는 그중 가장 악명이 높았다. 반기문이 대선 출마를 공식 선언한지 고작 1주일 만에 불출마할 것이라 예상한 이는 아마 없었을 것이다. 결국, 불출마 선언 이후 대부분의 반기문 테마주가 연속 하한가를 기록하며 매도 체결조차 쉽지 않은 상황으로 마무리된다.[111]

김무성

김무성은 제15~20대 국회의원으로 부산(남구을, 영도구)에서 내리 6선을 한 보수 진영의 거물급 정치인이다. 한때 친박계의 좌장으로 알려졌지만, 박근혜 정부 시기 유승민과 함께 비박계 대표 인사로 분류됐다. 박근혜 정부는 2년차에 들어 세월호 사태 등으로 국정지지도가 서서히 떨어지기 시작한다. 어려운 시기에 김무성은 여당의 대표로 선출돼 재보궐

---

111 경향신문(2017.02.02.) '반기문 테마주' 일제히 하한가… 문재인·황교안 관련주는 상승

선거에서 연승을 거두는데 이를 시작으로 유력 대선후보 반열에 오른다.

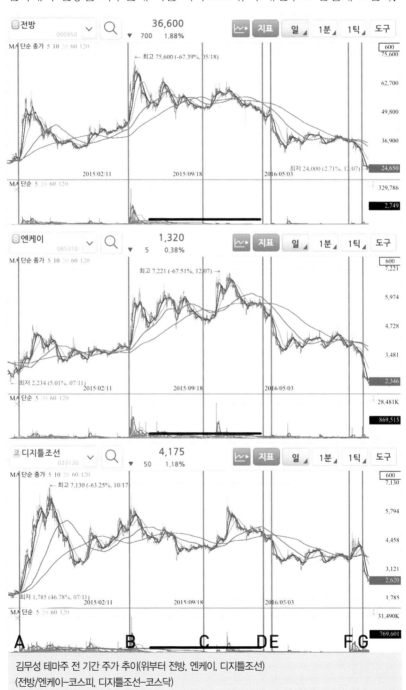

김무성 테마주 전 기간 주가 추이(위부터 전방, 엔케이, 디지틀조선)
(전방/엔케이-코스피, 디지틀조선-코스닥)

	일자	비고
A	2014.07.30.	7·30 재보궐선거 승리
B	2015.04.29.	4·29 재보궐선거 승리
C	2015.10.28.	10·28 재보궐선거 승리
D	2016.03.24.	직인 날인 거부 사태
E	2016.04.13.	제20대 국회의원 선거
F	2016.10.24.	Jtbc 태블릿PC 보도
G	2016.11.23.	대선 불출마 선언

구간1 새누리당 김무성 대표 체제

김무성 대표 체제, 친박 입지 축소

새누리당 당대표 선거는 비박 김무성과 친박 서청원의 2강 구도로 진행됐으며 그 결과 김무성이 대표로 선출된다(2014.07.14.). 또한 당시 전당대회가 강한 2강 구도였기에 3위가 누구인지는 또 하나의 관전 포인트였다. 당초 대표적 친박 인사인 홍문종과 6선의 이인제 중 한 명으로 예측되었으나 비박 김태호가 3위를 차지하며 이변을 일으켰다. 홍문종은 5위에 그쳐 최고위원직에 오르는 데마저 실패한다. 이러한 전당대회 결과는 새누리당 내의 친박계가 위축되었음을 보여주었다.[112]

---

112 한겨레(2014.07.14.) 김무성의 압승… 친박의 몰락

재보궐선거 연승, 김무성 대세론 형성

7·30 재보궐선거는 앞의 안철수 편에서 다뤘듯이 15석의 국회의원직이 걸린 역대 최대 규모였다. 그리고 이 시기는 세월호 사태 여파로 박근혜의 국정수행지지도가 크게 꺾이며 정부심판론이 일던 시점이었다. 따라서 새누리당이 쉽사리 이기기 어려울 것이라는 전망이 우세했다.[113] 그러나 결과는 11대 4로 새누리당의 완승이었다. 또한, 전통적으로 민주당 텃밭이었던 호남에서 친박 이정현이 당선되면서 충격을 더했다(2014.07.30.).

4·29 재보궐선거는 문재인 편에서 이미 다뤘다. 당시 지역구 4석이 걸려 있었는데 이중 3석이 통합진보당 해산사건으로 발생한 공석이었다. 야권 분열과 이석기 전 의원에 대한 반감은 호재였으나, 여권 역시 성완종 리스트 사건으로 악재가 터지며 결과를 알 수 없는 상황이었다. 그럼에도 김무성 체제의 새누리당은 4석 중 3석을 가져가며 승리한다(2015.04.29.).

또한, 10·28 재보궐선거까지 3연승을 기록하며(2015.10.28.) 이 과정에서 김무성은 대세론을 형성해 간다. 리얼미터가 발표한 차기 대선 여론조사에서 김무성은 7·30 선거 이후 처음으로 여야 통틀어 1위를 기록한다(2014.8.1). 당시 새정치민주연합 당대표였던 안철수가 처음으로 한 자릿수 지지율로 추락한 상황과 대비되었다. 그는 4·29 선거를 승리로 이끈 후 20퍼센트대 지지율을 넘겨 문재인으로부터 1위 자리를 탈환하며 대세론의 시작을 알렸다(2015.05.11).

---

113 매일신문(2014.07.28.) '7·30 재보선' 경합지역 늘며 '안갯속 판세'

〈 구간1. 김무성 테마주 주가상승률 〉

- 2014년 7월 14일 – 새누리당 당대표 선출
- 2014년 7월 30일 – 7·30 재보궐선거 승리
- 2015년 4월 29일 – 4·29 재보궐선거 승리
- 2015년 10월 28일 – 10·28 재보궐선거 승리
- 2015년 12월 13일 – 안철수, 새정치민주연합 탈당

	전방		엔케이		디지틀조선	
	주가	코스피	주가	코스피	주가	코스닥
2014.07.14.	27,700	1,993.88	2,667	1,993.88	1,950	561.50
2014.07.30.	+4.0%	+4.5%	+6.4%	+4.5%	+9.0%	−3.5%
2015.04.29.	+66.1%	+7.5%	+41.8%	+7.5%	+171.8%	+23.9%
2015.10.28.	+87.4%	+2.4%	+91.3%	+2.4%	+124.4%	+23.5%
2015.12.14.	+107.2%	−3.3%	+156.8%	−3.3%	+124.6%	+12.3%
구간1. 평균 상승률	+129.5%					

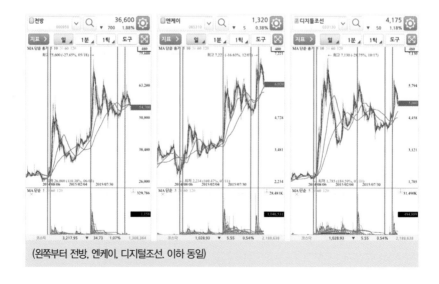

(왼쪽부터 전방, 엔케이, 디지털조선. 이하 동일)

차트와 함께 보기① 재보궐선거 승리와 여론조사

거래량 차트를 보면 재보궐선거 전후로 주가와 거래량이 크게 상승했다. 이로써 김무성 테마주가 형성되는 모습을 확인할 수 있다. 그렇다면 재보궐선거에서 승리해서 주가가 상승했을까? 만약 그렇다면 선거 결과가 확정된 바로 다음 날 주가가 움직였어야 한다. 하지만 이 테마주는 공통적으로 2014년 8월 4일(월)과 2015년 5월 4일(월)부터 상한가를 기록하며 급등하기 시작한다. 거래일 기준으로 각 선거 모두 하루 내지 이틀의 시간차가 존재했다. 정보가 매우 빠르게 반영되는 테마주 시장에서 하루의 시간차가 발생했다는 점은 의아했다(물론 선거 이후 테마주가 형성돼 가는 과정의 시간차일 가능성도 있다).

무엇이 이러한 시간차를 만들어냈을까? 우리가 생각한 답은 여론조사였다. 재보궐선거가 끝난 후 김무성 테마주가 상한가를 기록한 날은 두 번 모두 차기 대선 여론조사가 발표된 날이었다. 이는 정치적 사안인 재보궐선거 결과가 국민 여론에 반영된 후 발표된 조사다. 즉, 새누리당이 재보궐선거에서 승리를 거둠에 따라 안철수 지도부가 물러나게 됐으며 당대표인 김무성의 지지율이 급등했고 이러한 지지율 급변에 따라 주가도 급등한 것으로 보인다.[114]

10·28 재보궐선거는 국회의원 의석이 걸려 있지 않아 중요도가 다소 낮은 선거였다. 그래서 지지율 변화가 크지 않았으며 주가도 앞선 두 번의 선거보다 적게 움직였다(주가가 매우 높은 상황이었기에 움직임이 덜했을 가능성도 있다). 즉, 정치테마주에서 여론조사의 중요성은 매우 크다

---

114 머니투데이(2014.07.31.) [특징주]재·보궐선거 與 압승에 김무성 테마주 강세

는 점을 보여준 사례다. 이는 '제4장 여론조사와 정치테마주'에서 좀 더 자세히 살펴보겠다.

 **제20대 국회의원 선거, 패배**

보수 표심 분산, 지지율 1위 수성 실패

안철수는 문재인 지도부와의 갈등 끝에 새정치민주연합을 탈당한다. 중도적 스탠스인 안철수의 탈당은 비단 진보 진영뿐 아니라 보수 진영에도 영향을 끼칠 수 있었다. 김무성을 향했던 중도층이 이탈할 수 있기 때문이다. 안철수는 진영 논리에서 비교적 자유로운 후보였으며 보수층에서도 상대적으로 선호하는 후보였다(제18대 대선에서도 안철수가 등장하면 박근혜 지지율이 떨어지는 현상이 반복된 바 있다).

안철수가 탈당한 다음 신당 창당이 가시화되면서 김무성의 지지율이 소폭 하락한다. 장기간 1위 자리를 지켜온 김무성 대세론은 안철수가 급부상하면서 금이 가기 시작한다. 또한 진보층이 결집하면서 문재인에게 1위 자리를 내주게 된다.[115]

여기에 그치지 않고 총선이 다가오면서 공천을 둘러싸고 비박−친박 간의 갈등이 심화됐다. 비박 표심은 공천 학살을 당한 유승민으로 흘러갔다. 또한 오세훈이 종로에 출마하며 정계 복귀에 시동을 걸자 보수 표심은 다시 분산된다. 이 과정에서 김무성의 지지율은 지속해서 하락했고 총선 직전에는 여권 1위 자리를 오세훈에게 내주기도 한다.

---

115 동아일보(2015.12.28.) 문재인, 차기 대선주자 지지도 1위 탈환… 안철수 덕에 어부지리?

공천, 끊이지 않는 잡음

김무성에게 이번 총선은 무엇보다 중요했다. 앞선 세 번의 재보궐선거를 모두 승리로 이끌었으며 보수진영에서 지지율 1위를 장기간 기록해 왔다. 대선 직전 마지막 선거인 20대 총선마저 승리한다면 당대표 기간 동안 벌어진 네 번의 선거를 모두 이겨 유력 대선 후보로 옹립될 수 있는 상황이었다.

또한 김무성은 "선거 결과와 상관없이 당대표직을 사퇴하겠다"고 발표한다. 새누리당 당헌에 대선에 출마하려면 1년 6개월 전에 모든 선출직에서 사퇴해야 한다는 조항이 있었다. 따라서 이는 총선 이후 본격적으로 대선 행보를 하겠다는 예고편으로 비쳐졌다.[116]

김무성은 공천 방식을 두고 청와대와 각을 세웠다. 당시 박근혜 정부 국정수행지지도는 꾸준히 하락 추세였으며 비박 후보의 인기가 상대적으로 높았다. 따라서 여론조사를 상당 부분 포함하는 공천 방식(상향식 공천)을 주장했다.[117]

그러나 친박계는 상향식 공천에 반대하는 입장이었다. 여론조사 비율이 높은 공천 방식이 채택된다면 친박 후보가 공천에서 떨어질 우려가 있었기 때문이다. 결국 청와대와 친박계가 추천한 친박 인사(이한구)가 공천관리위원장에 임명된다. 공천관리위원장은 친박 위주의 공천을 감행하며 당대표인 김무성도 심사를 받아야 한다고 주장함으로써 비박계의 거센 반발을 산다. 공천이 확정되기 전날, 결국 비박 좌장인 유승민

---

116 국민일보(2016.03.30.) 김무성, 사실상 대권 행보 본격화?… 총선 후 대표 사퇴
117 시사in(2015.11.07.) 김무성 '공천권'에 집착하는 이유…트라우마?

과 측근 의원이 탈당하며 이렇게 친박의 승리로 공천이 마무리되는 듯했다(2016.03.23.).

직인 날인 거부 사태, 그리고 총선 패배

그러나 다음 날, 새누리당은 발칵 뒤집힌다. 김무성이 일명 '옥새런', '옥새파동'이라고도 불리는 직인 날인 거부 기자회견을 열며 갈등은 최고점에 달한다(2016.03.24.). 선거법상 후보자 추천장에는 공천관리위원장과 당대표의 직인, 두 개가 모두 필요하다. 김무성은 몇 개의 선거구 공천이 잘못되었다며 직인 날인을 하지 않겠다고 밝히고 본인 지역구인 부산으로 내려가 버린다. 김무성의 이러한 돌발행동에 크게 당황한 당 최고위원회는 결국 부산으로 내려가 회동함으로써 공천을 마무리 짓는다. 이때 유승민과 친이계 이재오의 지역구에 끝내 공천을 하지 않으며 친박으로 평가받는 이들(유영하, 이재만)의 공천이 취소된다.

진통 끝에 공천은 마무리되었지만 최소 과반, 최대 180석이었던 처음 목표에 크게 못 미친 성적을 받아 들어야 했다. 122석을 가져가는 데 그치며 새누리당은 더불어민주당에 원내 1당 자리를 내주게 된다. 김무성은 당선되었지만, 충격적인 총선 패배의 영향으로 지지율이 폭락한다.[118]

총선 이후 김무성은 대선 주자 관심도에서 많이 밀려났으며 그 자리는 반기문 유엔사무총장으로 대체된다.[119] 탄핵국면에서 유승민과 함께

---

118 데일리안(2016.04.15.) 김무성·오세훈 지지율 반토막, 안철수 6.2%p ↑
119 YTN(2016.04.14.) 與, 대선주자들 '치명타'… 다시 반기문에 시선

비박계를 이끌지만, 전면에 나서기보다는 킹메이커로서 다른 누군가 (반기문, 유승민)를 뒤에서 밀어주는 역할에 그치게 된다. 사실상 김무성의 19대 대선 행보는 총선을 마지막으로 끝났다.

〈 구간2. 김무성 테마주 주가상승률 〉

- 2015년 12월 13일 – 안철수, 새정치민주연합 탈당
- 2016년 3월 24일 – 직인 날인 거부 사태
- 2016년 4월 13일 – 제20대 총선
- 2016년 10월 24일 – Jtbc 태블릿 보도
- 2016년 11월 23일 – 대선 불출마 선언

	전방		엔케이		디지틀조선	
	주가	코스피	주가	코스피	주가	코스닥
2015.12.14.	57,400	1,927.82	5,875	1,927.82	4,380	630.37
2016.03.24.	−16.3%	+3.0%	−6.4%	+3.0%	+4.9%	+8.9%
2016.04.14.	−26.3%	+4.6%	−24.8%	+4.6%	−13.0%	+10.0%
2016.10.24.	−35.3%	+6.2%	−31.3%	+6.2%	−13.2%	+2.8%
2016.11.23.	−54.4%	+3.1%	−57.0%	+3.1%	−30.4%	−4.8%
구간2. 평균 상승률	−47.3%					

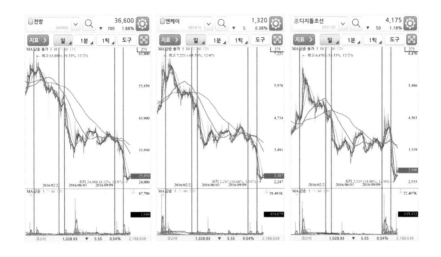

차트와 함께 보기② 지지율 하락, 그리고 총선 패배

20퍼센트를 넘던 김무성의 지지율은 2016년 들면서 점차 하락하기 시작한다. 김무성 개인의 패착보다는 타 후보들이 약진하면서 지지율이 조금씩 분산된 이유가 컸다. 안철수 탈당(중도층 이탈)과 유승민계 공천 학살(비박층 분산), 오세훈 종로구 출마(보수층 분산)가 연이어 김무성 지지율 하락을 촉발했다. 김무성 테마주 주가 역시 이를 반영하듯 안철수 탈당부터 꾸준히 하락한다.

그리고 총선 패배 이후 보수 진영을 대표하는 후보가 반기문 유엔사무총장으로 대체되면서 정치권과 테마주 시장에서 김무성에 대한 관심도는 크게 줄어든다. 또한, 국정농단 사태로 보수 진영이 초토화됐고 곧이어 김무성은 불출마를 선언한다. 이렇게 김무성 테마주는 또다시 폭락하며 19대 대선을 마무리한다.

안희정

안희정은 '좌희정 우광재'로 불리던 대표적인 친노 정치인으로 제 36-37대 충남도지사직을 역임했다. 충남도정을 이끌며 민선 6기 공약 이행도 6년 연속 최우수를 달성하는 등 임기 내내 좋은 평가 지표를 유지했다.[120] 또한 충청대망론의 대표 주자로 충청인이 선호하는 지역 출신 정치인 1위를 기록하기도 했다(이때 2위가 반기문 유엔사무총장이었다).[121] 그러나 어디까지나 차세대 잠룡으로 언급될 뿐 지지율 한 자릿수 대 군소 후보였던 기간이 대부분이었다. 그랬던 그가 어떻게 19대 대선에서 돌풍을 일으켰는지 살펴보도록 하자.

	일자	비고
A	2016.05.12.	대선 출마 시사
B	2016.09.12.	대선 출마 시사
C	2017.02.01.	반기문 불출마 선언
D	2017.02.15.	더불어민주당 경선 시작
E	2017.04.03.	더불어민주당 경선, 패배

---

120 한국일보(2016.06.20.) 안희정 충남지사 공약 이행 6년 연속 최우수
121 (주)디앤알 & 한남대 통계연구소(2015.09.11.)

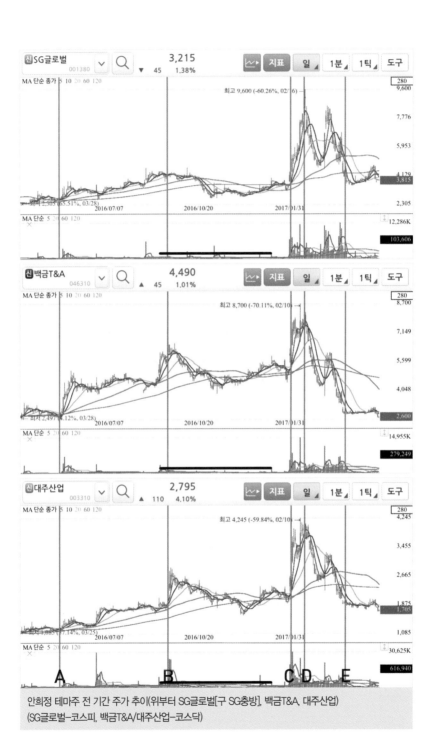

안희정 테마주 전 기간 주가 추이(위부터 SG글로벌[구 SG충방], 백금T&A, 대주산업)
(SG글로벌-코스피, 백금T&A/대주산업-코스닥)

 **구간1** 안희정 출마설

문재인의 대안? 안희정 출마설

안희정은 전국 상공회의소 회장단 회의에서 축사를 했는데 이날 기자와 질의응답이 기사화된다. 대선 출마를 묻자 "적당한 때가 되면 결정하겠다"고 답해 처음으로 직접 대권 도전을 시사했다(2016.05.12.).[122] 이후 "문재인을 계속 응원할지 직접 숫을 때릴지 정하겠다"(2016.05.16.), "출마 여부를 연말이나 내년 초에 밝히겠다"(2016.05.22.)라며 점점 입장을 구체화했다. 그리고 안희정은 SNS를 통해 "김대중·노무현의 못 다 이룬 역사를 완성하고자 노력할 것"이라며 사실상 대선 출마를 선언한다(2016.09.01.).[123] 또한, 얼마 후 안희정은 충남도지사직을 유지하며 경선을 치르겠다고 밝힌다(2016.09.12.). 공식적인 대선 출마에 대한 입장은 더불어민주당 경선 전에 밝힐 것이고 그동안은 도정에 집중하겠다고 이야기한다.

대선 출마 계획을 밝혔지만, 안희정의 지지율은 계속해서 4퍼센트 내외였다. 중앙정치 활동이 없어 국민적 인지도가 낮은 점도 한몫했지만, 그의 지지층이 문재인과 겹친다는 점도 컸다.[124] 그래서 문재인의 구원투수라 자청하며 대선 출마에 전제를 달았다. 야권 1위를 독주하고 있는 문재인의 지지율을 감안한다면 안희정 역시 수많은 잠룡 중 하나일 뿐이었다.

---

122 헤럴드경제(2016.05.12.) [단독] "대선 출마하나?" 묻자 안희정 "적당한 때 결정하겠다"
123 한겨레(2016.09.01.) 안희정 "DJ·친노·친문 뛰어넘겠다" 대선 도전 선언
124 굿모닝충청(2016.12.04.) '문재인에 가린 안희정?' 대선 주자 지지율 '정체'

〈 구간1. 안희정 테마주 주가상승률 〉

• 2016년 5월 12일 – 대선 출마 시사①

• 2016년 9월 1일 – 대선 출마 시사②

• 2016년 9월 12일 – 대선 출마 시사③

	SG글로벌		백금T&A		대주산업	
	주가	코스피	주가	코스닥	주가	코스닥
2016.05.12.	2,690	1,977.19	2,539	705.04	1,205	705.04
2016.09.01.	+53.9%	+2.8%	+96.9%	−4.8%	+51.9%	−4.8%
2016.09.12.	+55.9%	+0.7%	+160.7%	−7.4%	+102.5%	−7.4%
구간1. 평균 상승률	+106.4%					

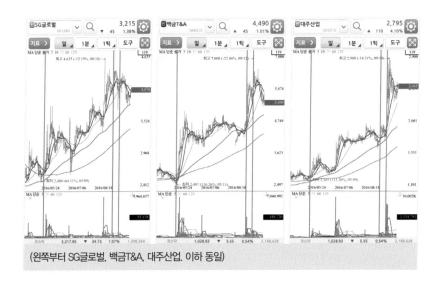

(왼쪽부터 SG글로벌, 백금T&A, 대주산업. 이하 동일)

차트와 함께 보기① 안희정 테마주 형성기

당시 안희정은 지지율이 낮은 군소 후보였다. 그런데도 안희정 테마주가 형성되는 움직임이 관측됐다. 최근 정치테마주는 당선 가능성과 무관하게 다양한 후보를 중심으로 형성되는 경향이 있다. 그리고 이 때문에 재료의 선반영 정도가 낮아 대선 출마를 시사한 이후 주가 상승이 이어졌다.

대표적인 상승 재료는 출마 선언, 경선 통과, 여론조사 지지율, 탈당 등이 있지만 안희정 테마주는 상승 재료로 작용할 만한 이슈가 대선 출마 선언 정도가 전부였다. 문재인과 친노 지지층이 상당 부분 겹치는 상황인 데다가 문재인이 독주 중이었기에 경선 통과와 지지율 급등, 탈당 가능성은 희박했다.

해당 구간에서 안희정 테마주 중 인상적인 움직임을 보인 종목은 백금T&A와 대주산업이었다. 안희정이 처음 대권 도전을 시사한 날 이후 지수를 크게 상회하며 급등했다. 또한 충남도지사직을 유지한 채 대선 경선을 치를 것이며 그동안 도정에 전념하겠다는 안희정의 발언은 사실상 대선 출마 선언이나 다를 바 없었으니, 이후 이목을 끄는 행보를 보이지 않겠다는 뜻으로 해석됐다. 결국 이날 추가 급등을 끝으로 안희정 테마주의 재료는 소멸돼 하락하기 시작한다.

 **구간2** 탄핵정국 초반

탄핵국면 초반, 조용한 행보
지방자치단체장은 지자체 소속 공무원의 수장으로서 정치적 중립을

지켜야 하는 자리다. 헌법상 지방자치단체장은 선거운동을 할 수 없으며 정치적 발언에도 여러 제약을 받는다. 이 때문에 지자체장의 주목도는 서울시장이 아닌 이상 떨어지기 마련이며 임기 종료 후 중앙정치로 들어서고자 하는 이들이 많다.

안희정 역시 충남도지사직을 역임 중이기 때문에 비교적 조용한 행보를 보였다. 탄핵국면에 들어서도 도정 운영에 집중하며 주목할 만한 행보를 보이지는 않았다.

〈 구간2. 안희정 테마주 주가상승률 〉
• 2016년 9월 12일 – 대선 출마 암시
• 2016년 10월 24일 – Jtbc 태블릿PC 보도
• 2016년 12월 9일 – 박근혜 탄핵안 가결

	SG글로벌		백금T&A		대주산업	
	주가	코스피	주가	코스닥	주가	코스닥
2016.09.12.	4,195	1,991.48	6,620	652.91	2,440	652.91
2016.10.24.	−16.3%	+2.8%	−25.2%	−0.8%	−5.7%	−0.8%
2016.12.09.	−31.3%	+1.7%	−30.6%	−9.0%	−28.3%	−9.0%
구간2. 평균 상승률	−30.1%					

차트와 함께 보기② 태블릿PC 보도 이후 폭락장

안희정은 경선에서 충남도지사직을 유지한 채 임하겠다는 말로 사실상의 대권 도전을 시사했다. 그는 경선 전까지 도정에 집중하겠다고 밝혀 경선 전에 주목도를 높이기 어려울 것이라 예측됐다. 따라서 안희정 테마주는 대선 출마 선언이라는 재료 소멸로 크게 하락한다.

그러던 중 태블릿PC 보도가 나오면서 정국은 크게 흔들린다. 이 과정에서 가장 공격적인 스탠스를 취한 이재명의 테마주와 지지율이 급등하기 시작한다. 또한, 야권 1위인 문재인과 비박의 중심인 유승민 테마주역시 주목받았다.

안희정은 이들에 비해 조용한 행보를 보였다. 이는 국민적 관심사에서 벗어나 있다고 할 수 있었다. 그래서 이렇다 할 재료가 생성되지 않았으며 타 후보의 테마주로 자금 이탈이 컸을 것이라 추정된다. 결국, 안희정 테마주의 하락장은 지속되었다.

 **구간3 탄핵정국 중반**

대선 출마 선언

국회에서 박근혜 탄핵소추안이 가결됨으로써 조기 대선이 확정된다 (2016.12.09.). 이에 따라 안희정은 본격적인 대선 행보를 시작한다. 팽목항을 찾아 세월호 유가족들을 위로했으며 1박 2일간 호남 일정을 소화한다. 또한, 반기문을 높은 강도로 비판해[125] 충청도 민심을 가져오고자 노력했으며 곧이어 대선 출마를 공식 선언한다(2017.01.22.). 지금까지 보여준 그의 모습은 운동권 출신 정치인임에도 비교적 온건하다는 것이었다. 그간 수많은 정치인이 일방적인 출마 선언을 해온 것과 달리 안희정은 방청객과 꽤 긴 시간 동안 본인의 비전과 생각에 대한 질의응답 시간을 가지며 주목을 받았다.

문재인 vs 반문 빅텐트, 안희정 탈당설

탄핵정국에 들어서면서 문재인은 압도적으로 독주하기 시작한다. 대선의 구도는 누가 문재인 대세론에 대적하는가다. 중도와 일부 개혁 보수 진영은 일명 '반문 빅텐트'로 힘을 합치고자 했다. 아이러니하게도 반문 빅텐트를 주도한 이는 다름 아닌 제20대 총선에서 문재인이 비상대책위원장으로 영입한 김종인이었다.[126]

이 과정에서 김종인이 안희정을 만나 탈당을 권유했다는 다소 충격적인

---

125 KBS(2016.12.21.) 안희정, 반기문 비판 "정치에 기웃거리지 마라"
126 연합뉴스(2017.01.23.) 김종인 "文, 대세론 나올수록 말 신중해야… 빅뱅, 기대해보라"

보도가 나온다(2017.01.31.). 사실상 경선에서 안희정이 문재인을 꺾기란 쉽지 않기 때문에 반문 빅텐트에 동조해 반전을 노려 보자는 것이었다. 안희정은 경선에서 자신을 도와달라며 제안을 완곡히 거절했다고 밝힌다.

반기문 불출마, 길 잃은 중도 표심은 안희정에게로

대선 주자 안희정을 설명하는 데에서 빠질 수 없는 인물이 반기문이다. 모두 충청도 출신 정치인으로 '충청대망론'의 대표주자다. 앞에서 다뤘듯이 반기문은 대선 출마를 선언한 지 얼마 안 된 시점, 돌연 불출마를 선언한다(2017.02.01.).

갑작스럽게 보수 진영 1위 후보가 사라졌다. 반기문을 향하던 표심이 한순간에 길을 잃은 것이다. 이러한 혼란 바로 다음 날 안희정의 '대연정' 발언은 정치권에서 격렬한 논쟁을 불러일으켰다(2017.02.02.).[127] 만약 새누리당이 국정농단 사태를 진정성 있게 반성하고 변화한다면 대연정에 포함될 수 있다는 발언이었다.

리얼미터 여론조사	안희정	반기문
2017년 1월 3주차	4.7%	19.8%
2017년 2월 3주차	20.4%	-

진보 진영에서는 보수표를 벌려고 꼼수를 부린다며 안희정을 비난했다. 하지만 이를 계기로 반기문을 지지하던 충청 지역 표심은 물론 중도

---

127 JTBC(2017.02.03.) '새누리도 파트너' 안희정 연정론 파장… 문재인 '비판'

보수층까지 안희정을 향하게 된다.[128] 반기문 사퇴 직후 여론조사에서 안희정의 지지율은 두 배 이상 급등했으며 단기간에 유력 대권 후보의 상징인 지지율 20퍼센트 선을 넘으며 돌풍을 일으킨다.[129] 이 기간의 주인공은 안희정이었다. 중도층 지지라는 확장성을 보여 주며 본선 경쟁력을 기대하게 했다.[130]

〈 구간3. 안희정 테마주 주가상승률 〉
- 2016년 12월 9일 – 박근혜 탄핵안 가결
- 2017년 1월 22일 – 대선 출마 공식 선언
- 2017년 1월 31일 – 김종인의 안희정 탈당 권유
- 2017년 2월 1일 – 반기문 불출마 선언
- 2017년 2월 2일 – 대연정 발언
- 2017년 2월 15일 – 더불어민주당 경선 시작

---

128 세계일보(2017.02.06.) 중도·보수 파고드는 안희정… 文 대세론에 '역전 발판' 만드나
129 YTN(2017.02.07.) 안희정 돌풍, '문재인 대세론' 흔드나?
130 연합뉴스(2017.02.06.) [여론조사] 2위로 뛰어오른 안희정… 충청권중도층 흡수했나

	SG글로벌		백금T&A		대주산업	
	주가	코스피	주가	코스닥	주가	코스닥
2016.12.09.	2,880	2,024.69	4,595	594.35	1,750	594.35
2017.01.23.	+22.6%	+2.0%	+12.3%	+3.6%	+18.0%	+3.6%
2017.02.01.	+45.7%	+2.8%	+28.8%	+4.9%	+64.6%	+4.9%
2017.02.02.	+80.9%	+2.3%	+59.5%	+3.1%	+104.9%	+3.1%
2017.02.15.	+212.2%	+2.9%	+76.3%	+3.6%	+128.6%	+3.6%
구간3. 평균 상승률	+139.0%					

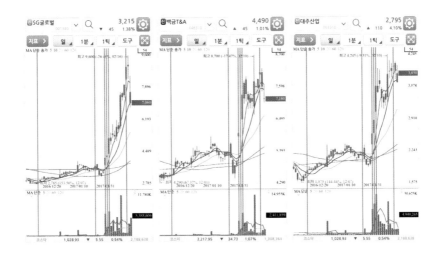

차트와 함께 보기③ 대선 출마 선언 재료, 선반영 有

탄핵안이 가결된 이후 지수 상승장과 함께 안희정 테마주는 조금씩 상승했다. 또한, 이전에도 대권 도전을 시사했던 그였기에 조기 대선이 현실화되면서 보다 적극적인 행보를 기대할 수 있었다. 안희정 테마주는 대선 출마 선언 가능성을 재료로 기지개를 켰다.

결국, 안희정은 대선 출마를 공식 선언한다. 출마 선언을 한 주말이 지나고 월요일이 되자 시초가가 대부분 갭 상승으로 시작했다. 하지만 대선에 출마하겠다고 여러 번 긍정 입장을 밝힌 그였기에 재료 소멸이 발생할 여지가 있었고 결국 음봉으로 마무리된다. 다음 날은 더 크게 폭락하며 안희정 테마주는 재료 소멸과 함께 끝이 날 것처럼 보였다.

차트와 함께 보기④ 갑작스러운 정국 주도, 선반영 無

안희정은 대선 출마 선언까지만 해도 그동안의 지지율보다 소폭 상승했을 뿐 큰 변화는 없었다. 그러나 그는 반기문이 불출마한 후 정치권의 주인공이 된다. 특히 안희정이 탈당설, 반기문 사퇴, 대연정까지 3일 연속으로 대형 이슈를 선점함으로써 테마주는 짧은 기간 폭등한다.

안희정은 앞선 세 사건으로 대선에서 자주 캐스팅보트 역할을 하는 충청도 지역과 중도층 표심을 대거 흡수한다. 이로써 문재인과의 지지층 중복을 해결했다. 지지율은 무섭게 상승했으며 테마주도 이를 반영하듯 지수를 역행하며 가파르게 상승했다.

반전 실패, 그러나 가장 강력한 차기 대통령 후보

안희정은 문재인과 지지층이 겹치는 고질적인 문제를 해결했다. 짧은 시간 안에 친노 출신의 한계를 넘어 중도 보수와 충청 지역의 지지를 받는 대선 후보로 성장했다. 그 확장성을 무기로 본선에서의 경쟁력을 보여주며 대반전을 모색했다.

그러나 안희정의 지지율 중 상당 부분이 충청도와 당 밖의 중도 표심이었다. 따라서 당내 부동의 1위 문재인을 이기기란 쉽지 않았다.[131] 결국 안희정은 안방인 충청 지역 경선에서마저 문재인에게 패배했고 사실상 본선 진출에 실패한다. 경선 2위로 그의 대선 레이스는 끝난다.

〈 구간4. 안희정 테마주 주가상승률 〉
- 2017년 2월 15일 – 더불어민주당 경선 시작
- 2017년 3월 10일 – 박근혜 탄핵 심판 인용
- 2017년 4월 3일 – 더불어민주당 경선, 2위로 패배

	SG글로벌		백금T&A		대주산업	
	주가	코스피	주가	코스닥	주가	코스닥
2017.02.15.	8,990	2,083.86	8,100	615.95	4,000	615.95
2017.04.03.	−58.2%	+4.0%	−66.0%	+2.0%	−53.9%	+2.0%
구간4. 평균 상승률	−59.4%					

---

131 뉴데일리(2017.03.14.) 본선경쟁력 '최강' 안희정, 하지만 현실은…

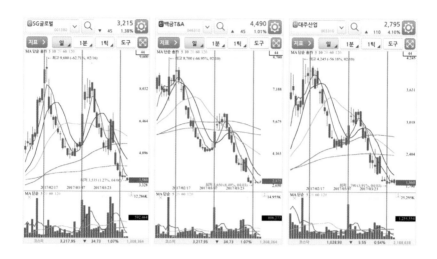

차트와 함께 보기⑥ 경선 패배 가능성 多

더불어민주당 경선 일정이 시작됐다. 하지만 안희정의 주지지층과 당내 세력을 감안하면 사실상 경선 통과 가능성은 희박했다. 이러한 예상이 반영된 듯 테마주는 급락하기 시작한다.

다만 박근혜 탄핵 심판이 인용된 날을 시작으로 반등에 성공한다. 사실 이날은 재판관의 주문 한마디 한마디에 주가가 요동쳤을 만큼 정치 테마주에 관심도가 높았을 때라 여러 종목이 크게 등락했다.[132] 또한, 당일 사표 심리로 하락하던 안희정의 지지율이 다시 반등하는 여론조사가 나온 영향도 있었을 것이라 추정된다. 하지만 경선 패배가 유력했기에 장기적인 상승 모멘텀이 되지는 못했다.

또한, 안희정의 정치적 기반인 충청권 경선 투표 날 주가가 잠시 상승한다. 그러나 결과적으로 충청권 역시 문재인에게 패배했다. 설사 충청

---

132 아시아경제(2017.03.10.) [특징주] 출렁이는 '정치테마주'… 안희정↑ 황교안↓

에서 이겼다 한들 경선 승리는 불가능했기에 다음 날 주가는 재차 하락한다. 이렇게 제19대 대선에서의 안희정 테마주는 끝난다.

이재명

이재명은 사실 2016년 연초까지만 해도 여론조사에 집계조차 되지 않던 정치인이었다. 그러나 자신의 트레이드 마크와 같은 청년 기본소득제와 지역화폐 활성화 등의 정책을 앞세워 성남시장 시절 높은 시정 지지도를 기록했다.[133] 특히 "쓸데없는 정책과 부정부패로 새는 세금을 통제하니 예산이 많아졌다"는 말을 남기며 성남시 모라토리엄을 해제함으로써 크게 주목받는다. 기존의 정치인에서는 볼 수 없던 과감함과 행정 능력이 그의 최대 무기라 할 수 있었다. 그런 모습은 최순실 게이트 사건 중에 주목받으며 대선 레이스 후반에 유력 후보가 된다.

	일자	비고
A	2016.08.15.	대선 출마 시사
B	2016.09.06.	대선 출마 선언
C	2016.10.24.	태블릿PC 보도
D	2016.12.09.	박근혜 탄핵안 가결
E	2017.01.23.	대선 출마 공식 선언
F	2017.04.03.	더불어민주당 경선 탈락

133 아시아경제(2016.07.22.) 성남시 '청년문제해소·시정소식지' 전국 최고

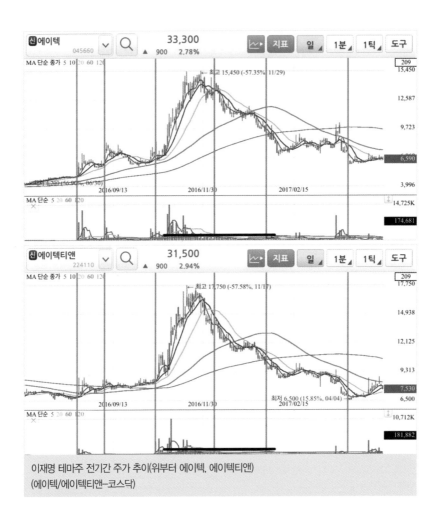

이재명 테마주 전기간 주가 추이(위부터 에이텍, 에이텍티앤)
(에이텍/에이텍티앤-코스닥)

구간1 이재명 대선 출마설

당대표 출마설

국내에서 SNS를 가장 활발히 이용하는 정치인을 고르자면 이재명을 뺄 수 없다. 경기도지사직을 수행하는 지금도 SNS로 업무 상황이나 경기도 홍보 게시물을 매일 올리며 시민과 활발히 소통하는 모습을 보여 준다. 이러한 모습은 과거에도 다르지 않았다.

이재명은 트위터에 찬반 투표 하나를 게시했다(2016.07.08.). 다가오는 더불어민주당 전당대회 당대표 선거에 출마하는 것에 대해 어떻게 생각하는지 묻는 투표였다. 여기에 사람들은 많은 관심을 보였다. 그러나 당대표직을 맡는다면 성남시장직을 포기해야 했기에 출마 가능성은 크지 않아 보였다.[134] 결국 이재명은 당대표 불출마 선언을 한다(2016.07.17.).

이번엔 대선 출마설, 그러나 역시 언더독

이재명은 당대표 불출마 선언을 하고 얼마 지나지 않아 두 번에 걸쳐 대권 의지를 보여준다. 대선을 1년여 남긴 광복절에 상황이 된다면 대선 경선에서 뭐든지 역할을 하겠다며 가능성을 언급했으며(2016.08.15.)[135] 얼마 지나지 않아 사실상 대선 출마를 선언함으로써 강한 의지를 보여 준다(2016.09.06.).[136]

하지만 냉정하게 말해 대선 가능성은 희박했다. 야권에 문재인이라는 압도적인 지지율을 기록하고 있는 후보가 존재했으며, 그에 비해 이재명은 이제 갓 잠룡으로 언급되기 시작한 언더독이었다.[137] 게다가 당내 세력이 미약하다는 점에서 경선 통과 가능성마저 낮게 예측될 수밖에 없었다.

---

134 헤럴드경제(2016.07.15.) 이재명, 더민주 당대표 출마 안 할 4가지 이유
135 국민일보(2016.08.15.) 이재명 "가능한 상황 되면 뭐든지 할 것" 대선 출마 가능성 시사
136 동아일보(2016.09.06.) "'혁명적 변화' 위해…" 대선 출마 시사 이재명은 누구?
137 중도일보(2016.09.06.) 안희정·김부겸 이어 이재명도 대선 출마 선언… 야권, 잠룡들이 꿈틀 댄다

〈 구간1. 이재명 테마주 주가상승률 〉

• 2016년 8월 15일 - 대선 가능성 언급
• 2016년 9월 6일 - 대선 출마 선언

	에이텍		에이텍티엔	
	주가	코스닥	주가	코스닥
2016.08.12.	4,945	705.18	7,000	705.18
2016.09.06.	+51.7%	-3.7%	+21.4%	-3.7%
구간1. 평균 상승률	+36.6%			

(좌측부터 에이텍, 에이텍티앤. 이하 동일)

136

차트와 함께 보기① 이재명 테마주 형성기

당시 대부분의 정치테마주는 대선 가능성에 따라 움직였으며 당대표 선거는 기존 대선 후보일 경우에만 의미가 있었다. 따라서 이재명 테마주 역시 당대표 출마 가능성에 대해서는 시장 반응이 거의 없었다(그 당시 테마주가 형성되기 전이었을 확률이 높다). 하지만 대선 출마 의지를 보인 날은 거래량이 폭등하며 상승한다.

그러나 단순히 대선 출마 이슈로 상승했을 뿐 지지율은 4퍼센트를 채 넘기지 못하는 수준이었다. 이재명 역시 앞서 서술한 안희정과 마찬가지로 당시에는 당선 가능성이 미약한 군소후보일 뿐이었다. 따라서 대선 출마 선언 이외의 재료는 생성되기도, 그리고 예상하기도 힘들었다.

 **구간2** 탄핵정국 초반

박근혜 저격수, 탄핵정국 초반을 주도

이재명은 평소 이미지답게 탄핵정국에서 가장 적극적인 모습을 보여주는데 여론조사에 집계되는 대선 후보 중 가장 먼저 대통령 하야를 외쳤다.[138] 타 정치인이 국정농단 사태에 대한 해명을 요구하거나 비난하던 당시에 이재명은 박근혜를 탄핵하고 구속해야 한다고까지 주장했다(2016.11.02.).

---

138 동아일보(2016.10.26.) 이재명 "野, 박근혜 대통령 탄핵보다 하야 분위기 만들어야… 그게 정치"

이재명은 연일 강한 비판을 이어가며 야권 지지층으로부터 호평을 받았다.[139] 이는 지지율로 이어졌는데 박근혜 국정수행 지지도는 폭락한 반면, 이재명의 지지율은 급등한 것을 통해 알 수 있다.

리얼미터 여론조사	이재명
2016년 10월 24일 (태블릿PC 보도 직전)	5.3%
2016년 12월 8일 (박근혜 탄핵안 가결 직전)	16.6%

이재명의 지지율은 박근혜 탄핵안이 가결되는 시점까지 고공 행진하여 문재인, 반기문에 이어 여야 통합 지지율 3위를 기록한다.

〈 구간2. 이재명 테마주 주가상승률 〉
- 2016년 10월 24일 – Jtbc 태블릿PC 보도
- 2016년 12월 9일 – 박근혜 탄핵안 가결

	에이텍		에이텍티엔	
	주가	코스닥	주가	코스닥
2016.10.24.	6,990	647.88	9,140	647.88
2016.12.09.	+94.6%	−8.3%	+55.4%	−8.3%
구간2. 평균 상승률	+75.0%			

139 한겨레(2016.12.11.) 탄핵정국서 이재명 돌풍… 문재인·안철수 긴장

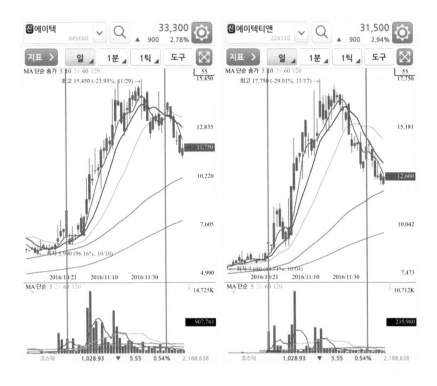

차트와 함께 보기② 박근혜 탄핵안 가결 재료

당시 정치권과 국민의 최대 관심사는 박근혜의 탄핵 가능성이었다. 그리고 이에 관해 연일 강경한 발언과 비판을 해온 이재명에 대한 야권의 관심은 크게 상승한다. 이재명이 탄핵을 주장한 11월 2일부터 테마주는 거래량이 폭발했고 주가 폭등의 출발점이 됐다.

이를 계기로 탄핵정국 이전에는 군소 후보에 불가하던 그가 대중의 관심을 받는 대선 후보로 성장한다. 이 기간 이재명의 지지율은 세 배 가까이 견고하게 상승했고 테마주 주가 역시 한 달 정도 짧은 시간 동안 급등한다.

재료를 박근혜 탄핵안이라 규정했지만 사실 이는 사후 분석이다. 지지율이 급등하고 이재명에 대한 긍정적 여론이 형성되면서 관련 테마주가 상승한 것이기 때문에 이후에 주가 상승이 유지될 수도 있었다. 하지만 박근혜 탄핵안이 가결된 다음에는 재료가 소멸돼 주가는 하락하기 시작한다. 이에 대해 다음 구간에서 좀 더 살펴보겠다.

 **구간3** 더불어민주당 경선 탈락

다음 관심사, 정권 교체 가능성

탄핵정국 초반에 국민적 관심사는 박근혜의 탄핵 가능성이었다. 그리고 이 가능성을 가장 먼저, 그리고 가장 강하게 제시한 이재명에 대한 주목도는 매우 커졌으며 이는 여론조사 지지율로 나타났다.[140]

하지만 탄핵안이 가결된 다음 국민적 관심사는 정권 교체 가능성이었으며 여야 1위 후보들이 주목받았다. 이 국면에서 이재명의 주목도는 이전에 비해 떨어졌다. 이 역시 여론조사에서 드러나며 그의 지지율은 탄핵안 가결 직전을 최고점으로 계속 떨어져 갔다.[141]

리얼미터 여론조사	이재명	문재인	반기문
2016년 12월 1주차(탄핵안 가결 직후)	16.2%	23.1%	18.8%
2017년 1월 1주차	12.0%	26.8%	21.5%

---

140 KBS(2016.10.26.) 이재명 "대통령 하야하고, 국가 권력 넘겨야"
141 세계일보(2016.12.26.) 반문 지지율 초박빙… 이재명은 하락세

언더독 이재명, 다음 유력 대선 후보로 마무리

반기문의 불출마 이후 문재인 대세론이 굳어진다. 다음 관심사는 '누가 문재인의 독주를 막을 수 있을 것인가'였고 불출마한 반기문에게서 떨어진 중도 보수, 충청 표심을 아우를 수 있는 후보에게 귀추가 주목되었다. 이재명은 대연정 발언으로 화제가 된 충남지사 안희정에게 밀리면서 관심도와 지지율이 계속 하락해 갔다.

리얼미터 여론조사	이재명	안희정	반기문
2017년 1월 4주차(반기문 불출마 직전)	9.6%	6.8%	16.5%
2017년 2월 2주차	7.8%	16.7%	−

또한, 당시 정치 지형상 사실상 대선이라 평가받은 더불어민주당 경선에서 이재명은 문재인과 가장 크게 대립한 후보였다.[142] 이 때문에 기존 친문 지지자에게 외면을 받는다. 더불어, 크고 작은 논란과 기본소득제와 같이 다소 급진적인 공약 등으로는 중도층의 표심을 잡을 만한 여지가 없었다.[143] 결국, 문재인 대세론을 꺾지 못했고 2위 안희정과 매우 근소한 차이로 3위를 기록하며 첫 번째 대선 도전은 끝이 난다.

〈 구간3. 이재명 테마주 주가상승률 〉
• 2016년 12월 9일 − 박근혜 탄핵안 가결

---

142 한국일보(2016.12.13.) 박원순·안희정·김부겸 등에 '反文 연대' 제안한 이재명,
미디어오늘(2017.03.24.) 문재인과 이재명, 둘의 공방이 심상치 않다
143 국민일보(2017.02.06.) [국민일보 여론조사] 10% 벽 못넘는 이재명·안철수… 왜 안뜰까

- 2017년 1월 23일 – 이재명, 대선 출마 선언
- 2017년 4월 3일 – 더불어민주당 경선, 이재명 3위

	에이텍		에이텍티엔	
	주가	코스닥	주가	코스닥
2016.12.09.	13,600	594.35	14,200	594.35
2017.01.23.	−31.3%	+3.6%	−32.2%	+3.6%
2017.04.03.	−51.5%	+5.7%	−52.5%	+5.7%
구간3. 평균 상승률	−52.0%			

차트와 함께 보기③ 재료 소멸

박근혜 탄핵안이 가결된 이후 재료 소멸로 폭락장이 시작한다. 이때부터 시작한 하락세는 경선 결과 발표 당일까지 지속된다. 대선 출마 선언도 주가의 분위기를 전환하는 데 실패한다.

해당 구간에서 이재명 테마주의 주가 상승 여력은 거의 없었다. 우선 이재명의 지지율이 탄핵안 가결 당시를 최고점으로 꾸준히 하락세였으며 큰 반등은 없었다. 또한, 관심도 역시 다른 후보에게 밀려 타 정치테마주로 자금이 유출됐을 것이다. 이후 안희정, 홍준표, 안철수 테마주가 차례로 급등했는데 이유는 중도·보수층의 이동이었다. 아쉽게도 이재명은 진보적 선명성은 뚜렷하나 다소 급진적으로 비치는 스탠스라서 중도 보수층에게 매력적인 요소로 작용하지 않았다.[144]

---

144 문화일보(2017.02.10.) "확장성 극대화 하자"… 주자들 '이념좌표 재설정' 본격화

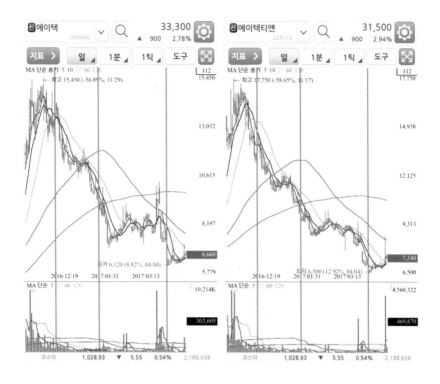

　　그럼에도 이재명 역시 대선을 통해 체급을 크게 높인 후보 중 하나다. 따라서 19대 대선은 끝났지만 향후 테마주를 재차 형성할 가능성이 아주 높다.

03

제20대 대통령 선거_ 여권 후보 편

이낙연 테마주

이낙연은 5선 국회의원(제16~19, 21대)이자 제37대 전남도지사와 국무총리직을 역임했다. 문재인 정부 초기의 높은 지지율을 바탕으로 이번 대선 과정에서 가장 오랜 기간 지지율 1위를 기록한 유력 후보다. 당초 이낙연은 문재인 정부의 비문 계열 호남 출신 탕평 인사로서 국무총리에 등용된 만큼 친노−친문과는 거리가 있었다.[145] 그러나 거리가 있었을 뿐 무난한 관계를 유지해 왔으며 호남 기반이란 점에서 인사 조건에 부합했다. 그 결과 이낙연은 문재인 정부 초대 국무총리를 역임하고 당권을 잡는 과정에서 친노−친문 지지층을 흡수해 유력 후보로 성장한다.

---

145 연합뉴스(2017.05.10.) 호남 총리에 비문 비서실장까지… 대탕평 '신호탄'

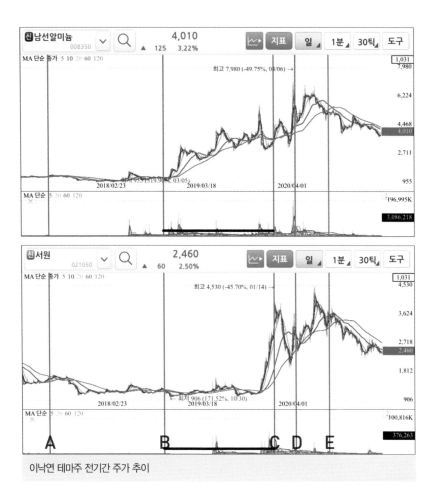

이낙연 테마주 전기간 주가 추이

	일자	비고
A	2017.05.31.	국무총리 취임
B	2018.10.05.	리얼미터 여론조사 첫 1위
C	2020.01.14.	국무총리 퇴임식
D	2020.04.15.	제21대 국회의원 선거
E	2020.08.29.	더불어민주당 당대표 선출

 문재인 정부 초대 국무총리 취임

호남 출신 비문계열 국무총리

문재인 대통령은 과거 새정치민주연합 대표 시절 '호남홀대론'으로 곤욕을 치른 바 있다. 그 탓에 제20대 총선에서 전통적 텃밭인 호남을 국민의당에게 넘겨주기도 했다. 문재인은 지난 대선에서 안철수와 호남권에서 경쟁하면서 탕평인사의 일환으로 호남 출신 총리를 주요 요직에 인선하겠다고 공언한다.[146] 그리고 약속대로 당시 전남도지사였던 이낙연이 국무총리로 내정되었다는 소식이 전해진다(2017.05.10.).

국무총리 취임까지 최대 난관으로 여겨진 국회 청문회가 시작됐다(2017.05.25.). 호남 출신이라는 점에서 국민의당의 동의가 유력했으며

---

146 MBN(2017.04.30.) [19대 대선] 호남 찾은 문재인 "대탕평인사 할 것"

국민 여론 역시 우호적이었다.[147] 결국, 큰 무리 없이 임명동의안이 통과돼 이낙연은 제45대 국무총리직에 취임한다(2017.05.31.).

이낙연은 국무총리직 재임 내내 문재인 정부의 높은 지지율을 바탕으로 순탄한 행보를 보여 주었다. 그리고 리얼미터 정기 첫 여론조사에 편입됨과 동시에 2위를 차지하며 대권 가능성을 점칠 수 있게 된다(2018.09.03.).

〈구간1. 이낙연 테마주 주가상승률 〉

- 2017년 5월 31일 − 국무총리직 취임
- 2018년 9월 3일 − 리얼미터 정례 여론조사 시작, 이낙연 2위

	남선알미늄		서원		이월드	
	주가	코스피	주가	코스피	주가	코스피
2017.05.31.	1,320	2,347.38	1,570	2,347.38	2,040	2,347.38
2018.09.03.	−7.2%	−1.7%	−21.7%	−1.7%	−15.9%	−1.7%
구간1. 평균 상승률	−14.9%					

---

147 리얼미터(2017.5.29.) 이낙연 총리 인준 '찬성 72.4% 〉 반대 15.4%'

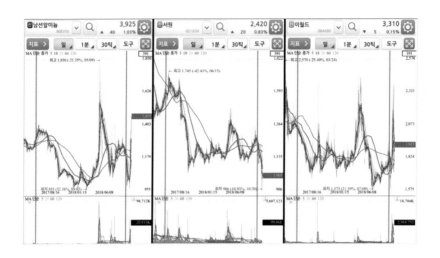

차트와 함께 보기① 테마주 형성 전

역대 총리의 면면을 살펴보면 대다수 '의전 총리'에 머무른다는 평을 받았다. 따라서 이낙연이 국무총리직에 임명될지언정 '책임 총리' 그리고 총리를 넘어 대선 후보로서 가능성을 보여줄지는 미지수였다.[148]

또한, 차트 역시 전형적인 정치테마주와는 거리가 멀었다. 우선 거래량 차트가 매우 불규칙했다. 그리고 정치테마주에 영향을 많이 주는 정례 여론조사가 발표되기 전이었으므로 해당 구간은 테마주가 형성되기 전 단계라 보는 것이 타당하다.

---

148 연합뉴스(2017.05.10.) 문재인 정부서 '책임총리' 현실화할까… 이낙연 역할 주목

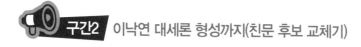

구간2 이낙연 대세론 형성까지(친문 후보 교체기)

이낙연, 여론조사 편입

리얼미터는 19대 대선 이후 첫 월간 정례조사(차기 대선 주자 선호도 조사)를 발표한다. 이낙연은 차기 대선 여론조사에 처음으로 집계돼 2위를 기록한 데 이어 곧바로 다음 조사에서 1위를 차지한다(2018.10.05.).

이후 이낙연은 약 15퍼센트의 지지율을 기록하며 순항하는데 이때 김경수가 10퍼센트 정도 지지율을 보여 주며 여권의 3강 구도를 형성했다. 김경수는 '노무현의 마지막 비서관'으로 불리는 대표적인 친노·친문 정치인이며 최초의 민주당 출신 경남도지사다. 이 당시 친문 지지층의 이동은 이낙연을 설명할 때 빼놓을 수 없는 부분이다. 따라서 이 부분은 이낙연 편 다음에, 〈부록1 친노-친문 지지 후보 교체〉 편에서 자세히 다뤄 보겠다.

리얼미터 차기 대선주자 선호도(범진보)	이낙연	박원순	김경수
2018년 9월 3일	10.7%	12.1%	9.4%
2018년 10월 5일	16.2%	13.7%	11.6%

친문 후보 이낙연이 되기까지

여권의 지지율 구성은 대략적으로 [호남 / 친문 / 비문]으로 3분할돼 있었다. 당시 이낙연의 주 지지층은 호남으로 친문 지지층을 온전히 흡수하지는 못한 상태였다.[149] 따라서 친문 후보가 부각될 때마다 지지율

---

149 국민일보(2020.11.09.) '김경수 유죄'에 굳어지는 빅2 레이스… 친문 표심 종착지는?

부침을 겪었으며 친문 후보가 여론조사에서 제외되거나 악재를 겪으면 지지율이 상승했다.

　요약하자면 친문 지지층은 '김경수→유시민→조국'을 거쳐 이낙연으로 향했다.[150] 김경수는 드루킹 사건에 연루되었음에도 남북 화해 분위기 속에서 무난하게 경남도지사에 당선되며 대선 여론조사에서도 유의미한 지지율을 기록한다. 그러나 드루킹 여론조작 사건 관련 1심 유죄판결이 나오면서 도지사직 박탈 위기에 처한다. 김경수가 유죄판결이 나온 바로 다음 여론조사에 친노 출신 유시민이 집계된다. 유시민은 첫 집계에서 바로 여권 1위를 달성한다(리얼미터 기준). 이 기간 진보층 표심이 유시민과 이낙연으로 양분되면서 자유한국당 황교안이 여야 통합 1위를 기록하기도 한다.[151] 그러나 유시민은 지속적으로 조사 제외 요청을 했을 정도로 대선 의지가 없었다. 결국, 유시민이 여론조사에서 제외되면서 이낙연은 1위 자리에 복귀한다.

리얼미터 여론조사	이낙연	황교안	유시민
2019년 1월 29일	15.3%	17.1%	–
2019년 3월 5일	11.5%	17.9%	13.2%

유시민 포함 전후 대선 주자 선호도 여론조사

　하지만 이낙연에게 또 다른 복병이 나타난다. 법무부장관에 임명된

150 연합뉴스(2019.10.15.), "조국 너마저도"… 與 대권 후보군 또 타격
151 한국경제(2019.03.05.) 황교안, 차기 대선주자 선호도 1위 유시민 2위… 이낙연 총리는 3위로 밀려

조국 전 민정수석이었다. 그의 취임 과정에서 여야 간 대립이 극대화됐고 이는 여론조사 집계로 이어졌다. 그리고 조국은 유시민과 비슷한 수치인 13퍼센트를 기록한다(이 수치를 친문 콘크리트 지지층으로 추정할 수 있다). 이러한 여권의 지지층 분산으로 이낙연 지지율이 크게 빠졌고 다시 황교안과 오차범위 내 접전 상황이 연출된다.[152]

리얼미터 여론조사	이낙연	황교안	조국
2019년 9월 3일	25.1%	19.5%	–
2019년 10월 1일	20.2%	19.9%	13%

조국 포함 전후 대선 주자 선호도 여론조사

하지만 조국 법무부장관은 여러 논란과 야당의 반발로 35일이라는 짧은 임기 끝에 사퇴한다(2019.10.14.). 친문 대표 후보가 연이어 낙마하자 친문 지지층은 총선을 6개월 앞둔 시점, 전체 지지율 1위인 이낙연에게 집결한다.[153] 결국, 이낙연은 이 시점부터 친문 지지층을 대거 흡수하는 데 성공하며 다자구도 속에서도 30퍼센트에 육박하는 지지율을 기록한다. 그리고 국무총리직을 퇴임하며 길었던 임기를 마친다(2020.01.14.).

---

152 시사위크(2019.10.01.) 문재인 대통령 핵심 지지층 '조국으로 향하나'
153 뉴스1(2019.11.05.) '조국 지지율'이 이낙연으로⋯ 이 23.7% 황교안 20.0% 조국 9.4%

⟨ 구간2. 이낙연 테마주 주가상승률 ⟩

• 2018년 9월 3일 – 이낙연, 리얼미터 여론조사 첫 집계 2위

• 2018년 10월 5일 – 이낙연, 리얼미터 여론조사 첫 1위

• 2019년 10월 14일 – 조국, 법무부장관 사퇴

• 2020년 1월 14일 – 이낙연, 국무총리 퇴임식

	남선알미늄		서원		이월드	
	주가	코스피	주가	코스피	주가	코스피
2018.09.03.	1,225	2,307.03	1,230	2,307.03	1,715	2,307.03
2018.10.05.	−7.3%	−1.7%	−2.4%	−1.7%	+3.8%	−1.7%
2019.03.05.	+99.2%	−5.5%	−6.1%	−5.5%	+35.3%	−5.5%
2019.10.14.	+220.8%	−10.4%	−9.3%	−10.4%	+94.8%	−10.4%
2020.01.14.	+180.0%	−3.0%	+230.5%	−3.0%	234.7%	−3.0%
구간2. 평균 상승률	+215.1%					

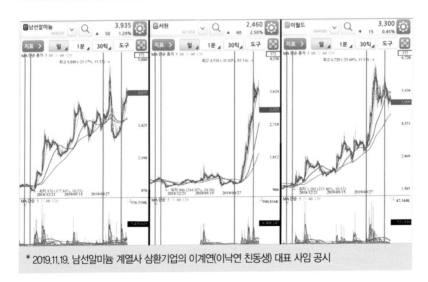

* 2019.11.19. 남선알미늄 계열사 삼환기업의 이계연(이낙연 친동생) 대표 사임 공시

차트와 함께 보기② 여론조사 집계, 본격적인 상승장

우선 이낙연 테마주는 이 구간부터 시작했다고 보아야 한다. 여론조사에 집계되자마자 2위를 차지했으며 바로 다음 여론조사에서 1위로 올라선다. 테마주 시장은 여론조사에서 유의미한 성적을 거둔다면 곧바로 테마주가 생성되고 움직이는 경향이 매우 강하다. 이낙연 테마주도 마찬가지로 여론조사 1위 이후 형성돼 급등했다.

이낙연 테마주는 해당 기간 고공행진 한다. 물론 친문 진영 후보가 나타날 때마다 지지율 부침을 겪기는 했으나 안정적인 순위를 꾸준히 기록했다. 이후 지지율 역시 조국이 여론조사에 제외된 이후 30퍼센트에 육박해 대세론을 형성했다. 이 과정에서 이낙연 테마주는 장기 급등을 이루어낸다.

차트와 함께 보기③ 총선 출마설, 주가 선반영

조국 사퇴 이후 대세론이 형성되면서 이낙연 테마주는 광기에 가까운 주가 상승률을 보여 주었다.[154] 관건은 상승이 언제까지 유지될 수 있는가였다. 어느덧 총선이 6개월 남짓 남은 시점이었고 총선 출마라는 재료가 주가에 선반영되었을 가능성이 컸다. 그간 종로 출마설이 꾸준히 제기돼 왔기 때문이다.[155]

여기서 짚고 넘어가야 할 점은 이낙연이 총선에 출마하려면 국무총리직을 사임해야 한다는 것이었다. 즉, 후임 국무총리를 물색하고 이낙연이

---

154 이노코뉴스(2019.10.14.) 안철수 관련주 상승 이어 이낙연 관련주 급등까지… 조국 사퇴에 주식 시장도 들썩
155 국제신문(2019.11.11.) 이낙연·황교안 '총선 빅매치' 성사될까

퇴임하는 과정은 곧 총선 출마 준비 과정이라고 해석될 여지가 있었으며, 이 과정에서 재료가 선반영될 가능성이 있었다. 그렇다면 국무총리 퇴임 이후 재료 소멸이 발생할 가능성도 있었다.

구간3 제21대 국회의원 선거

정치 1번지 종로, 미리 보는 대선

이낙연은 퇴임식을 가진 다음 날, 곧바로 당에 복귀한다. 여론조사 전체 1위를 독주하는 상황이었기에 총선에서 중요한 직책을 맡을 것이라는 기대가 컸다. 그리고 이해찬 당시 더불어민주당대표와의 회동 이후 이낙연이 선거대책위원장 자리와 종로 출마를 권유받았다는 소식이 들려왔다(2020.01.22.). 종로는 '정치 1번지'라는 수식어가 붙어 있는 상징적인 지역구다. 이낙연은 바로 다음 날 제안을 수락하며 본격적인 총선 준비 태세에 들어간다.

이낙연이 종로 출마를 선언하자, 맞붙을 상대 후보에도 관심이 쏠렸다. 그리고 야권을 독주 중인 황교안 당시 자유한국당대표가 종로구 출마를 선언한다(2020.02.07.). 이로써 정치 1번지에서 여야 1위 간의 '미리 보는 대선'이 성사돼 선거에서 가장 큰 주목을 받게 된다.

코로나 정국 속 총선

2019년 12월, 중국 우한에서 발생한 코로나19가 전 세계를 덮쳐 왔다. 이는 한국도 피해갈 수 없었다. 국내에서도 확진자가 점차 늘어나자, 초기 방역 실패에 대한 책임이 제기되며 문재인 정부에 대한 지지율

이 떨어지기 시작한다.[156]

　그러나 유럽 선진국에서 코로나 확진자가 폭발적으로 쏟아져 나오기 시작하고 가까이 있는 일본에서는 검사조차 원활하지 않는 상황이 이어지자 분위기는 급변한다. 여타 국가에 비해 상대적으로 잘 대처했다는 평가가 나오기 시작한 것이다.[157] 이에 문재인 정부의 지지율은 다시 상승하기 시작했다. 신천지 대규모 감염 사태 등을 비롯해 국내의 코로나 확진자 수가 폭발적으로 증가할 때도 정부 지침에 따르지 않은 개별 집단에게 비난이 갔을 뿐 문재인 정부의 지지율은 상승세를 유지했다.

　총선이 다가왔음에도, 국내 다수의 이슈가 코로나19로 도배된 상황이었다.[158] 이러한 분위기 속 정부 방역에 대한 좋은 평가는 여권에 호재로 작용했다. 특히 이낙연은 문재인 정부의 높은 지지도를 등에 업은 덕분에 유력 대선 후보로 분류돼 왔기에 더욱 반가운 소식이었다.

　결국, 제21대 총선에서 더불어민주당은 위성정당(더불어시민당)을 포함해 300석 중 180석을 획득하는 대승을 거둔다(2020.04.15.). 이낙연 역시 종로에서 야권 1위 황교안을 큰 격차로 누르며 당선된다. 공동상임선대위원장으로서 당의 승리를 이끈 이낙연의 독주가 시작되는 순간이었다.

---

156 중앙일보(2020.01.31.) 신종코로나 여파, 文지지율 하락해 41%… '이여자' 이탈했다 [갤럽]
157 한국경제(2020.03.30.) '코로나 대처 잘한다' 文 지지율 올해 최고치 기록… 'TK·PK'서도 급등
158 한겨레(2020.04.02.) [2020총선] 코로나19가 삼킨 총선… 끝날 때까지 살얼음판

〈 구간3. 이낙연 테마주 주가상승률 〉

- 2020년 1월 14일 – 이낙연, 국무총리 퇴임식
- 2020년 1월 23일 – 이낙연, 종로 출마 선언
- 2020년 4월 15일 – 제21대 총선

	남선알미늄		서원		이월드	
	주가	코스닥	주가	코스피	주가	코스피
2020.01.14.	3,430	2238.88	4,065	2238.88	5,740	2238.88
2020.01.23.	+26.8%	+0.3%	−15.1%	+0.3%	−6.4%	+0.3%
2020.04.14.	+45.6%	−17.1%	−35.7%	−17.1%	−22.4%	−17.1%
구간3. 평균 상승률	−4.2%					

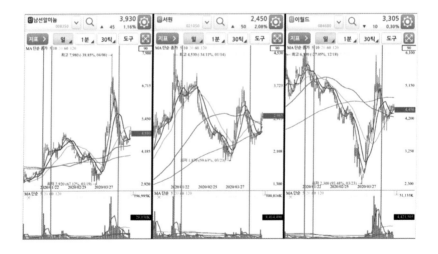

차트와 함께 보기④ 재료 소멸 고비 속 지수 폭락

이낙연 테마주는 지지율 상승과 함께 총선 출마 재료가 선반영돼 주가 급등을 이어왔다. 그리고 이미 세 배 이상 상승이 이루어진 상황이었기에 차익 실현을 하려는 매도가 발생하더라도 전혀 이상할 것이 없는 시기였다. 따라서 재료 소멸은 국무총리 퇴임식과 총선 출마 선언을 전후로 발생할 것이 유력했다.

관건은 이 재료 소멸이 큰 폭의 하락장으로 이어지느냐, 얕은 조정으로 끝난 후 다음 재료 생성으로 이어지는가였다. 사실 당시 이낙연과 문재인 정부의 지지율을 고려하면 후자에 더 무게를 둘 수 있었다.

그러나 코로나19는 실물경제에 이어 주식시장마저 덮치고 만다. 해당 기간 국가를 가리지 않고 거의 모든 종목 차트가 깊은 골짜기를 그렸다. 이낙연 테마주 역시 마찬가지였다. 다만 지수는 빠르게 반등하는 데 성공했다. 이 과정에서 지난 구간 이계연 대표 사임 공시로 폭락한 남선알미늄이 전고점을 뚫었으며 나머지 종목도 전고점에 약간 미치지 못하는 수준까지 회복한다. 그리고 총선이 여당의 대승으로 끝난 만큼 추가적인 재료 형성도 가능할 것으로 보였다.

구간4 더불어민주당 당대표

당대표 선거 출마, 대세론 굳히기

더불어민주당은 제21대 총선에서 압승을 거둠으로써 제20대 총선, 대선, 지방선거에 이어 대형선거 4연승을 기록한다. 선거대책위원장으로서 총선을 지휘하고 야권 1위 황교안을 큰 격차로 누른 이낙연은 총선 직후 여론조사에서 다자 구도임에도 불구하고 무려 40퍼센트 지지율을 확보한다. 또한, 유세 과정에서 선거를 도운 후보가 상당수 당선됐으며 이낙연계로 불리는 이들이 여럿 국회에 입성해 큰 호재로 작용하리라 예상됐다.[159]

리얼미터 여론조사	이낙연	황교안
2020년 3월 31일	29.7%	19.4%
2020년 4월 28일	40.2%	6%

이낙연은 원내 입성에 이어 당대표 선거에 출마를 고심 중이라는 소식이 알려졌으며(2020.05.27), 출마를 공식 선언한다(2020.07.07.). 선거 상대 후보는 김부겸으로 대구에서 당선된 경험이 있으며 지역주의 타파를 상징하는 후보였다. 또한, 김부겸은 당대표에 당선된다면 대선에 불출마하고 당에 온 힘을 쏟겠다며 배수의 진을 친다.

이제까지의 행보를 감안한다면 이낙연이 패배할 확률은 거의 없었다. 결국, 이낙연은 2위 김부겸과 무려 40퍼센트포인트 가까이 차이가 나는 격차로 당대표직에 당선된다(2020.08.29.). 이낙연이 민주당 내 최대 주주인 친문 지지층을 대거 흡수해 당내 기반이 매우 튼튼해졌음을 보여주는 선거였다.

159 뉴스1(2020.04.16.) '이낙연계'의 탄생… 후원 후보 대거 당선 '대망론' 탄력

〈 구간4. 이낙연 테마주 주가상승률 〉

- 2020년 4월 15일 – 제21대 총선
- 2020년 7월 7일 – 당대표 선거 출마 선언
- 2020년 8월 29일 – 더불어민주당 당대표 당선

	남선알미늄		서원		이월드	
	주가	코스피	주가	코스피	주가	코스피
2020.04.16.	4,475	1,857.08	2,425	1,857.08	4,135	1,857.08
2020.07.07.	+31.2%	+16.5%	+60.2%	+16.5%	−1.1%	+16.5%
2020.08.31.	+15.8%	+25.3%	+49.3%	+25.3%	−18.1%	+25.3%
구간4. 평균 상승률	+15.7%					

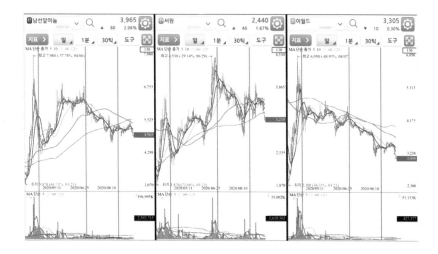

차트와 함께 보기⑤ 당대표 선거 재료

총선 압승 이후 다자 구도 속 지지율이 40퍼센트대에 육박한 이낙연이었다. 전당대회 일정이 다가오자 이낙연 테마주는 당대표 출마설을 재료로 주가가 상승하기 시작한다. 사실상 이낙연이 대세론을 형성하던 상황이며, 당내 기반 역시 상대 후보인 김부겸보다 탄탄했기에 이변이 없는 한 이낙연의 승리가 점쳐졌다. 이 가능성은 주가에 선반영돼 당대표 선거 출마 선언 직후 재료가 소멸해 하락한다.

이후의 흐름

지금까지 이낙연은 문재인 정부에 대한 지지를 바탕으로 성장해 왔다. 코로나 초반 대응과 광복절 집회발 코로나 대규모 확산까지 문재인 정부 지지율은 긍정 평가가 부정 평가를 웃돌았고 이낙연은 해당 기간 동안 대세론을 형성했다.[160]

그러나 이후 부동산 대책, 윤미향 논란, 재보궐선거 발생 책임, 윤석열 검찰총장과의 대립, 후임 장관의 과거 발언 재조명 등으로 국정 수행 지지도는 하락 추세에 접어든다.[161] 그리고 2020년 말 기준, 코로나가 다시 일일 확진자 1000명대에 접어드는 과정에서 부정 평가가 긍정 평가를 크게 웃돌았고 이 과정에서 이낙연 지지율 역시 동반 하락한다(역대 모든 정권이 레임덕을 겪어왔기에 친정부 성향의 대권 후보는 정권 말기 지지율 부침을 겪는 경우가 많다).

---

160 한국경제(2020.07.04.) 1년 넘게 선호도 1위 이낙연, '대세론'과 '불가론' 사이
161 세계일보(2020.08.14.) 이낙연 지지율 대통령과 동반 하락… 李 "민심은 늘 움직이는 것"

리얼미터 문재인 대통령 국정수행 평가	긍정평가	부정평가
2020년 4월 4주차(조사기간 04/20~04.24)	63.7%	32.4%
2020년 12월 4주차(조사기간 12/21~12/24)	36.7%	59.7%

리얼미터 정당 지지도	더불어민주당	국민의힘
2020년 4월 4주차(조사기간 04/20~04.24)	52.6%	28.2%(前미래통합당)
2020년 12월 4주차(조사기간 12/21~12/24)	29.3%	33.8%

또한, 다른 후보들의 약진으로 이낙연 대세론은 금이 간다. 대법원전원합의체에서 기사회생한 이재명은 사법 리스크 해소와 정부·여당이 내세운 2차 재난지원금 선별지급안을 정면 비판하며 반문 지지층을 끌어모은다.[162] 또한, 윤석열 검찰총장은 '살아 있는 권력'에 대한 수사를 내세우며 추미애 법무부장관과 심각한 갈등을 표출하는 등 보수 표심을 결집한다. 이 과정에서 정치 지형은 이낙연 대세론에서 3강 구도로 변화한다.[163]

---

162 동아일보(2020.08.15.) 이재명 19%로 1위… 대선주자 지지율 이낙연 첫 추월
163 일요신문(2020.12.17.) 이낙연 독주에서 3강 안갯속으로… 2020 대선주자 지지율 드라마

리얼미터 여론조사	이낙연	이재명	윤석열
2020년 4월 28일(04월 정례)	40.2%	14.4%	–
2020년 12월 24일(12월 정례)	18.2%	18.2%	23.9%

　이러한 정치 지형의 변화는 이낙연 편 맨 앞의 〈이낙연 테마주 전 기간 주가 추이〉에 담겨 있다. 최근에는 주가 상승 동력을 잃고 완연한 하락 추세에 접어들었다. 그리고 지지율 1위와 대세론 형성, 선거대책위원장으로서 총선 압승, 당대표 선거 당선까지 테마주 시장에서 재료로 작용될 만한 모든 이슈를 거친 상태다. 따라서 지지율이 급반등하지 않는 이상 추가 재료 형성이 쉽지 않아 보인다.

　경선은 테마주에서 매우 큰 재료이며 당내 기반과 여권의 선호도가 결정적인 요인인 선거다. 이낙연은 원래 비문 계열이었으나 호남 출신이며 이제는 민주당 최대 주주인 친문 지지층이 가장 선호하는 후보다. 따라서 상대 후보로 예상되는 이재명보다 경선에서는 유리한 고지에 있다고 볼 수 있다.

　최근 더불어민주당 당내 경선에서 초반 이낙연이 두각을 나타내고 있다. 이에 따라 경선 통과 가능성을 재료로 주가가 움직이기도 했다. 하지만 이 기세가 초반 돌풍에 그칠 경우, 이낙연 테마주는 시기가 시기인 만큼 전체 재료 소멸을 피할 수 없을 것이다.

부록1

친문 지지 후보 교체기

제20대 대선 초반, 여권이 강세임에도 불구하고 잇따른 사건으로 여당의 대선 후보군은 빈번히 교체됐다. 특히 더불어민주당의 최대 주주라 할 수 있는 친문 지지층이 어디로 이동하느냐가 매우 중요했다. 그들의 이동에 따라 한순간에 여론조사 1, 2위가 뒤바뀌기도 했다(제19대 대선 후반의 중도·보수층의 이동과 매우 유사했다). 그리고 이러한 여론조사의 급변은 정치테마주가 급등락하는 원인이 됐다.

지지의 향방을 간단하게 말하자면, 친문 지지층은 '안희정→김경수→유시민→조국→이낙연'의 과정으로 이동했다(정확히는 이낙연이 친문 지지층을 조금씩 흡수해 나갔다). 그리고 이낙연을 제외하면 후보 모두 행보가 매우 짧았으며 단기적인 이슈였다. 그래서 이렇게 부록으로 묶어 친문 지지층이 이동해 간 순서를 다뤄 보려 한다. 그리고 이 내용은 이낙연 편 〈구간2 이낙연 대세론 형성까지〉를 자세히 풀어낸 내용이라 생각하면 이해가 쉬울 것 같다.

안희정 테마주

안희정은 지난 제19대 대선에서 '충청대망론'과 중도층 흡수로 돌풍을 일으킨 바 있다. 또한, 문재인에 이은 새로운 친노의 구심점으로서 당내 기반도 탄탄해 차기 대선에 가장 가까운 후보라 할 수 있었다.[164]

경선 이후 도정으로 복귀한 안희정은 각종 시도지사 평가에서 줄곧 상위권을 기록하며 높은 시정 지지율을 자랑했다. 문재인 정부 출범 이후 리얼미터와 갤럽이 조사한 정례 광역단체 평가에 따르면 2017년 6월 평가(리얼미터) 3위를 제외하고 모두 1, 2위를 기록했다.

불출마, 잠행기, 그리고 미투

안희정이 충남도지사직을 역임하고 있으니 지방선거 시즌이 되자 3선 도전설이 나오기 시작했다. 또한, 국회의원으로서 의정활동 경험이 없던 그였기에 재보궐선거를 통해 원내에 진입할 것이라는 관측 역시 나오기 시작했다.[165] 그러나 안희정은 충남도지사 3선 불출마와 동시에 보궐선거를 통한 원내 진출조차 염두에 두고 있지 않다고 밝힌다

---

164 연합뉴스(2017.02.06.) 2위로 뛰어오른 안희정… 충청권·중도층 흡수했나
165 미디어스(2017.08.23.) '재보선 출마설' 안희정-홍준표, '빅매치' 가능성은?

(2017.12.18.).[166]

또한, 지난 대선에서 안희정은 중도 표심을 흡수하는 과정에서 친문 지지층과 다소 마찰이 있었다.[167] 예컨대 전임 대통령에 대한 '선의 논란'과 대연정 발언, 그리고 치열한 경선 과정이 대표적이다. 여기다 안희정은 친문 지지자를 향해 문재인 정부에 대한 이견 논쟁을 거부해선 안 된다고 발언해 극성 친문 지지자의 반발을 산 바 있다(2017.11.28.).[168] 이에 대해 안희정은 "비판도 애정이라 생각한다"고 밝히기도 했다(2017.12.18.).

이후 안희정은 당권 도전설, 유학설 등 추측만 무성한 가운데 주목도 있는 행보를 자제하며 도정에만 집중하는 모습을 보여준다. 그러던 중 충격적인 안희정의 미투 소식이 전해졌다(2018.03.05.). 정계는 충격에 빠졌다. 그간 보여온 모습이 있기에 충격은 더 컸다. 사실상 그의 대권 가능성은 여기서 끝난다.

〈 안희정 테마주 주가상승률 〉
- 2017년 5월 9일 – 제19대 대선
- 2017년 12월 18일 – 충남도지사 3선 불출마 선언
- 2018년 3월 5일 – 안희정 미투 사건

---

166 한겨레(2017.12.18.) 안희정 "도지사 3선 도전 안해… 임기 끝까지 최선"
167 중앙일보(2017.02.17.) 안희정 상승세에 '친문·참여정부 인사' 비판 목소리
168 중앙일보(2017.12.01.) 문 대통령 지지자에 쓴소리했다 적폐로 몰린 안희정

	백금T&A		대주산업		SG글로벌	
	주가	코스닥	주가	코스닥	주가	코스피
2017.05.10.	2,805	642.68	1,830	642.68	3,890	2,270.12
2017.12.18.	+89.7%	+19.9%	+27.3%	+19.9%	+6.0%	+9.3%
2018.03.06.	+27.1%	+33.7%	+4.6%	+33.7%	−19.5%	+6.2%
평균상승률	+4.1%					

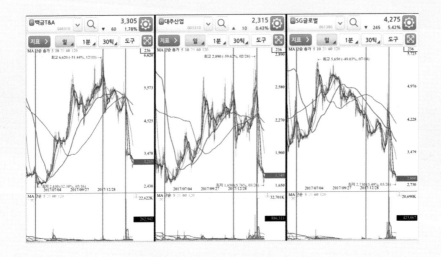

차트와 함께 보기. 정치테마주의 위험성

안희정 테마주는 대선 종료 직후 지방선거 및 재보궐선거 출마를 재료로 주가가 상승하기 시작한다. 시도지사 평가까지 최상위권을 달리기 시작하자 지수 상승장에 힘입어 주가는 상승세에 박차를 가했다.

하지만 안희정은 당선이 유력한 상황이었음에도 예상과 달리 충남도지사 3선과 재보궐선거에 도전하지 않겠다고 밝힌다. 이에 관련 테마주는 일제히 급락한다. 그럼에도 불구하고 당권 도전설이 있었으며 장기적인 관점에서 안희정 테마주의 가능성은 여전했다. 하지만 이후 눈에 띄게 행보가 줄어들었고 설상가상으로 미투 사건까지 터져 버렸다. 안희정 테마주는 일제히 하한가를 기록해 사실상 여기서 소멸한다.

정치테마주는 한 후보의 정치 인생에 돈을 건 게임이다. 물론 재료의 형성과 소멸을 예측하고 정확도를 높일 수는 있다. 하지만 이렇게 예상치 못한 악재는 언제든 터질 수 있다. 항상 신중한 투자가 필요함을 상기시켜 주는 사건이었다.

김경수 테마주

김경수는 김해을에서 제20대 국회의원으로 선출된 초선의원이다. 정치 경력으로만 본다면 이제까지 다뤄온 정치인에 비해 무게감이 떨어지는 것이 사실이다. 그러나 그는 친노·친문의 핵심으로 불리는 인물이라 할 수 있었다[169](故 노무현 대통령의 서거를 처음 문재인에게 알린 비서관이자 제19대 대선 당일 문재인과 차량에 동승한 유일한 정치인이었다).

김경수를 지칭하는 가장 대표적인 말이 '노무현의 마지막 비서관'이다. 그가 故 노무현 전 대통령이 서거하기 전까지 곁에서 보좌했던 인물이었기 때문이다. 이후 김경수는 정계에 입문했고 총선에서 김해을 지역구에 출마해 당선된다(김해을은 당시 봉하마을이 속한 '친노의 성지'라 불

---

169 조선일보(2019.01.30.) 김경수는 누구… 문재인 대통령의 '복심'

리는 지역구였다). 그는 안희정이 부재한 상황 속, 새로운 친노의 적자 자리를 맡는다.[170]

드루킹 논란 속 경남도지사 당선

김경수가 본격적으로 대선 주자로 두각을 드러낸 시기는 제7회 지방선거에서 경남도지사직에 출마하면서부터다. 당시 더불어민주당은 원내 1당 자리를 지키려고 현역의원의 출마를 최소화(2~3명)하라는 권고를 내린 상황이었다. 하지만 김경수는 현역의원임에도 경선 없이 경남지사 후보로 추대된다(2018.04.02.).[171] 문재인 정부의 높은 지지율을 바탕으로 친문 후보로서 경남에 민주당 깃발을 꽂겠다는 의도였다.

그러나 그는 커다란 악재를 마주하게 된다. 드루킹 여론조작 사건으로 수사를 받던 민주당 당원이 관련 인물로 김경수를 지목한 것이다(2018.04.13.). 김경수는 즉각 반박 기자회견을 열고 의혹을 정면으로 부인하며 선거운동을 이어나갔다.[172] 언론은 김경수에 대한 기사로 도배됐고 친문 지지층은 오히려 김경수에게 더욱 집결했다. 이 사건은 김경수에게 큰 악재였지만 아이러니하게도 전국적인 인지도를 쌓는 계기가 되었다.[173] 또한, 그는 이러한 의혹에도 불구하고 민주당 출신 최초로 경남도지사(제34대 경남지사를 지낸 민주당의 김두관은 무소속 신분으로 당선되었다) 당선에 성공한다(2018.06.13.).

---

170 한겨레(2018.04.06.) 안희정 빈자리와 김경수의 도전
171 매일경제(2018.06.01.) 현역의원이던 그들이 시·도지사에 도전한 이유
172 동아일보(2018.04.19.) 김경수 의원 "경남도지사 출마" 정면돌파… "특검조사에도 응할 것"
173 국민일보(2018.05.26.) 드루킹 덕? 김경수 격차 더 벌려… 與, TK서 한 자릿수 접전

드루킹 여론조작 사건, 유죄 판결

그러나 특검이 구성돼 드루킹 사건에 대한 조사를 진행하게 되었다. 결국, 김경수는 법원에 기소되었고 재판 결과에 따라 정치 운명이 결정될 상황에 놓이게 된다(2018.08.24.).

이러한 재판과는 별개로 김경수는 여론조사에 집계되며 당당히 여권 지지율 3위 안에 안착한다. 남북정상회담 과정에서 문재인 정부 지지율이 상승했고 김경수의 인기도 함께 최고치를 찍는다. 여론조사에서 지지율 1위 박원순과 단 3퍼센트포인트 차이였으며(물론 해당 여론조사의 조사 기간은 7월23일부터 8월20일로 김경수가 기소되기 전이었다) 이후 여론조사에서도 10퍼센트 안팎의 고정 지지율을 유지해 나간다. 이는 재판 리스크를 감안한다면 매우 높은 수치였다. 이 시점 김경수가 안희정 이후 잠시 공백이었던 친문 대표 후보 자리를 차지했다고 봐도 무방했다.[174]

리얼미터 여론조사	김경수	박원순	이낙연
2018년 9월 3일	12.8%	15.8%	15.3%

리얼미터 범진보 차기 대선주자 선호도(진보층)

그리고 김경수에 대한 법원의 1심 판결이 나오는 날이었다(2019. 01.30.). 같은 날 오전 10시에 먼저 진행된 드루킹의 재판에서 특검팀의 주장이 대거 인용되며 유죄 판결이 나와 오후에 있을 김경수 재판에

---

174 세계일보(2018.06.20.) 지선 주자=대권 잠룡? "박원순 1위, 김경수 2위, 이재명 5위"

부정적인 견해가 나오기 시작했다. 결국, 김경수에 대한 사법부의 판단은 유죄였고 실형이 선고됐다. 경남도지사직을 잃을 위기에 처한 김경수는 억울함을 호소하며 항소하지만 이후 김경수의 주목도는 크게 떨어졌다. 그리고 시간이 흘러 2심 판결이 나오지만 결과는 원심 유지였다 (2020.11.06.).[175]

〈 김경수 테마주 주가상승률 〉

- 2018년 4월 2일 – 경남도지사 후보, 김경수 추대
- 2018년 6월 13일 – 경남도지사 당선
- 2018년 8월 24일 – 드루킹 혐의, 검찰 기소
- 2019년 1월 30일 – 1심 유죄

	휴먼엔	코스닥
2018.04.02.	617	867.80
2018.06.13.	+22.2%	+0.8%
2018.08.24.	+51.9%	-8.0%
2019.01.30.	-14.4%	-17.6%
구간 상승률	-14.4%	

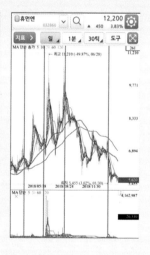

---

175 조선일보(2020.11.07.) "유죄" 판결 순간 고개 떨군 김경수… 친문들 망연자실

차트와 함께 보기. 계속된 재판 리스크

김경수 테마주는 경남도지사 후보에 추대된 이후부터 박스권 상승을 이어간다. 당선된 이후 거래량이 급등하는 것으로 보아 향후 친노의 새로운 적자로서 대권 행보를 보일 것이라는 기대감을 재료로 테마주가 움직였을 가능성이 있다. 그러나 검찰에 기소된 이후부터 끝없는 하락장이 이어진다. 여론조사에 편입돼 높은 지지율을 기록한 후에도 이 흐름은 바뀌지 않았다. 특히, 1심 유죄 판결이 나온 당일 25퍼센트 폭락했으며 2심 유죄 판결이 나온 당일 역시 14퍼센트 하락했다.

최근 김경수는 대법원 3심 유죄 판결로 경남지사직을 박탈당했으며 사실상 대권 가도를 이탈한다(2021.07.21.).

유시민 테마주

유시민 하면 따라오는 수식어는 노무현의 정치적 경호실장이다. 참여정부 시절 이라크 파병, 한미FTA 등등 여러 현안에서 유시민은 노무현의 입이자 파수꾼이었다.[176] 노무현 대통령이 서거하며 추모 열기로 가득하던 당시, 유시민은 친노를 넘어 진보 진영의 구심점 역할을 맡아 야권의 유력 대선 주자로 올라서기도 했다.[177] 따라서 그는 현재까지 이어지는 '친노 적자' 라인의 원조라 볼 수 있다. 그러나 유시민은 현재 정계를 은퇴한 상태다. 이해찬의 후임으로 '사람사는세상노무현재단' 이사장

---

176 문화일보(2011.07.11.) 유시민의 背敎(배교)
177 뉴스한국(2009.06.04.) 盧 서거 후폭풍 차기대권 판도 격변… 유시민 2위 등극

직을 수행하고 있으며 유튜브 방송과 작가 활동을 이어나가고 있다.

유시민, 항상 뒤따르는 정계 복귀설

유시민이 노무현재단의 이사장직에 내정되었다는 소식이 들려왔다 (2018.09.26.). 안희정이 낙마하고 김경수가 검찰에 기소된 시점이었기에 일각에서는 유시민이 잠재 후보로서 정계에 복귀하는 것이 아니냐는 분석이 나오기도 했다(과거 문재인이 정치권 밖에 있을 당시, 노무현재단 2대 이사장직을 맡는 과정에서 정계 입문설이 나왔으며 이를 일축한 바 있다).[178]

그리고 얼마 후 유시민은 여론조사에 집계돼 정계를 다시 한번 흔든다. 경향신문은 창간 72주년 기념으로 한국리서치에 의뢰해 여론조사를 진행했다(2018.10.06.). 여기서 유시민은 이낙연, 박원순과 함께 3강 구도를 형성한다. 정계 은퇴를 한 상태였음에도 현역 의원을 제치고 국무총리, 서울시장과 어깨를 나란히 한 유시민은 크게 주목받는다.

한국리서치 여론조사	유시민	이낙연	박원순
2018년 10월 6일	11.7%	12.7%	11.5%

당시 유시민에 대한 여권의 호감도는 매우 높았으며, 줄곧 정계 복귀설이 뒤따랐다.[179] 또한, 연이은 친문 후보의 악재 속 훌륭한 대안이기도 했다. 그러나 유시민은 노무현재단 이사장 취임식에 이어 "여론조

---

178 중앙일보(2018.10.03.) "내 등골 빼먹고… 책임져" 이해찬 협박에 손 든 유시민
179 SBS(2018.10.15.) "내 인생에 출마는 없다" 유시민 선 긋기에도… 정치권 '술렁'

사에 내 이름 넣지 말라"라며 재차 정계 복귀에 단호하게 선을 긋는다 (2018.12.23.).

방황하는 친문 표심

김경수가 1심에서 유죄 판결을 받자 여권은 크게 술렁였다(2019. 01.30.). 김경수의 지지율이 이탈할 가능성이 커졌고 이후 친문 표심이 어디로 가느냐가 관건이었다. 당시 국무총리직을 수행하고 있던 여권 1위 이낙연이 유력했다. 원래 비문이었지만 현재 행보는 완연한 친문이었다. 또한, 큰 반감이 없는 이상 지지율은 1위 후보로 집결하는 경향이 강하기 때문이다.[180]

그리고 김경수의 판결이 반영된 리얼미터 2월 정례조사가 발표된다 (2019.03.05.). 그런데 오히려 이낙연의 지지율이 크게 하락한다. 갑자기 유시민이 집계돼 여권에서 1위를 차지했기 때문이다. 이렇게 여권 표심이 분산되자 다자 구도에서 보수층이 결집한 황교안이 전체 1위를 차지하는 형국이 수개월간 지속된다.

리얼미터 여론조사	유시민	이낙연
2019년 1월 29일 (1월 정례)	–	15.3%
2019년 3월 5일 (2월 정례)	13.2%	11.5%
2019년 6월 4일 (5월 정례)	–	20.8%

---

180 아시아경제(2019.02.15.) '안이박김 저주' 빠진 與… 더 커진 이낙연 존재감

유시민은 자신을 여론조사에서 제외해 달라고 계속 요청했으며 리얼미터는 5월 정례조사부터 제외한다. 또다시 길 잃은 친문 표심은 결국 이낙연을 향했다. 친노 후보 부재의 효과로 이낙연은 처음으로 지지율 20퍼센트 선을 넘기게 된다.[181]

〈 유시민 테마주 주가상승률 〉
- 2018년 10월 06일 – 여론조사, 유시민 집계 1위
- 2018년 12월 23일 – 유시민 "여론조사에 내 이름 넣지 말라"
- 2019년 3월 5일 – 리얼미터 정례조사, 유시민 여권 1위

	보해양조	코스피
2018.10.05.	843	2,267.52
2018.12.23.	+149.1%	−9.1%
2019.03.05.	+112.3%	−3.9%
구간 상승률	+112.3%	

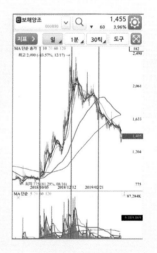

차트와 함께 보기. 여전한 파급력

한국리서치 여론조사에 유시민이 갑자기 집계되자 보해양조가 높은 거래량을 동반하며 폭등하기 시작한다. 이 상승은 유시민이 직접 "여론조사에 내 이름 넣지 말라"고 발언할 때

181 뉴시스(2019.06.04.) 대선주자 지지율 조사, 유시민 빼자 이낙연·이재명 상승

까지 이어졌다. 유시민의 정계 복귀 거부 의사가 매우 확고했기 때문에 이후 주가는 폭락한다.

지금도 친문 후보가 위태로울 때면 유시민 등판을 꾸준히 요구한다. 어떻게 보면 유시민이 정계에 없기 때문에 새로운 친문 후보가 나타나고 사라짐을 반복하는 듯하다. 그가 친문 지지층이 가장 선호하는 진짜 '친노 적자'이기 때문이다. 만약 그의 출마 가능성이 구체화된다면 관련 테마주는 또다시 움직이리라 예상된다.

조국

조국은 진보 성향 교수로 이명박 정부 시기 적극적인 정치 참여로 폴리페서의 모습을 보였다.[182] 제19대 대선에서 문재인 후보의 찬조 연설을 맡았으며, 문재인 정부가 출범하면서 첫 번째 민정수석 비서관직에 임명된다. 이후 박상기 법무부장관의 후임으로 지명되나 여러 의혹이 제기돼 취임 한 달 만에 사퇴한다.

조국 법무부장관

문재인 정부는 장관급 인사를 대거 교체하는 대규모 개각을 예정했다. 그리고 조국 전 민정수석이 법무부장관으로 내정되자 정치권은 크게 반향을 보였다(2019.08.09.). 이 시기의 모든 언론과 기사가 조국 관련 이슈로 가득 찼다고 해도 과언이 아니었다. 야권은 크게 반발했고 각

---

182 경향신문(2010.12.06.) 대담집 '진보집권플랜' 펴낸 서울대 조국 교수

종 의혹이 뒤따랐다. 청문회에서의 난항은 불가피했다.[183] 그러나 여러 논란에도 불구하고 문재인 대통령은 임명을 밀어붙인다(2019.09.09).

조국은 검찰 개혁을 가장 중요한 과제로 정하고 법무부장관직을 수행해나갔다. 그러나 그에 대한 논란과 의혹은 계속 커져 갔다. 조국 임명 초반 보여준 높은 선호도가 무색하게 반감은 커졌고 부정평가가 선호평가를 앞지르기까지 했다.[184] 그러나 이러한 강한 반발은 오히려 지지층을 결집시키는 계기로 작용했다. 친문 지지층은 '조국 수호'라는 구호 아래 그에 대한 지지를 표한다.[185]

리얼미터 여론조사	조국	이낙연	황교안
2019년 9월 3일 (8월)	–	25.1%	19.5%
2019년 10월 1일 (9월)	13.0%	20.2%	19.9%

앞서 유시민이 여론조사에서 제외되고 이낙연의 지지율이 처음으로 20퍼센트 벽을 뚫었다. 이후 조국이 법무부장관에 내정되기 전인 7월, 이낙연은 리얼미터상 처음으로 25퍼센트 지지율을 돌파한다. 이재명이 2심 유죄 판결로 피선거권 박탈 가능성이 높아진 것에 더해 여권에서 이낙연의 독주가 이제 막 시작한 참이었다.

그러나 조국 사태로 친문 지지층은 이낙연에서 조국으로 모이기 시작

---

183 한겨레(2019.08.09.) '법무부장관 조국' 지명에, 나경원 "야당과의 전쟁 선포"
184 한겨레(2019.09.04.) 조국 임명 반대 51.5%, 찬성 46.1%··· 오차범위 내에서 팽팽
185 한국경제(2019.10.05.) 긴장감 흐르는 서초동··· '조국 수호' VS '조국 퇴진' 집회 '맞불'

한다.[186] 조국은 여론조사에 집계되자마자 13퍼센트의 지지율을 기록한다. 반면 이낙연의 지지율은 5퍼센트나 빠지면서 다시 황교안과 오차범위 내 접전 상황이 연출된다. 하지만 조국 법무부장관은 거센 역풍 속에서 35일이라는 짧은 임기를 마치고 사퇴한다(2019.10.14.).

〈 조국 테마주 주가상승률 〉

- 2019년 8월 9일 – 법무부장관 조국 내정
- 2019년 9월 9일 – 법무부장관 조국 임명
- 2019년 10월 1일 – 여론조사 조국 집계, 여권 2위
- 2019년 10월 14일 – 조국 법무부장관 사퇴

	화천기계	코스피
2019.08.09.	3,860	1,937.75
2019.09.09.	+31.1%	+4.2%
2019.10.01.	+32.1%	+6.9%
2019.10.14.	−17.7%	+6.7%
주가상승률	−17.7%	

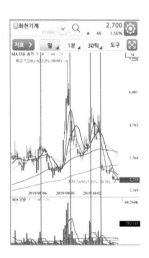

---

186 YTN(2019.10.01.) 존재감 커진 조국?… 대선주자 3위로 부상

차트와 함께 보기. 빠르고 복잡해진 정치테마주

조국이 법무부장관에 내정되고 얼마 후 주가는 가파른 상승을 보인다. 미리 내정 소식이 알려졌기에 취임 재료가 상당 부분 주가에 선반영되었고 임명 당일 이후 재료 소멸로 급락한다. 이후 본인이 포함된 여론조사가 발표되고는 높은 거래량을 기록한다. 하지만 상승세는 이어지지 못하고 횡보한다. 그리고 한 달여 만에 장관직을 자진 사퇴하자, 하한가를 기록하며 마무리된다.[187]

이전까지 여론조사에 집계되지 않던 이들의 테마주와 비교해 보자. 일반적으로 정치적 이슈를 선점한 이후 차기 대선 여론조사에 집계되기 시작하거나 지지율에 반영된다. 그리고 이는 테마주 형성으로 이어져 인상적인 주가 움직임을 보여주곤 했다.

그러나 조국의 경우 차기 대선 여론조사에 포함되기도 전에 먼저 테마주가 움직였으며 정작 여론조사에 처음 집계된 당시는 이미 1차 폭락이 끝난 후였다. 이러한 점은 많은 것을 시사했다. 대선후보 여론조사에 집계되지 않는 후보라 할지라도 정치권의 주요 이슈를 선점하고 향후 대권 가능성이 있다면 테마주의 대상이 된다는 것이었다. 정치테마주 시장이 매우 빠르고 복잡해졌음을 보여 주는 사례였다.

정리

"이낙연이 친노 출신이 아니기에 대선 후보가 되지 못할 것이라는 말은 민주당을 무시하는 발언이다." 이는 유시민이 자신의 유튜브 채널

---

187 동아일보(2019.10.14.) '조국 테마주' 화천기계, 사퇴 발표 오후 2시경 '급락'… 尹테마주는 '상승'

'알릴레오'에서 한 말이다(이외에도 여러 매체에서 자주 했으며 최근에는 이재명에 대해 이러한 의견을 내기도 했다).

그러나 반대로 이러한 생각이 만연했기에 유시민이 이렇게 발언했다고 생각할 수도 있다. 즉, 또다시 친문 후보가 나타나 지지율 급변을 유발할 수 있다. 그리고 지지율 급변은 테마주 시장을 흥분시킬 것이다. 최근 이재명의 지지율이 건재함에도 제3후보론이 급부상하고 있다. 이에 최근 정세균 테마주가 급등한 바 있다.

하지만 단순히 또 다른 친문 후보가 나온다고 해서 이전과 같은 상황이 나타날 것이라고 단언하는 것은 금물이다. 앞의 흐름은 문재인 정부 지지율이 상당히 높았던 시기였기에 가능했다. 만약 문재인 정부의 지지율이 하락 추세로 접어든다면 친문 후보의 파급력은 줄어들 수밖에 없다(제19대 대선 후반부에 박근혜 정부 지지율이 하락하면서 비박 후보들의 인기가 높아진 사례를 떠올려 보자).

즉, 섣불리 형성된 테마주에 뛰어들었다가는 낭패를 볼 수 있다는 점을 더 알리고 싶었다. 새로운 친문 후보가 나타날 시 앞에서 다룬 사례처럼 '그 테마주'가 급등할 것이라고 유혹하는 잘못된 정보가 난무할 가능성이 크다. 그리고 주식 투자는 잘못된 정보와의 싸움이기도 하다.

대표적인 예가 더불어민주당 원내대표인 김태년 테마주다. 김태년은 문재인의 심복이자 3철(양정철, 이호철, 전해철)로 알려진 전해철을 꺾을 정도로 당내 기반이 탄탄한 대표적인 친노−친문 출신 정치인이다.[188]

---

188 연합뉴스(2020.12.04.) '3철' 전해철 내각으로⋯ 양정철·이호철 역할론도 관심

장 마감 후 그가 원내대표로 선출되자 곧바로 김태년 테마주가 생성돼 장외 상한가를 친다(2020.05.07.). 원내대표직에 선출된 김태년이 앞으로 대선에서 새롭게 주목받을 친문 후보란 주장이었다(더 무서운 것은 김태년 대장주로 불리던 국일신동은 불과 얼마 전까지 황교안 테마주로 거론되던 종목이었으며 총선 이후 완연한 하락세였다). 김태년이 선출된 다음 날 국일신동은 상한가에 가깝게 주가와 거래량이 터지며 큰 관심을 받았다. 그러나 매도세에 밀려 결국 당일 음봉을 기록하고 만다(2020.05.08.). 항상 말하듯이 정치테마주는 위험성이 매우 크다. 그러니 난무하는 불확실한 정보에 접근할 때는 신중해야 한다.

이재명 테마주

이재명은 지난 대선의 탄핵정국 속에서 존재감을 보이며 유력 후보 반열에 올랐다. 당시 그는 안희정과 비슷한 득표율을 기록해 더불어민주당 경선에서 3위를 차지하며 가능성을 보여줬다. 그러나 경선 과정에서 문재인과 치열하게 공방을 벌였고 후술할 사건 탓에 민주당 최대 주주라 할 수 있는 친문 지지층의 반감을 샀다. 이 때문에 정치 행보는 친문, 지지층은 비문인 특이한 스탠스가 형성됐다. 특히 이재명은 현재까지 매우 다사다난한 정치 굴곡을 겪어왔다. 그 첫 시작점인 제7회 지방선거부터 살펴보자.

	일자	비고
A	2017.05.09.	제19대 대통령 선거
B	2018.03.02.	성남시장 사임
C	2018.06.13.	제7회 전국동시지방선거
D	2019.05.16.	1심 무죄 판결
E	2019.09.06.	2심 일부 유죄 판결
F	2020.07.16.	대법원전원합의체 무죄 취지 파기환송
G	2020.08.14.	한국갤럽 여론조사, 첫 1위

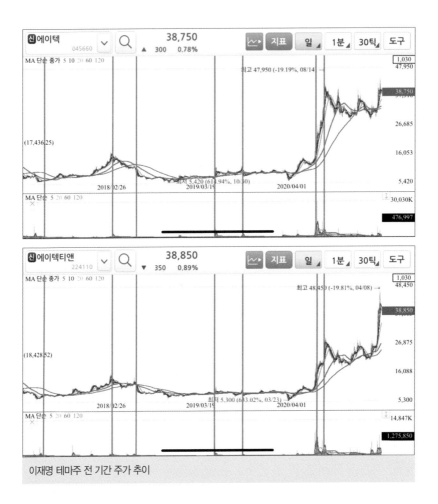

이재명 테마주 전 기간 주가 추이

제7회 전국동시지방선거

경기도지사직 도전

지난 대선에서 전국적인 인지도를 쌓은 이재명 성남시장이 한 체급 위인 경기도지사직에 도전할 것이라는 전망이 유력했다.[189] 여론조사 역시 이재명의 압도적인 우위였다(2017.08.01.).[190] 한때 서울시장 출마설이 돌기도 했으나 박원순 서울시장이 3선에 도전하며 선을 긋는다. 결국, 이재명은 성남시장을 사퇴하고(2018.03.02) 곧이어 경기도지사 예비후보에 등록해 선거를 준비해 나간다(2018.03.21.).

당시 경기도지사는 바른정당의 남경필이었다. 물론 바른정당 지지율이 더불어민주당에 비해 매우 낮은 수준에 머물러 있었다. 그러나 보수정당 소속임에도 개혁파로 꼽혔으며 연립정부를 시도하는 등 민주당과의 원만한 관계로 중도 확장성이 강했다. 또한, 현역 프리미엄에 더해 지난 대선에 출마해 바른정당 경선에서 유승민과 맞붙은 바 있어 인지도 측면에서도 만만치 않은 후보였다.

더불어민주당 당내 경선 역시 매우 치열할 것으로 예상됐다. 문재인의 심복이라 불리는 전해철이 출마 의사를 밝혔기 때문이다. 경선에서 당내 세력의 영향력은 매우 크다. 이재명은 대외 인지도가 강점이지만 당내 세력이 미약했다. 전해철은 친문 중에 친문이었기에 당내 세력이 최대 강점이었다. 본선에서 이재명이 남경필을 압도하나 전해철 또한 남경

---

189 서울신문(2017.09.17.) '민주당 잠룡' 박원순 이재명 안희정 지방선거 행보는?
190 뉴스1(2017.08.01.) '차기 경기도지사' 대세는 누구? 이재명 '압도적 1위'

필을 오차범위 내에서 앞선다는 여론조사가 발표되며 상황은 알 수 없게 흘러갔다.[191]

가상 양자구도	더불어민주당 후보	남경필
이재명 vs 남경필	64.0%	23.8%
전해철 vs 남경필	36.4%	34.1%

중앙일보-입소스코리아(2018.03.11. 공표)

경기도지사 당선

예상대로 당내 경선은 매우 치열하게 전개되었다. 초반 공방은 공약 이행 가능성과 정책 효과에 집중되는 듯했으나 이내 전략은 바뀌었다. 이재명에 대한 도덕성 검증으로 성격이 바뀌면서 경쟁은 치열하다 못해 진흙탕 싸움에 가까워졌다.[192] 특히 안희정이 미투 사건으로 순식간에 몰락하자(2018.03.05.) 이재명이 불륜을 저질렀다는 여배우 스캔들이 수면 위로 올라오기 시작했다. 이에 전해철은 이재명을 겨냥한 미투 검증을 주장하면서 치열한 경선의 막이 올랐다(2018.03.15.).[193]

이재명은 그동안 노무현에 대한 존경심을 보이며 친문 지지층과 관계 개선에 힘썼다. 그러나 이전부터 제기되어온 일명 '혜경궁김씨' 의혹이 본격적으로 수면 위로 올라오자 그동안의 노력은 헛수고가 되었다('혜경궁김씨' 의혹이란 SNS에서 노무현과 문재인에 대한 비방글을 쓴 인물이 이재명의 부

191 중앙일보(2018.01.02.), 경기지사 남경필, 이재명엔 열세 전해철엔 박빙 우세
192 뉴데일리(2018.03.28.) 이재명-전해철 文心 놓고 진흙탕 싸움 "몸 뺏기면 마음 주나"
193 매일경제(2018.03.15.), "경기지사 선거, 미투 검증하자"… 이재명 겨냥한 전해철

인으로 추정된다는 주장이었다). 이재명은 부정했지만 해당 사건 때문에 친문 지지층의 반감은 증폭돼 버린다.[194] 그래도 이재명은 경선에서 59.96퍼센트의 지지로 전해철을 이기고 최종 후보로 선출된다(2018.04.20.).

그러나 본선에서도 이재명의 수난은 이어졌다. 이번엔 바른미래당의 김영환 후보가 여배우 스캔들 의혹을 파고들었다. 이에 일부 친문 지지층 사이에서 이재명을 뽑을 바엔 야당의 남경필을 뽑겠다는 이야기가 나올 정도로 이재명은 힘든 선거를 치러 나갔다.[195]

결국, 이재명은 여러 논란에도 불구하고 20퍼센트포인트가 넘는 격차로 넉넉하게 경기도지사에 당선된다. 하지만 당선 당일에 있었던 인터뷰 태도 논란을 비롯해 이재명에 대한 상당한 비토를 확인할 수 있었던 선거였다.[196] 성남시장 시절 행정 능력으로 각종 평가에서 줄곧 상위권을 차지하던 그는 당선 직후 전국시도지사 지지도에서 하위권을 맴돌게 된다.[197]

〈 구간1. 이재명 테마주 주가 상승률 〉

• 2017년 5월 9일 – 제19대 대선
• 2018년 3월 2일 – 이재명, 성남시장 사퇴
• 2018년 3월 15일 – 전해철, 이재명 겨냥 미투 검증
• 2018년 6월 13일 – 제7회 전국지방선거

---

194 국민일보(2018.04.16.) 이재명, "내 아내는 노빠, 혜경궁김씨 맞다면 책임지겠다"
195 문화일보(2018.05.14.) 이재명 찍느니 차라리 남경필? 극성 文지지자들 '차악 투표' 논쟁
196 조선일보(2018.06.15.) 당선 첫날… 대권주자 대우받은 김경수, 뭇매 맞은 이재명
197 국민일보(2018.09.10.) 이재명 경기지사, 광역단체장 평가 16위… 박원순 시장 10위

	에이텍		에이텍티엔	
	주가	코스닥	주가	코스닥
2017.05.10.	6,670	642.68	8,190	642.68
2018.03.02.	+110.2%	+33.9%	+57.5%	+33.9%
2018.03.15.	+115.9%	+38.5%	+49.6%	+38.5%
2018.06.12.	+56.7%	+36.2%	+45.9%	+36.2%
구간1. 평균 상승률	+51.3%			

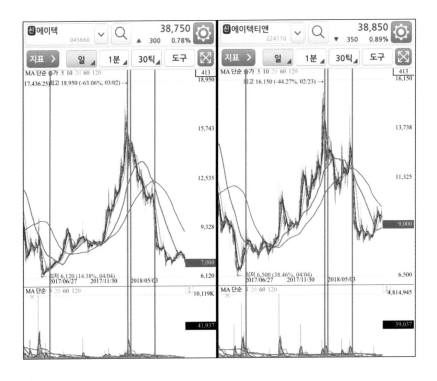

차트와 함께 보기① 경기도지사 출마설 재료

이재명은 제19대 대선에서 입지가 커졌기에 성남시장보다 더 높은 직에 도전할 가능성이 매우 높았다. 이를 재료로 이재명 테마주는 지수 상승장을 만나 제19대 대선 직전부터 성남시장을 사임할 때까지 주가가 견고하게 상승해 갔다.

이낙연 테마주 총선 부분을 떠올려 보자. 총선에 출마하려면 국무총리직에서 물러나야 하기 때문에 퇴임식 전후까지 재료가 선반영되고, 그 이후 소멸해 조정이 올 가능성을 염두에 두어야 한다고 이야기했다. 이재명도 이와 유사했다. 경기도지사직에 도전하려면 성남시장직을 사퇴해야 한다. 즉, 이 사퇴까지 일차적으로 재료가 선반영되고 이후 재료 소멸이 발생할 여지가 있었다. 그리고 이 조정 폭과 향후 추가 주가 상승은 미지수였다.

차트와 함께 보기② 안희정 미투 사건, 이재명에게 호재?

지방선거에서 가장 큰 이슈는 누가 뭐래도 안희정 미투 사건이었다. 강력한 차기 대선주자가 일순간에 나락으로 떨어진 유례없는 사건이었다. 당내 강력한 경쟁자인 안희정이 사라지자 이재명에게 호재라는 분석 기사가 여럿 나오기도 했다.[198] 사건이 터진 다음 날, 안희정 테마주는 대부분 하한가를 기록한 반면 이재명 테마주 주가는 매우 높은 시가로 출발하기도 했다.

---

198 경인일보(2018.03.06.) 안희정 몰락에 이재명 부상하나… 安 '성폭행 사태' 터진 날, 李 '여론조사 1위' 명암

하지만 결과론적으로 단기 테마주 시장에서는 악재였다. 안희정 미투 사건이 터지고 나서 얼마 안 된 시점에 이재명 스캔들이 점차 수면 위로 올라왔다. 당시 주식시장은 안희정 테마주 하한가에 대한 기억이 선명했다. 그리고 15일, 전해철은 이재명을 겨냥해 미투 검증을 주장했다.[199] 지난 대선 고점에 근접했던 이재명 테마주는 장대 음봉을 기록하며 추가 재료 형성 없이 공포 매도에 돌입했다.

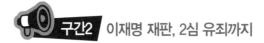 **이재명 재판, 2심 유죄까지**

계속되는 의혹 제기

지방선거는 이재명의 당선으로 끝났다. 하지만 이재명의 수난은 계속됐다. 친형 강제입원 의혹, 혜경궁김씨 수사, 불륜을 주장하는 여배우와의 진실 공방 등 이미지 타격이 심각한 의혹이 난무했다. 결국, 이재명은 검찰의 수사를 받는다.

그리고 시간이 지나 검찰의 발표가 나오는데 대부분에서 불기소 처분이 내려졌다(2018.12.11.). 그러나 지방선거 과정에서의 TV 토론 중 나온 친형 강제 입원 관련 발언은 '공직선거법상 허위사실 공표죄'로 재판을 받게 된다.[200] 결국, 이재명은 재판 결과에 따라 경기도지사직을 잃을 위기에 처한다. 만약 벌금 100만 원 이상의 벌금형이 최종 판결된다

---

199 매일경제(2018.03.15.) "경기지사 선거, 미투 검증하자"… 이재명 겨냥한 전해철
200 KBS(2018.12.10.) 검찰, 이재명 경기지사 기소… 부인 김혜경 씨는 '무혐의'

면 이재명은 도지사직을 박탈당한다.[201]

1심 무죄 뒤집힌 2심 유죄, 도지사직 상실 위기

법원은 1심에서 무죄를 판결 내린다(2019.05.16.). 검찰은 이에 불복하고 항소했다. 그런데 2심에서 판결이 뒤집히는 결과가 나오며 정계는 충격에 빠진다(2019.09.06.). 2심 재판부가 일부 유죄를 선고하며 벌금 300만 원 형을 선고한 것이다.[202] 향후 3심에서 원심이 유지된다면 이재명은 도지사직 상실 위기에 처한다. 이재명의 정치 인생에서 가장 위험한 순간이라고 할 수 있었다.

〈 구간2. 이재명 테마주 주가상승률 〉

- 2018년 12월 11일 – 검찰, 공직선거법상 허위사실 공표죄로 이재명 기소
- 2019년 5월 16일 – 1심 무죄 판결
- 2019년 9월 6일 – 2심 일부 유죄판결

---

201 한겨레(2018.12.12.) "이재명, '혜경궁김씨' 무혐의라도 '친형 강제입원' 유죄면 지사직 유지 못 해"
202 중앙일보(2019.09.06.) 이재명 경기도지사, 2심서 당선무효형… 공직선거법 위반

	에이텍		에이텍티엔	
	주가	코스닥	주가	코스닥
2018.12.11.	6,450	661.01	7,230	661.01
2019.05.16.	+31.8%	+8.6%	+18.9%	+8.6%
2019.09.06.	+31.0%	−4.5%	+0.4%	−4.5%
구간2. 평균 상승률	+15.7%			

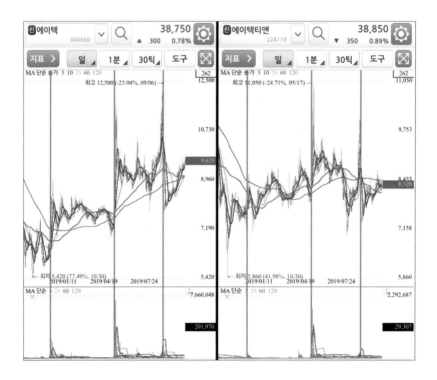

차트와 함께 보기③ 재판 레이스 시작

여러 논란들로 이재명 테마주는 좀처럼 호재를 찾기 힘들었다. 그러던 중 대부분의 의혹이 증거 부족에 의한 불기소 처분이라는 검찰의 발표가 나온다. 물론 TV 토론 도중 발언에 대한 허위사실 공표죄는 법원의 판결에 따라 도지사직을 잃을 수 있는 상황이었다. 그러나 무엇보다 정치인으로서 이미지 타격이 매우 심한 논란에 불기소 처분이 내려졌다는 점은 이재명 테마주에 악재로 작용하던 재료가 소멸한 것으로 작용한 듯했다. 불기소 처분이 나온 다음 날 에이텍이 상한가를 기록했으며 에이텍티앤 역시 높은 주가 상승률을 기록한다.

여기서 예상 가능한 것은 무죄로 재판리스크가 사라진다면 주가가 급등할 것이며, 유죄라면 큰 폭의 주가 하락을 피할 수 없을 것이란 점이었다. 또한, 무죄 가능성이 선반영돼 그 이전부터 상승세가 지속됐다면 무죄 선고 당일 재료 소멸로 주가가 하락할 가능성 역시 염두에 두어야 했다.

차트와 함께 보기④ 재판 결과에 따라 요동치는 테마주

1심 재판부의 판단은 무죄였다.[203] 이재명 테마주는 1심 판결 이전에 주가 상승이 거의 없었기에 재료 선반영이 적었고 판결 이후 주가 급등이 이루어진 것으로 보인다. 하지만 아직 재판 리스크가 완전히 해소된 것이 아니었다. 검찰은 이에 불복해 항소했고 다시 2심 재판부의 판결을 기다려야 했다.

---

203 TV조선(2019.05.16.) 한숨 돌린 이재명… 법원, 4가지 혐의 모두 무죄 선고

또한, 이재명은 더불어민주당의 대표적인 비문으로서 친문의 대안 세력이라 할 수 있었다. 즉, 문재인 정부의 지지율이 떨어질 때 빛을 볼 확률이 높았다. 그러나 당시 정부의 지지도는 확고했다. 문재인 정부 출범 이후 당시까지 민주당은 줄곧 정당 지지율 1위 자리를 유지했다.[204] 이에 이낙연 국무총리가 친문의 표심을 점차 획득해 여권에서 독주했고 그의 테마주 역시 고공 행진했다. 하지만 이재명 테마주는 재판 이외에는 큰 주목을 받기 어려운 상황이었다.

이러한 와중 2심 판결이 나올 시기가 왔다. 1심이 무죄였기에 당연히 2심도 무죄가 아닐까 하는 기대감이 생기기 마련이다. 2심 선고 공판 날짜가 정해진 날(2019.09.02)부터 이재명 테마주 주가는 무죄 기대감으로 급등하기 시작했다. 그러나 1심이 뒤집혀 일부 유죄라는 충격적인 결과가 나왔고 도지사직 박탈 위기에 처하게 된다. 당연하게도 이재명 테마주는 일제히 다음 날 하한가를 기록한다.[205]

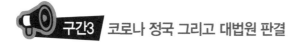 **구간3** **코로나 정국 그리고 대법원 판결**

코로나 대처

이재명은 재판은 하늘에 맡기고 도정에 전념하겠다 밝힌다. 닥터헬기 도입으로 인연을 맺은 이국종 교수를 비롯해 여러 인사가 이재명 재판

---

204 한겨레(2019.07.29.) 민주당 지지율 43.2% 올들어 최고… 대통령 지지율 2주째↑
205 경인일보(2019.09.06.) 이재명 지사 당선무효형 소식에 관련주 급락

관련 탄원서를 제출하면서 '이재명 살리기'에 공조한다.[206] 그러나 친문과 보수 지지층의 반대 여론도 만만치 않게 강했다. 그러던 중 코로나19가 국내에서 대유행하자 지난 메르스 사태와 유사한 상황으로 흘러간다 (메르스 사태 당시 박원순 서울시장이 여론조사 1위를 기록한 바 있다).

이재명은 경기도에 신천지발 코로나 확진자 수가 폭발적으로 증가하자 빠르게 명단을 확보하고 시설 폐쇄를 명령한다. 또한, 방역 수칙을 위반한 교회는 예배를 금지하고 클럽이나 노래방 등 다중이용시설 영업제한 행정명령을 내리는 등 발 빠른 대처를 보여준다(2020.03.18.). 특히 신천지 명단을 확보하려고 이재명이 직접 과천 신천지 총회 본부로 내려가 강제 진입한 사건이 크게 주목받기도 했다(2020.03.06.).[207] 이에 따라 이재명의 지지율은 판결 리스크가 남아 있음에도 불구하고 1위 이낙연을 무섭게 추격했다.[208]

리얼미터 여론조사(공표일)	이재명	이낙연
2020년 2월 5일(1월)	5.6%	29.9%
2020년 3월 31일(2월)	13.6%	29.7%

단 이재명으로서 아쉬운 점은 제21대 총선 공천에서 친문과 공통분모가 있는 이낙연, 박원순계가 대거 살아남았는데 이재명계는 대부분 공

---

206 조선일보(2019.09.19.) 이국종, 大法에 이재명 선처 탄원… "중증외상환자 위해"
207 JTBC News(2020.02.26.) 이재명, 신천지 과천본부 강제 진입… 3만명 명단 확보
208 세계일보(2020.03.09.) '코로나19 사태 속 존재감 과시' 이재명, 황교안 제치고 '2위'

천 탈락했다는 것이다.[209] 경선에서 통과하려면 당내에 세력이 있어야 한다. 대외 경쟁력에 비해 당내 입지가 약한 상황이 다시금 드러났다.

무죄 취지 파기환송, 이재명 생존

그사이 이재명에 대한 판결은 지지부진하게 진행되고 있었다. 대법원은 법정기한을 넘길 때까지 재판을 완료하지 못했고 해당 건은 대법원 전원합의체에 회부됐다(2020.06.15.).[210] 대법원전원합의체는 세 명의 대법관이 판단을 내리지 못한 중대한 사안을 대법관 전원이 함께 고민해서 판단을 내리는 것을 말한다.

한 달 후 재판 선고기일이 확정됐다(2020.07.13.). 해당 재판을 생중계하기로 결정되면서 국민적 관심사가 판결에 몰리게 된다. 유력 대선 후보가 해당 재판으로 대권 가도를 이탈할 수도, 새로운 국면을 만들어 낼 수도 있는 상황이었다. 결국, 대법원은 무죄 취지 파기환송을 판결한다. 이재명은 오랜 기간 시달려왔던 재판 리스크에서 드디어 벗어나게 된다(2020.07.16).[211]

공표일자 (업체)	이재명	이낙연
2020년 7월 20일 (리얼미터)	18.7%	23.3%
2020년 8월 14일 (한국갤럽)	19.0%	17.0%

209 서울신문(2020.03.02.) 민주 경선 대권 주자 '희비'… 이낙연·박원순계 선전, 이재명계 고배
210 연합뉴스(2020.06.15.) 이재명 '허위사실 공표' 사건 18일 대법원 전원합의체 회부
211 중앙일보(2020.10.16.) 이재명 족쇄 완전히 풀렸다… '허위사실공표' 무죄 확정

이재명은 판결 리스크가 해소되자 지지율이 다시 한번 급등한다. 이낙연과 오차범위 내 접전을 기록하며 이낙연 대세론을 흔들었다. 그리고 곧이어 한국갤럽 여론조사에서 처음으로 이재명이 여야 통합 여론조사 1위를 차지한다(2020.08.14.).

〈 구간3. 이재명 테마주 주가상승률 〉

- 2020년 4월 24일 – 이재명 대법 선고기일 곧 나온다(인천일보)
- 2020년 6월 15일 – 전원합의체 회부
- 2020년 7월 13일 – 선고기일 16일로 확정
- 2020년 7월 16일 – 대법원 전원합의체, 무죄 취지 파기환송
- 2020년 8월 14일 – 한국갤럽 여론조사, 이재명 첫 1위

	에이텍		에이텍티앤	
	주가	코스닥	주가	코스닥
2020.04.24.	11,600	632.96	9,090	632.96
2020.06.15.	+5.6%	+9.5%	+0.9%	+9.5%
2020.07.13.	+40.9%	+23.4%	+67.2%	+23.4%
2020.07.16.	+98.3%	+22.5%	+88.7%	+22.5%
2020.08.14.	+257.8%	+31.9%	+210.8%	+31.9%
구간3. 평균 상승률	+234.3%			

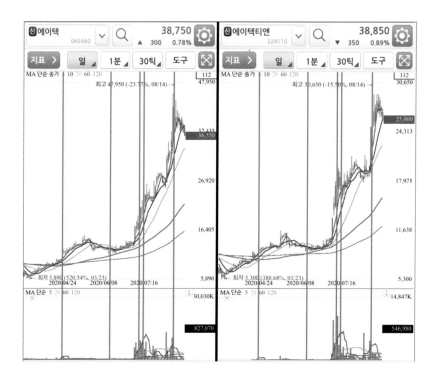

차트와 함께 보기⑤ 폭등장 시작

이재명 테마주는 2심 하한가 이후 1년간 박스권에 갇혀 횡보했다. 이 박스는 이재명이 코로나 정국에서 주목도 높은 행보를 보이는 날에도 뚫지 못할 정도로 단단했다.

그리고 주가 폭락기가 찾아왔다. 이재명 테마주 역시 큰 폭으로 하락했지만 지수 회복장과 함께 다시 그 박스 고점까지 도달한다. 이제 회복기를 넘어 그 고점을 넘을 수 있을 것인가가 관전 포인트였다. 이번에는 박스를 뚫는 데 성공한다. 그 재료는 역시 재판 관련 이슈였다.

차트와 함께 보기⑥ 냉탕과 온탕을 오가다, 무죄 취지 파기환송 판결

곧 대법원 선고기일이 나온다는 기사가 나왔지만, 재판은 깜깜무소식이었다. 오히려 재판을 진행하기로 예정된 대법관들이 심리를 마무리하지 못해 전원합의체로 회부되었다는 소식이 들려왔다. 그리고 약 한 달 후 선고기일이 나오는데 이 과정에서 이재명 테마주는 크게 급등하며 광기의 시작을 알렸다.[212]

재판 당일, 정치테마주 시장은 바짝 긴장했다. 이재명 테마주는 제19대 대선에서 박근혜 탄핵소추안에 관한 헌법재판소의 판결 당시의 정치 테마주들과 유사하게 움직였다.[213] 대법관 주문의 뉘앙스에 따라 주가가 요동쳤는데 우선 재판이 예정된 2시가 되기 직전 공포 매도가 발생했다. 이때 고작 2분여 사이에 주가가 10퍼센트 넘게 빠졌다. 혹시 모를 유죄를 대비해 차익을 실현하고 나간 매도 물량으로 추측된다.

그리고 재판이 시작됐다. 재판부는 1심 판결에 대해 먼저 설명하기 시작했다. 1심 설명이기에 당연히 무죄에 관한 내용이었다. 이재명 테마주는 급등하며 상한가를 찍는다. 그리고 압권은 그다음, 반대 의견을 이야기하는 순간이었다. 앞서 무죄 의견에 대한 반대 의견이었기에 유죄에 관한 내용이었다. 이재명에게 불리한 이야기가 나오자 순식간에 다시 주가가 10퍼센트 넘게 빠지기 시작했다. 그러나 곧바로 거대한 매수세가 응수하며 균형을 맞춰 재판과 함께 횡보한다. 결국 대법원장이 무죄 취지 파기환송을 주문함과 동시에 주가는 상한가를 찍고 나서 천

---

212 조선비즈(2020.07.16.) '대선 피선거권 유지' 대법 판결에 요동친 이재명 테마주(종합)
213 조선일보(2017.03.10.) [탄핵 인용] 재판관 말 한마디에 천당과 지옥 오간 정치테마주

천히 주가가 내려오며 장을 마감했다.

차트와 함께 보기⑦ 재료 소멸? 새로운 재료 생성?

이재명은 결국 오랜 시간이 걸려 기사회생했다. 이 과정에서 이재명 테마주의 주가는 제19대 대선 당시의 주가를 이미 훌쩍 넘겼다. 다음으로 예상되는 수순은 무죄 가능성이 선반영돼 재료가 소멸하는 것이었다. 하지만 정치테마주는 여론조사와 밀접한 관련이 있다. 무죄 후 첫 여론조사가 아직 나오지 않은 상황이었다. 만약 여론조사에서 이재명이 유의미한 결과를 낸다면 주가는 다시 요동칠 것이다. 우리는 조정으로 주가가 빠진 후 다음 여론조사 때 급등할 것이라 예상했다. 광기 어린 폭등이 유지되기란 쉽지 않다고 본 것이다.

그러나 예상은 빗나갔고 다음 여론조사가 나올 때까지 주가가 유지됐다(2심 유죄로 무죄 가능성이 선반영된 정도가 적었다고 분석할 수도 있다). 그리고 여론조사 결과 이재명의 지지율이 크게 올라 이낙연과 오차범위 내 접전인 상황이 연출됐다. 오랫동안 유지되어 온 이낙연 대세론이 흔들리는 순간이었다.

또한, 앞에서 이재명 테마주를 볼 때 문재인 정부 지지율을 참고해야 한다고 밝힌 바 있다. 해당 기간 문재인 정부는 부동산 정책 탓에 지지율이 크게 하락했다. 집권 후 처음으로 더불어민주당 지지율이 미래통합당에게 추월당하기도 했다.[214] 앞에서 말한 친문의 대안 세력으로서 이재명이 주목받기 시작하는 순간이 공교롭게도 파기환송 바로 다음에

---

214 조선일보(2020.08.13.) 통합당, 민주당을 4년 만에 앞질렀다… 朴탄핵 이후 첫 역전

찾아온 것이다. 결국. 다음 여론조사에서 이재명은 이낙연을 꺾고 1위에 올라선다.[215] 이재명 테마주는 또다시 급등하며 광기의 상승을 보여준다.

이후의 흐름

문재인 정부 지지율이 하락하면서 여권의 정치 지형이 다소 변화한다. 특히 이낙연의 전임 대통령 사면 발언 이후 기존 지지층 이탈이 발생하면서 이재명이 여권에서 안정적으로 1위를 달린다.[216] 이재명은 이제까지의 모습과 마찬가지로 당내 세력이 미약하나 대외적 경쟁력에서 강점이 있는 후보로 분류할 수 있다.

다음 재료는 시기가 시기인 만큼 경선일 것이다. 하지만 현재 여권 지지율과 경선 결과가 같으리라 절대 장담할 수 없다. 현재 민주당 최대 주주가 친문 지지층이기 때문이다. 친문 지지층의 이재명에 대한 반감은 여전히 꽤 큰 편이다. 이 때문에 이재명의 지지율이 건재함에도 불구하고 제3후보론이 나오고 있는 실정이다.[217]

하지만 반대로 치열한 선거는 관심도가 큰 법이다. 그리고 이 관심도를 먹고 자라나는 것이 테마주다. 즉, 경선 과정에서 혹은 경선을 앞두고 테마주가 다시 한번 요동칠 가능성이 있다. 다만 이재명 테마주는 꽤 고평가된 상황이기에 주의해야 한다.

---

215 조선일보(2020.08.14.) 지지율 역전⋯ 표정 관리하는 이재명, 애써 담담한 이낙연
216 동아일보(2021.01.07.) 사면이 지지도 갈랐다⋯ 이재명 24% 윤석열 16% 이낙연 15%
217 중앙일보(2021.01.28.) "친문, 이재명에 맘 안줬다"⋯ 제3후보들 움직이기 시작했다

04

제20대 대통령 선거_ 야권 후보

홍준표

　1심 유죄라는 사법 리스크를 안고 있던 홍준표는 조기 대선을 앞두고 2심 무죄를 받으며 대권 후보로 떠오르기 시작했다.[218] 당시 자유한국당은 대선 후보 부재로 난항을 겪던 상황이었다. 홍준표는 이러한 보수의 궤멸이라는 상황 속에서 대통령 후보로 선출된다. 비록 대선에서는 낙선했으나 안철수를 꺾고 현실적 목표였던 2위를 차지하며 선전했다는 평가를 받았다.[219] 따라서 대권 재도전 가능성이 큰 후보로 대선이 끝나

218 동아일보(2017.02.16.) 대권 욕심 홍준표 항소심서 '무죄'… 여권 경선 판도 흔들까?
219 한국경제(2017.05.10.) 홍준표 "무너진 당 복원에 만족"… 3위 그친 안철수 "미래 위해 더 노력"

자마자 당권 획득에 나선다.[220]

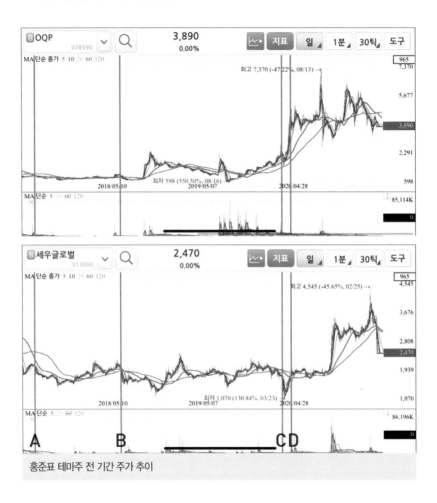

홍준표 테마주 전 기간 주가 추이

---

220 연합뉴스(2017.05.24.) 홍준표, 6월 4일 미국서 귀국… 당권 도전 공식화할 듯 (종합)

	일자	비고
A	2017.07.03.	자유한국당 당대표 선출
B	2018.06.13.	제7회 전국동시지방선거, 당대표 사퇴
C	2020.03.12.	미래통합당 탈당
D	2020.04.15.	제21대 국회의원 선거

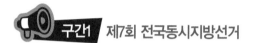 **구간1** **제7회 전국동시지방선거**

자유한국당 당대표 선출

휴식 차 미국에서 체류하던 홍준표는 자유한국당 전당대회를 앞두고 귀국한다(2017.06.04.). 그리고 곧 당대표 선거에 출마하겠다고 선언하며 당권을 노렸다(2017.06.18.). 대선 후보 시절 친박을 감싸 안는 모습을 보여준 그였지만 이날 출마 기자회견에선 "친박과 결별해야 보수가 재건할 수 있다"고 밝힌다.[221] 이 때문에 홍준표는 친박계의 반발을 사지만 그래도 전당대회에서 65.74퍼센트의 득표율로 초대 당대표에 선출된다(2017.07.03.). 이로써 자유한국당은 제7회 지방선거에서 홍준표 체제로 선거를 치르게 된다.

인적쇄신, 친박 색깔 지우기

홍준표는 이번 지방선거에서 광역단체장 6곳을 지키지 못한다면 대

---

221 한겨레(2017.06.18.) "보수 재건·친박 결별" 홍준표 당대표 출마 선언

표직을 사퇴하겠다며 초강수를 둔다(2017.09.29.). 그리고 이를 실현하고자 친박세력을 청산하고 바른정당 탈당파의 복귀 계획을 세운다(2017.10.14.). 그는 박근혜와 친박 좌장에게 탈당을 권유하면서 중진급 친박 의원들과 크게 대립했다.[222] 그리고 결국 바른정당 탈당파(유승민 계는 복귀하지 않고 국민의당과 합당을 논의한다)가 자유한국당에 복귀한다(2017.11.06.).

그러던 중 아직 남아 있던 홍준표의 대법원 3심 판결 날짜가 정해졌다는 소식이 들려왔다(2017.12.18.). 이 판결에 홍준표 체제의 미래가 달려 있다고 해도 과언이 아니었는데 결과는 3심 무죄였다(2017.12.22.). 이로써 홍준표가 지니고 있던 사법 리스크의 족쇄가 최종적으로 풀린다.[223]

남북 평화 무드 속 지방선거

평창올림픽 분위기가 채 식기도 전인 3월 초였다. 문재인 정부는 남북정상회담을 구체적으로 기획해 나간다(2018.03.29.). 평창올림픽이 개최되기 불과 5개월 전 북한은 6차 핵실험을 강행하며 세계의 불안감을 키운 바 있다(2017.09.03.). 하지만 김정은이 "핵 개발을 중단하고 풍계리 핵 실험장을 폐쇄하겠다"고 선언하면서 남북정상회담을 예고했다(2018.04.21.).[224]

---

222 한국경제(2017.10.17.) 홍준표 "박근혜 출당은 정치적 책임 묻는 것… 서울시장 후보에 경제인 영입"
223 한겨레(2017.12.22.) 대법, 홍준표 '성완종 리스트 의혹' 무죄 확정
224 동아일보(2018.04.23.) 靑내부 "풍계리 폐쇄 카드, 남북회담 이후 꺼낼줄 알았는데…"

성사된 정상회담에서 종전과 한반도 비핵화 목표를 확인하는 판문점 선언을 하며 남북평화무드가 형성된다(2018.04.27.). 또 얼마 후 제2차 정상회담이 즉흥적으로 열려 앞으로 있을 북미 정상회담과 남북관계 개선을 더욱 기대하게 했다(2018.05.26.).[225] 이에 따라 문재인 정부의 국정 지지율은 긍정평가가 부정평가를 압도하는 상황이 연출된다.[226] 그리고 여당인 더불어민주당의 지지율도 매우 높은 수준을 유지했다.

그러나 홍준표 체제는 선거 전략으로 색깔론을 고집하며 악수를 둔다. 홍준표는 남북정상회담에 대해서도 '위장평화쇼'라 지칭하며 공세를 펼쳤다.[227] 그러나 이러한 전략은 당시 지지를 받지 못했다. 당의 지방선거 슬로건을 '나라를 통째로 넘기시겠습니까'로 정했다가 당 안팎의 비판을 받고 슬로건을 교체하기도 했으며[228] 급기야 후보들이 홍준표 당대표의 유세를 거부하는 사태까지 일어난다.[229]

결국 제7회 지방선거는 보수정당의 역대급 패배로 기록됐다 (2018.06.13.).[230] 광역단체장 6석 이상이 목표라고 했던 홍준표는 2석 (대구시장, 경북도지사) 획득에 그치며 선거 다음 날 당대표직 사퇴 입장을 밝힌다. 그리고 미국으로 출국했으나 "추석 전 제사를 지내러 들어온다"라 밝혀 향후 정계 복귀 가능성을 열어두었다(2018.07.11.).

225 연합뉴스(2018.04.28.) 베일 벗은 김정은, 합의 이행 열망 표출로 남북관계 속도내나
226 연합뉴스(2018.05.04.) 문대통령 국정지지도 83%… 취임 1년 역대 대통령 중 최고[갤럽]
227 동아일보(2018.03.07.) 홍준표 "남북정상회담? 지방선거용 희대의 위장 평화 쇼… 또 속으면 바보"
228 JTBC(2018.05.02.) 홍준표 '나라를 통째로' 선거 슬로건… 당내서도 교체 요구
229 중앙일보(2018.06.04.) 홍준표, 선거 지원 유세 중단 선언… '패싱' 의식?
230 경향신문(2018.06.13.) '역대급 참패' 홍준표 "내가 모든 책임 지겠다"

〈 구간1. 홍준표 테마주 주가상승률 〉

- 2017년 7월 3일 – 자유한국당대표 선출
- 2017년 12월 22일 – 대법원 3심 무죄
- 2018년 6월 13일 – 제7회 전국동시지방선거

	OQP		세우글로벌	
	주가	코스닥	주가	코스피
2017.07.03.	2,435	660.97	1,870	2,394.48
2017.12.22.	−15.2%	+15.2%	−9.4%	+1.9%
2018.06.14.	−5.5%	+30.8%	−4.0%	+1.2%
구간1. 평균 상승률	−4.8%			

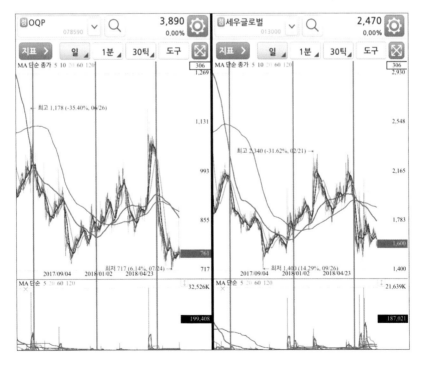

차트와 함께 보기① 대선 초반, 낮은 지지율, 큰 관심 無

해당 구간에서 홍준표 테마주는 별로 관심받지 못했다. 아직 대선 초반이었으며 긍정적인 방향으로 정국을 주도한 것도 아니었다. 홍준표 테마주는 지방선거 직전이 되어서야 상승을 시작했으나 폭이 크지 않았으며 선거 완패로 주가는 급락한다.

그래도 한 가지 체크할 사건은 있었다. 홍준표의 재판 3심 결과였다. 무죄판결로 재판 당일 홍준표 테마주는 높은 고점을 기록하며 움직인다. 그러나 매도세에 밀려 주가 급등은 없었다. 즉, 무죄판결이 주가 상승을 보장하는 것이 아니라는 점을 보여주는 사례였다.

홍준표는 1심 유죄 → 2심 무죄 → 3심 무죄의 과정을 거쳐 재판리스크가 사라졌다. 그리고 확실한 주가 상승이 있던 것은 2심뿐이었다. 이는 판결이 뒤집혀 언론 보도량과 관심도가 크게 늘었기에 가능했던 것이다. 막연하게 "2심 무죄 때 상한가를 찍었으니 3심 무죄에도 주가가 크게 상승할 거야" 또는 "3심 무죄로 재판리스크가 최종적으로 사라졌으니 2심 때보다 주가가 더 오를 수 있어"라는 정보나 판단은 매우 위험하다.

 **구간2 원외 활동기**

정계 복귀 선언, 그러나 멀어지는 관심

홍준표는 약 2개월간의 미국 체류를 끝내고 SNS를 통해 귀국 일정을 발표한다(2018.09.08.). 공항에서 진행된 기자회견 중 전당대회 출마에 대한 질문에 "당권을 잡으려고 새롭게 정치하는 것은 아니라고 생각한다"

며 당권 도전에 선을 그었다(2018.09.15.). 대신 보수 성향 포럼을 발족할 것이라고 언론에 밝혔으며 유튜브 채널 '홍카콜라'를 통해 원외에서 적극적으로 활동하는 등 SNS로 정계 복귀를 선언한다(2018.11.20.).[231] '홍카콜라'는 10만 구독자를 넘기며 개설 초반 언론의 주목을 받는데 유시민의 유튜브 채널 '알릴레오'와 경쟁 구도를 만든 것 역시 재미있는 관전 포인트였다.

그러나 원외 활동에는 한계가 있었다. 자유한국당 전당대회가 다가오자 정치권의 관심은 정계 입문 초읽기를 하던 황교안으로 향한다. 황교안은 홍준표가 대표 시절부터 견제해왔던 인물이다. 홍준표는 지난 지방선거에서 황교안의 서울시장 출마설을 다시 탄핵 선거가 될 수 있다며 일축한 바 있다(그러나 서울시장 후보로 탄핵 반대를 외치던 김문수가 공천되었다).[232] 공교롭게도 황교안은 탄핵정국 이후 보수 진영 후보로서는 처음 여야 통합 여론조사에서 1위를 차지한다. 이 때문에 홍준표는 정치권의 관심에서 더욱 멀어진다(2019.01.29.). 또한 황교안 선출은 훗날 홍준표가 탈당하는 원인이 되기도 한다.[233]

〈 구간2. 홍준표 테마주 주가상승률 〉

- 2018년 9월 08일 − 귀국 선언
- 2019년 1월 29일 − 황교안, 전당대회 출마 선언, 여야 통합 여론조사 1위

---

231 조선일보(2018.11.20) 홍준표 "좌파 광풍시대 끝내겠다… 현실정치 복귀"
232 한국경제(2017.09.29) 홍준표 "서울시장 후보, 황교안은 절대 아니다"
233 중앙일보(2020.03.12.) 홍준표 "내 탈당은 황교안 탓" 무소속으로 대구 출마 선언

• 2020년 2월 3일 – 총선 출마 선언

	OQP		세우글로벌	
	주가	코스닥	주가	코스피
2018.09.07.	2,170	818.86	1,665	2,281.58
2019.01.29.	+111.1%	−13.2%	+41.1%	−4.3%
2020.02.03.	−25.1%	−12.4%	+7.8%	−3.4%
구간2 평균 상승률	−8.7%			

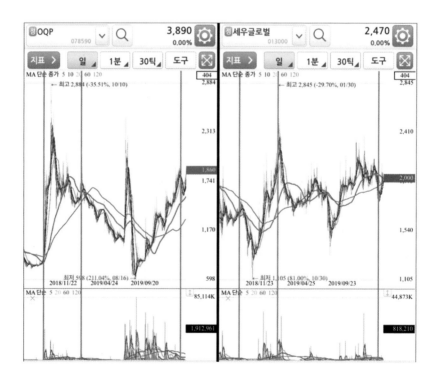

차트와 함께 보기② 유력 대선후보의 귀국, 정치테마주 호재?

홍준표가 귀국을 선언한 날 이후 OQP(당시 두올산업)가 연속 상한가를 기록하며 급등한다. 해외에서 잠행기를 보내던 유력 후보가 귀국하면서 테마주가 급등하는 것을 여러 번 목격했기에 정치테마주로서의 움직임을 의심할 수도 있었다(18대 대선 직후 안철수, 제20대 총선 이후 문재인, 그리고 제21대 총선 직전 귀국한 안철수의 테마주가 급등한 바 있다).

그러나 같이 테마주로 분류된 세우글로벌은 홍준표의 귀국 직후 오히려 폭락했다. 또한, 당시 홍준표는 지지율이 미약했으며 불과 3개월 전 지방선거의 패장이었다. 따라서 정치테마주라서 급등했다는 것은 믿기 어려웠다.

사실 이날은 당시 두올산업의 최대 주주 변경 및 주식 양수도 계약 공시가 있었던 날이다(2018.09.08.).[234] 또한 OQP의 7월 초 급등 역시 같은 맥락이었다. OQP의 유상증자 공시(2019.07.08.)와 대규모 자금 조달 및 가상화폐거래소 빗썸을 인수하려는 기업의 지분을 57퍼센트 획득했다는 소식(2019.07.09.) 때문에 주가가 움직인 것으로 보인다.[235]

해당 구간은 홍준표가 어떠한 정치적 명함 없이 원외에서 정치 활동을 하던 시기였다. 원외 정치는 원내 정치에 비해 주목받기가 쉽지 않다. 또한, 지난 선거의 패장이었기에 더욱 어려울 수 있었다. 이 때문에 홍준표 테마주는 정치테마주로서 크게 두각을 보이지 못한다.

---

234 이데일리(2018.09.08.) [재송] 7일 장 마감 후 주요 종목뉴스
235 한국경제(2019.07.09.) 두올산업 '빗썸' 품는다

총선 공천 과정의 불협화음

홍준표는 본인의 고향 창녕에서 마지막 정치를 하고 싶다고 밝히며 예비후보 등록을 마친다(2020.02.03.). 그러나 황교안 지도부와 김형오 공천위원장은 중진에게 험지에 출마하라고 권고해 왔으며 홍준표에게는 서울 강북 지역 출마를 요청했다. 하지만 홍준표는 인터뷰에서 "김 위원장께서 서울 출마를 권유했는데 난 고향 출마에 대한 마음에 변함이 없다"고 밝힌다(2020.02.09.).[236]

지도부의 요청을 거부한 홍준표의 공천 탈락 가능성이 제기되기 시작했다.[237] 이에 홍준표는 김두관(더불어민주당 소속의 경남도지사 출신 인물이다. 한때 친노-친문의 핵심이자 대권후보로 거론되기도 했다)이 출마함으로써 험지로 분류된 경남 양산에 출마한다는 타협안을 제시한다(2020.02.11.).[238] 하지만 타협안은 받아들여지지 않았고 결국 홍준표는 공천 컷오프를 당하고 만다(2020.03.05.).

공천에서 탈락한 홍준표는 기자회견을 열어 탈당과 함께 무소속 출마를 선언한다(2020.3.12.). 기존에 준비하던 지역구가 아닌 타지에서 무소속으로 출마한 홍준표는 조직력이 떨어질 수밖에 없는 상황이었다. 또한, 미래통합당 소속 후보(이인선)와 보수 표심이 갈라져 치열한 접전을 이어나가게 된다. 하지만 홍준표는 2.74퍼센트포인트 차이로 신승을

---

236 연합뉴스(2020.02.08.) 홍준표 "김형오가 서울 강북 험지 출마 권유… 너무 늦었다"
237 MBC(2020.02.11.) 홍준표·김태호에 최후통첩… "오늘까지 답하라"
238 한국일보(2020.02.11.) 홍준표 "PK 험지 양산 출마는 가능"… 공관위에 타협안 제시

거두며 원내에 재입성한다(2020.04.15.). 야권의 대선 후보군이 낙선(황교안, 오세훈) 혹은 불출마(유승민, 안철수)한 상황이라 홍준표의 입지는 이전보다 상승한다.[239]

〈 구간3. 홍준표 테마주 주가상승률 〉

- 2020년 2월 3일 – 총선 출마 선언
- 2020년 3월 5일 – 홍준표, 양산을 공천 컷오프
- 2020년 3월 12일 – 홍준표, 미래통합당 탈당 및 대구 출마 선언
- 2020년 4월 15일 – 대구 수성을 국회의원 당선

	OQP		세우글로벌	
	주가	코스닥	주가	코스피
2020.02.03.	1,625	646.85	1,795	2,118.88
2020.03.05.	32.3%	+0.5%	+5.6%	−1.6%
2020.03.12.	+49.8%	−12.9%	−10.9%	−13.4%
2020.04.14.	+170.5%	−5.7%	+3.6%	−12.4%
구간3. 평균 상승률	+87.1%			

차트와 함께 보기③ 강력한 상승 시그널, 탈당

탈당이라는 재료가 정치테마주에서 매우 큰 호재로 작용한다는 것은 앞서 여러번 설명했다. 홍준표는 총선에 출마하고자 탈당했으며 이후

---

239 연합뉴스(2020.04.17.) 희비 엇갈린 여야 잠룡들… 김부겸 지고 홍준표 뜨고

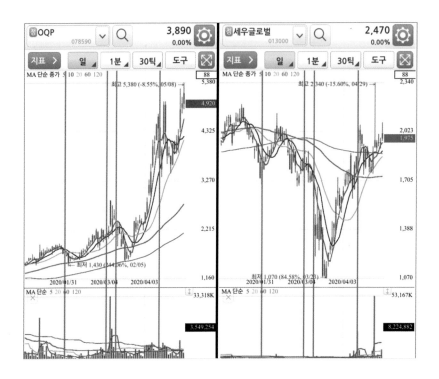

홍준표 테마주가 움직이기 시작한다. 그러나 코로나 탓에 증시가 폭락한 여파가 있어 이제까지와는 다소 다른 양상으로 진행된다.

일반적으로 탈당 가능성이 제기되면 주가가 조금씩 상승하다가 탈당 직후 급등한다. 그러나 홍준표 테마주는 출마 지역구 문제로 공관위와 갈등을 겪는 과정에서 탈당 가능성이 돌긴 했으나 이렇다 할 주가 상승이 없었다. 또한, 탈당 직후 주가가 움직이는 듯싶었으나 코로나발 주가 폭락장에 휘말려 하락한다. 하지만 지수 회복장 속에서 OQP 주가가 크게 급등한다.

물론 같은 정치테마주에 속하는 종목이라고 해서 모든 재료에 동일하게 움직이는 것은 아니다. 하지만 탈당은 매우 큰 호재에 속하기에 비교적 유사한 움직임을 보여준다. OQP만 급등한 것은 기존 탈당과는 다소 다른 점이었다.

이후의 흐름

홍준표는 그동안 무소속 신분으로 당 밖에서 정치 활동을 펼쳐왔다. 그럼에도 여론조사에 집계돼 범야권 2, 3위를 기록하며 일정 지지율을 유지하고 있다. 또한 지난해 9월 함께 탈당한 무소속 김태호가 복당 신청서를 접수하면서 홍준표의 복당이 점쳐지기도 했다.[240] 앞의 〈홍준표 테마주 전기간 주가 추이〉를 보면 이 때문에 한 차례 급등한 것을 확인할 수 있다.

하지만 국민의힘 김종인 비상대책위원장의 임기 중에는 쉽지 않았다. 김종인 비대위원장은 당내 인물을 발굴하는 데 집중하며 홍준표와 안철수 등 당 밖의 인사들에 대한 질문 공세에 불편한 기색을 드러내기도 했다.[241] 따라서 김종인 비대위원장의 임기가 끝난 이후부터 홍준표 복당에 대한 논의가 본격적으로 시작될 수 있었다.[242]

그러나 홍준표 테마주로 가장 잘 알려진 OQP와 세우글로벌이 상장폐지 사유가 발생하며 거래가 정지되는 변수가 발생했다. 이후 김종인 비대위원장이 사퇴를 발표하며 홍준표 복당 가능성이 올라가게 된다. 그의

---

240 중앙일보(2020.09.17.), 권성동 복당한 날 김태호 복당신청… 홍준표는?
241 서울경제(2020.12.28.) [단독] 김종인, 홍준표·김태호·윤상현 '복당불가'… 이대로 보궐선거 치른다.
242 한겨레(2021.04.09.) 홍준표, '복당 걸림돌' 김종인 떠난 국민의힘 돌아갈까

복당 시점이 가시화된 만큼 충분한 상승 재료로 예상되었다. 추후 새로운 종목이 홍준표 테마주 이름을 달고 급등락 할 가능성이 커져 갔다.

최근 OQP와 세우글로벌이 거래정지되며 홍준표 테마주의 대체재로서 한국선재와 경남스틸이 주목받았다. 이후 해당 종목의 주가가 가파르게 상승했으며 홍준표의 복당 직후 재료 소멸로 한풀 꺾인 모습을 보이고 있다. 이후 추가적인 재료 형성 가능성은 홍준표의 지지율과 경선 과정에 달려 있다고 볼 수 있다. 아직 홍준표의 지지율은 1위 윤석열과 격차가 꽤 큰 편이며 유승민계로 분류되는 이준석이 국민의힘 당대표직에 선출된 이후 유승민이 홍준표를 바짝 추격하고 있다.[243] 정치적 유불리에 따라 셈법이 복잡하므로 테마주는 각별한 주의해야 한다.

황교안

황교안은 박근혜 정부의 초대 법무부장관이자 마지막 국무총리다. 또한, 국정농단 사태로 박근혜 대통령 탄핵안이 국회에서 가결된 이후 대통령 권한대행으로서 국정 운영 경험을 쌓기도 했다. 그는 권한대행 시기 박영수 특검 연장을 거부하는 등의 행보로 보수층의 지지를 얻었다. 특히 반기문 UN사무총장의 불출마 이후 짧게 보수 진영 지지율 1위를 기록한 적도 있으며 대선 출마에 대해서는 모호한 입장으로 일관해 대선 출마설이 불거지기도 했다.[244] 그리고 황교안은 이번 대선에 들어 처음으로 여야 통합 1위를 기록한 야권 후보가 된다. 그 시작점인 정계 입문 과정부터 살펴보겠다.

243 한국일보(2021.07.06.) 與 정세균, 野 홍준표·유승민 상승세… 2·3위 경쟁 치열
244 한겨레(2017.02.03.) 황교안, 대선출마 묵묵부답… 야 "권한대행일 뿐" 연일 비판

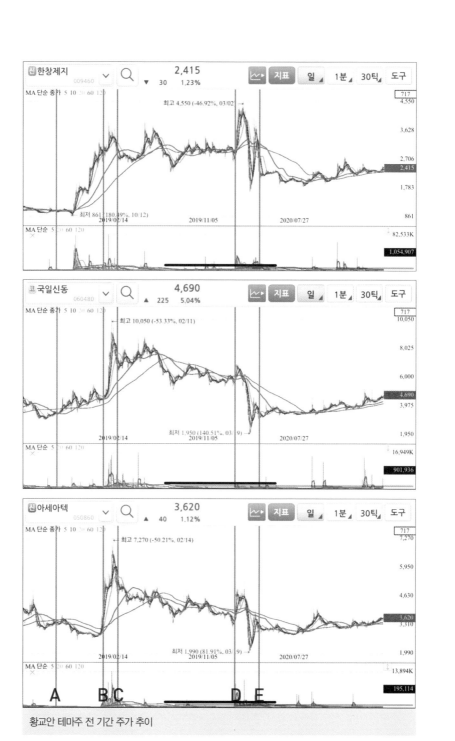

황교안 테마주 전 기간 주가 추이

	일자	비고
A	2018.08.24.	《황교안의 답》 출간
B	2019.01.15.	자유한국당 입당
C	2019.02.27.	자유한국당 당대표 당선
D	2020.02.09.	보수통합, 자유한국당–새로운보수당 합당
E	2020.04.15.	제21대 국회의원 선거

 정계 입문

서울시장 선호도 조사, 보수진영 1위

제19대 대선이 끝나고 지방선거를 1년여 앞둔 시점이었다. 리얼미터는 '지방선거의 꽃'이라고 할 수 있는 차기 서울시장에 대한 여론조사를 발표했다(2017.06.20). 해당 조사에서 황교안은 13.9퍼센트의 지지율로 보수 진영에서 1위를 기록한다. 지난 대선에서 대통령 권한대행직을 수행하며 보수층의 지지를 받아 대권 가능성까지 점쳤던 적이 있었기에 황교안의 정계 입문에 관심이 쏠렸다.[245]

리얼미터 여론조사	박원순	이재명	황교안	유승민
2017년 07월 20일	25.5%	19.0%	13.9%	10.2%

차기 서울시장

---

245 뉴스1(2017.06.22.) 황교안 서울시장 출마?… SNS에 문정인 발언 비판

그러나 당시 자유한국당 지도부는 홍준표 체제였다. 홍준표는 황교안 영입설에 대해 "그가 나오면 다시 탄핵선거가 될 수 있다"며 서울시장 출마 가능성을 일축한다(2017.09.29.).[246] 그리고 황교안 역시 서울시장 불출마 선언을 하며 정치권과 선을 긋는 모습을 보여준다(2018.03.13.). 그러나 보수층이 그에게 건 기대가 여전히 식지 않았음을 보여주는 장면이었다.

《황교안의 답》 출간

제7회 지방선거는 자유한국당의 역사적인 패배로 마감한다 (2018.06.13.). 이로써 지방선거를 지휘한 홍준표가 당대표직을 사퇴하게 되며 자유한국당의 새로운 지도부가 누구일지에 관심이 집중되는데 이때 황교안이 다시 주목받는다.[247]

이렇게 황교안의 정계 입문 가능성에 대한 이야기가 돌고 있는 와중 그의 저서 《황교안의 답》이 출간된다(2018.08.24.). 이 책에는 본인에 대한 소개와 여러 정치 현안에 대한 생각이 담겨 있었다. 안철수와 문재인이 저서를 출간하며 정치 활동의 신호탄을 쏘아 올린 것과 같은 맥락으로 비쳤다.[248] 또한, 홍준표가 사퇴한 이후 당을 이끌던 김병준 비상대책위원장이 황교안과 회동하면서 입당을 권유해 정계입문설은 더욱 거세진다(2018.10.18.).

이러한 상황 속에서 리얼미터가 발표한 여론조사는 황교안의 정계 입

---

246 한국경제(2017.09.30.) 홍준표 "서울시장 후보, 황교안은 절대 아니다"
247 한국경제(2018.06.14.) "외부 인사에 당 혁신 맡겨야"… 황교안·김병준 등 영입 거론
248 한국일보(2018.09.07.) 황교안 출판 기념회… 정치 몸풀기 전주곡

문 가능성에 날개를 달아주었다. 보수 진영 1위는 물론이며 여야 통합 조사에서도 이낙연에 이어 전체 2위를 기록한 것이다(2018.12.04.).

리얼미터 여론조사	이낙연	황교안	박원순
2018년 12월 4일	15.1%	12.9%	8.7%

95% 신뢰수준에 2.0%p, 18.11.26~30 조사

자유한국당 입당, 그리고 당대표직 당선

결국, 황교안은 자유한국당에 입당(2019.01.15.)하고 얼마 지나지 않아 전당대회에 출마하겠다는 의사를 밝힌다(2019.01.29.). 그리고 같은 날, 여야 통합 대선 후보 지지도 1위를 처음으로 기록한다.[249] 탄핵정국 이후 여야 통합 여론조사에서 더불어민주당 후보에게 1위 자리를 계속 빼앗겨 왔었기 때문에 매우 의미 있는 여론조사였다.

리얼미터 여론조사	황교안	이낙연	이재명
2019년 1월 29일	17.1%	15.3%	7.8%

자유한국당 당대표 선거는 '황교안 / 비박계(오세훈) / 친박계(김진태)'의 3파전으로 진행됐다. 오세훈은 총 선거인단 중 높은 비중을 차지하고 있는 당내 선거인단 투표율에서 황교안에게 크게 밀렸다.[250] 이는 친

---

249 조선일보(2019.01.29.) 황교안, 차기 대선주자 선호도 1위… 이낙연 2위
250 한국경제(2019.02.22.) 한국당 지지층 '황교안 압도적 1위'… 일반 국민 '오세훈 1위'

박 지지층이 김진태로는 중도 확장성이 약하다고 판단해 박근혜 정부의 마지막 국무총리이자 최근 여론조사에서 두각을 보인 황교안을 대안으로 선택한 것으로 보인다.[251] 최종적으로 황교안은 50퍼센트의 지지를 받으며 자유한국당대표로 선출된다(2019.02.27.).[252]

〈 구간1. 황교안 테마주 주가상승률 〉

- 2018년 8월 24일 – 《황교안의 답》 출간
- 2018년 10월 18일 – 김병준 비대위원장, 황교안 입당 권유
- 2019년 1월 29일 – 전당대회 출마 선언, 전체 대권 지지율 1위
- 2019년 2월 27일 – 자유한국당대표 선출

	한창제지		국일신동		아세아텍	
	주가	코스피	주가	코스닥	주가	코스닥
2018.08.24.	1,010	2,293.32	3,465	798.23	3,460	798.23
2018.10.18.	+25.7%	−6.3%	+39.0%	−8.4%	−9.7%	−8.4%
2019.01.29.	+250.5%	−4.8%	+96.5%	−10.9%	+44.5%	−10.9%
2019.02.27.	+174.3%	−2.6%	+91.9%	−5.8%	+48.0%	−5.8%
구간2. 평균 상승률	+104.7%					

---

251 오마이뉴스(2019.02.27.) '어대황' 실현한 황교안, '황나땡'은 어쩌나
252 한겨레(2019.02.27.) 황교안, 한국당 당대표 당선… '탄핵 그늘' 걷어낼까

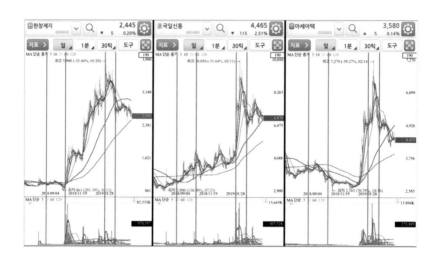

차트와 함께 보기① 정계입문 및 당대표 선거 재료

황교안의 정계 입문 소식에 황교안 테마주는 증시 폭락장임에도 불구하고 이를 역행하며 급등한다. 특히 자유한국당 김병준 비대위원장이 황교안에게 입당을 권유한 이후부터 한창제지의 주가가 가파르게 상승했으며 뒤이어 아세아텍과 국일신동이 차례로 급등했다. 이들은 당대표 선출 직후 재료 소멸로 조정을 겪는다. 다음 재료의 형성은 지지율이나 야권 통합 등 이후 정치 상황에 달려 있다고 볼 수 있었다.

 자유한국당 당대표

2019년 4·3 재보궐선거

총선까지 1년 남은 시점의 마지막 재보궐선거(2019.04.03)였다. 국회의원 지역구로는 경남 지역 2석이 걸려 있는 작은 규모의 선거였다(창원시 성산구와 통영시 고성군 2석). 하지만 황교안이 지휘하는 첫 번째 공식 선거라는 점과 직전 지방선거에서 접전지로 분류되었던 PK 민심을 확인할 수 있는 기회라는 점에서 중요한 선거였다.[253]

황교안이 본격적인 지원 유세를 시작하자 그에 대한 지지율이 상승했다. 황교안은 이낙연 총리를 앞서며 선두권을 달린다. 물론 유시민이 여론조사에 집계되면서 여권 표심이 갈린 것도 영향을 미쳤다.[254]

리얼미터 여론조사	황교안	이낙연	유시민
2019년 3월 5일	17.1%	15.3%	13.2%

선거 결과 통영시 고성군에서는 승리를 거두었으나 창원시 성산구에서는 0.5퍼센트포인트 차이로 패배한다. 하지만 창원시 성산구는 노동계 강세 지역으로 정의당 노회찬 의원이 사망함으로써 발생한 궐석 선거였다. 또한 직전 지방선거에서 자유한국당 후보가 크게 밀린 점을 감안한다면 PK 민심을 일부 회복했다고 해석할 수 있었다(제7회 지방선거 창원시장 성산구 결과: 민주당 54.81%, 자유한국당 37.02%).[255]

대정부 투쟁

당시 여야는 조국 법무부장관 임명, 지소미아 종료, 공수처 출범, 연동형 비례대표 선거법 개정 등 갈등이 극심했다. 황교안 대표는 현

---

253 중앙일보(2019.03.21.) 4·3 재보선 선거운동 시작… 여야, 민심 잡기 총력전
254 헤럴드경제(2019.03.05.) 차기 대선후보 선호도 황교안 1위… 유시민·이낙연 접전
255 조선일보(2019.04.05.) 단일화하고도 1년새 16%p 추락… 범여권 향한 'PK 민심의 경고'

역 의원이 아니었기 때문에 대정부 투쟁 방식으로 원외 투쟁을 시도했다. 조국 법무부장관 임명에 대한 항의로 삭발식을 진행하였으며(2019.09.16.) 지소미아 폐기 및 공수처 반대와 연동형 비례대표 선거법 저지를 주장하며 단식 농성을 시작한다(2019.11.20.). 이 단식은 8일차에 병원으로 후송되면서 중단된다.

이러한 황교안 대표의 적극적인 대정부 투쟁 방식에 대한 여론조사 결과는 '공감한다'가 28.1퍼센트에 불과할 정도로 국민적인 공감을 이끌어내지는 못했다.[256] 그러나 당내에선 황교안 대표가 적극적인 투쟁으로 당권을 다잡았다는 평이 나온다.[257] 이렇게 황교안은 보수 표심 결집에 성공해 20퍼센트 정도의 지지율을 유지하며 야권을 독주한다.

〈 구간2. 황교안 테마주 주가상승률 〉

- 2019년 2월 27일 – 자유한국당대표 선출
- 2019년 4월 3일 – 재보궐선거
- 2019년 11월 29일 – 대정부 투쟁, 단식 농성 중단

---

256 MBC(2019.11.26.) 황교안 패스트트랙 저지 단식투쟁 '공감 않는다 67.3% 〉 공감 28.1%'
257 서울신문(2019.09.16.) 황교안 '조국 정국' 주도권 잡기 삭발… 당내 일각 자충수 우려

	한창제지		국일신동		아세아텍	
	주가	코스피	주가	코스닥	주가	코스닥
2019.02.27.	2,770	2,234.79	6,650	752.16	5,120	752.16
2019.04.03.	+1.8%	−1.4%	+9.8%	−0.3%	−10.2%	−0.3%
2019.11.29.	+17.3%	−6.6%	−11.3%	−15.8%	−26.1%	−15.8%
구간2. 평균 상승률	−6.7%					

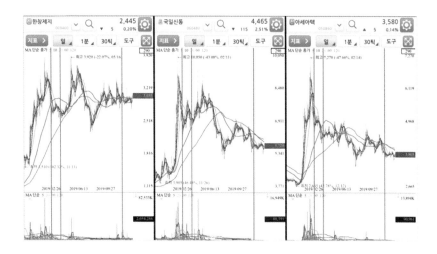

차트와 함께 보기② 여권 테마주로의 자금 유출

황교안은 당대표직을 수행하면서 지지율 1위를 기록한 적도 있으며 재보궐선거에서 유의미한 성과를 거두기도 한다. 그러나 황교안 테마주는 당대표 선출 이후 추가 상승 없이 침체기를 맞는다.

이러한 상황은 여야 1위 후보인 이낙연과 황교안을 비교한다면 이해가 간다. 당초 이 둘의 지지율은 비슷한 수치였다. 그러나 해당 구간에서 비문 계열 이낙연은 문재인 정부의 초대 국무총리로서 친문 표심을 점차 흡수해 갔고 지지율 30퍼센트에 육박하는 대선 후보로 성장한다. 반면 황교안은 기존 보수층 결집에 그치며 지지율 통합 1위를 기록할 당시에도 수치적으로 큰 변화가 없었다.

따라서 자금이 이낙연으로 쏠린 것으로 보인다. 실제로 지난 구간에서 황교안과 이낙연 테마주는 모두 급등했다. 하지만 이낙연 테마주는 이번 구간에서도 장기간 급등을 이어갔으며 사이사이 여권 인사(유시민, 조국)들의 테마주가 움직였다. 반면에 황교안 테마주는 당대표 선거 이후 추가 재료 생성에 실패한다.

 **구간3 제21대 국회의원 선거**

미니 대선, 종로구 맞대결

황교안은 제21대 총선을 앞두고 수도권 험지 출마를 선언한다 (2020.01.03.). 원내로 입성해 대선 교두보를 확보하겠다는 전략과 당의 중진에게 수도권 험지 출마를 요청하는 명분이었다. 다만 출마 지역을 구체적으로 밝히지 않아 그의 출마지에 관심이 쏠렸다.

당시 지지율 1위를 기록 중인 이낙연이 종로구에 출마하겠다고 선언하면서 상대 후보로 야권 1위 황교안이 거론된다. 그러나 황교안은 여론조사상 이낙연에게 확실한 약세였기에 종로구 출마에 선뜻 응하지 않는다.[258] 일각에서는 당선 가능한 험지를 찾는다는 비판이 나오기도 했

---

258 연합뉴스(2020.02.05.) 황교안 출마지 미궁… '종로 대타' 김병준·전희경·홍정욱 거론

다.[259] 당시 자유한국당의 공천권은 김형오 전 국회의장이 가지고 있었다. 김형오는 황교안에게 종로구 출마가 아니라면 불출마하라며 강하게 압박한다.[260] 결국, 황교안은 다음 날 기자회견을 열고 종로구 출마를 선언함으로써 정치적 승부수를 던진다(2020.02.07.). 이로써 정치 1번지 종로에서 여야 1위 간의 빅매치가 성사됐다. 이번 선거 결과에 따라 앞으로의 대권 지형이 변화될 전망이었다.[261]

미래통합당 출범

총선은 코로나 정국 속에서 진행되었다. 초반에는 코로나 대응 실패 프레임 및 정부 책임론이 유효해 야당 지지율이 여당을 따라 붙었다.[262] 그러나 유럽이나 일본 등 타국가에 비해 상대적으로 코로나를 안정적으로 관리하는 상황이 이어지며 판세는 역전되었다. 또한, 신천지발 코로나 집단 감염 사태도 정부의 방역 실패가 아닌 개별 집단의 일탈 행위로 여론의 포화가 집중됐다.[263]

이러한 상황 속 자유한국당은 총선 승리를 위해 보수대통합카드를 꺼내든다. 황교안은 유승민이 요구한 보수재건 3원칙을 포괄하는 혁신통합추진위원회의 6대 원칙에 동의하면서 보수 통합의 물꼬를 튼다(2020.01.13.). 이에 대해 유승민 역시 합당에 응하며 계파를 가리지 않

---

259 연합뉴스(2020.02.06.) 황교안 '장고'에 커지는 비판론… "말은 이순신, 행동은 원균"(종합)
260 중앙일보(2020.02.07.) [단독] "황교안, 종로 아니면 불출마하라" 당 공관위 최후통첩
261 연합뉴스(2020.02.07.) 황교안, 결국 종로 출마 선언… 이낙연과 '총선 빅매치' 성사
262 뉴스1(2020.03.12.) 민주당 40.2% vs 통합당 32.5%… 지지율 격차 7.7%p로 좁혀져
263 한국경제(2020.03.06.) 메르스 땐 朴 지지율 폭락… 코로나19엔 文 지지율 오히려 상승

고 도울 것을 약속한다(2020.02.09.). 이로써 미래통합당이 출범하며 선거 반전을 노렸다.[264]

그러나 제21대 총선은 보수 정당으로서는 역대 가장 적은 의석수(103석)를 가져 가며 역사에 남을 대패로 끝난다(2020.04.15.).[265] 황교안은 당을 이끌던 대표로서 책임을 져야 했고 종로에서 이낙연에게 18.4퍼센트포인트의 큰 격차로 패배하는 바람에 정치적 입지가 추락한다. 황교안은 총선 당일 밤 긴급 기자회견을 열고 사퇴한다.[266]

리얼미터 여론조사	황교안	이낙연	이재명
2020년 3월 31일 (21대 총선 직전)	19.4%	29.7%	13.6%
2020년 4월 28일 (21대 총선 직후)	6.0%	40.2%	14.4%

〈 구간3. 황교안 테마주 주가상승률〉

• 2020년 1월 3일 − 수도권 험지 출마 선언

• 2020년 2월 7일 − 종로구 출마 선언

• 2020년 2월 9일 − 자유한국당−새로운보수당 합당

• 2020년 4월 15일 − 21대 총선 낙선, 대표직 사퇴

---

264 연합뉴스(2020.02.17.) 보수분열 3년만에 미래통합당 출범… 총선앞 '정권심판' 단일대오
265 MBC(2020.04.16.) [선택2020] 180석 거대 여당 탄생… 통합당 '기록적' 참패
266 연합뉴스(2020.04.16.) 황교안 "모든 책임 짊어지겠다"… 총선 참패에 당 대표 사퇴

	한창제지		국일신동		아세아텍	
	주가	코스피	주가	코스닥	주가	코스닥
2020.01.03.	2,905	2,176.46	5,700	669.93	3,820	669.93
2020.02.07.	−1.9%	+1.6%	+0.4%	+0.4%	−9.3%	+0.4%
2020.02.10.	+10.2%	+1.1%	+17.5%	+0.9%	+17.8%	+0.9%
2020.04.16.	−28.4%	−14.7%	−48.9%	−6.9%	−16.2%	−6.9%
구간3. 평균 상승률	−31.2%					

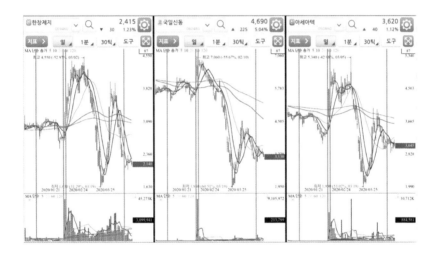

차트와 함께 보기③ 보수 통합 재료

황교안이 고심 끝에 종로 출마를 선언해 여야 1위 간의 빅매치가 성사된다. 그러나 종로 출마는 강한 상승 재료가 되기에 다소 부족했다. 출마설이 이전부터 꾸준히 제기돼 왔으며 상대가 당시 대세론을 형성한 이낙연이기에 당선을 낙관하기 어려웠다. 따라서 재료 소멸이 발생할 여지가 컸다. 당일 앞의 세 종목 역시 모두 고점을 기록했으나 강한 매도세에 밀려 미미한 주가 상승에 그쳤다.

하지만 이틀 후 성사된 보수 통합 덕분에 황교안 테마주는 긴 주가 침체를 끝내고 폭등한다. 탄핵정국 이후 줄곧 보수 통합 논의가 있었으나 번번이 실패해 왔다. 따라서 힘겹게 이루어진 통합은 어두워진 선거 판세 중에 반전을 기대하게 하기에 충분했다.

차트와 함께 보기④ 지수 악재와 총선 패배

그러나 통합의 기쁨도 잠시였다. 코로나발 증시 폭락장으로 황교안 테마주는 급락한다. 보수 통합으로 주가가 급등한 지 얼마 안 된 시점이었기에 투자자들의 피해가 더욱 막심했을 것으로 추정된다. 증시 회복기에 한창제지를 중심으로는 주가를 상당히 회복했으나 다른 종목은 두드러지게 회복하지 못했다. 또한, 선거 전망은 코로나 사태로 더욱 어두워졌고, 결국 총선 직전 재차 폭락한다. 황교안은 총선 패배에 대한 책임을 지고 정계 일선에서 물러나며 테마주 역시 장기간 침체에 빠진다.[267]

이후의 흐름

황교안은 총선 완패로 정계 일선에서 물러난 이후 좀처럼 주목받지 못하고 있다. 게다가 이후 8월에 있었던 대규모 코로나 감염사태의 원

---

267 한국경제(2020.04.16.) '총선 참패에 당대표 사퇴' 황교안 테마주 급락… 한창제지 14%↓

인으로 광복절 태극기 집회가 지목되었다. 이 과정에서 사랑제일교회 전광훈 목사와 황교안의 친분이 드러나 불명예스럽게 재조명받기도 한다.[268]

최근 황교안은 고백록 《나는 죄인입니다》을 출간하며 정치활동을 재개하기 시작했다. 하지만 지난 네 번의 대형 선거(20대 총선, 19대 대선, 7회 지선, 21대 총선)에서 중도적 색채가 옅은 지도부 체제로 패배를 당한 것이 현실이었다.[269] 이 때문에 이전보다 중도 확장성이 높은 후보들에게 이목이 쏠리는 분위기가 감지되고 있다. 2021재보궐선거에서 오세훈과 안철수의 단일화와 당선, 그리고 부산에서 박형준이 당선된 것이 이를 반증한다. 이러한 분위기상 황교안이 대권 후보로 다시 거론되기는 쉽지 않아 보인다.[270] 앞의 〈전 기간 황교안 테마주 주가 추이〉를 보면 테마주 역시 상승 동력이 거의 사라진 모습을 보여주고 있기에 투자에 신중을 기할 필요가 있다.

유승민

유승민은 제19대 대선에서 새누리당과 결별하고 개혁 보수를 주장하며 바른정당의 대선주자로 뛰었다. 그러나 박근혜 탄핵에 동참하는 과정에서 일부 보수층에게 '배신자'로 낙인찍혀 큰 반감을 사기도 했다

268 JTBC(2020.08.20.) 통합당 선 긋지만… 따라다니는 '황교안-전광훈' 꼬리표
269 중앙일보(2019.08.17.) 전국 선거 첫 4연패 위기… 한국당, 문제는 산토끼야
270 경향신문(2021.02.10.) '정계 복귀' 밝힌 황교안… 별로 안 반가운 국민의힘

[271](이 반감은 그 이전인 새누리당 원내대표 시절부터 시작되었으며 탄핵국면에서 극대화됐다). 이후 새누리당 잔존 세력인 자유한국당과의 보수 적통 경쟁을 이어 나가지만 서서히 밀리게 된다. 기존 보수층은 자유한국당을, 중도층은 더불어민주당을 향한 것이 현실이었다.[272]

이에 바른정당은 통합론(자유한국당과 통합)과 자강론(현재의 자유한국당과는 통합불가)으로 갈라져 대선 직전 탈당 사태가 발생하기도 한다. 결국, 자유한국당의 홍준표가 막판 보수집결에 성공해 최종 2위를 차지했고 바른정당의 유승민은 6.76퍼센트 지지율로 4위에 그치며 대선을 마무리했다.

	일자	비고
A	2018.02.11.	바른미래당 출범
B	2018.06.14.	바른미래당 공동대표직 사퇴
C	2020.01.05.	새로운보수당 창당
D	2020.02.09.	보수대통합, 총선 불출마 선언
E	2020.05.26.	대선 출마 선언
F	2020.09.21.	"추석 뒤 활동 재개할 것"
G	2021.03.08.	국민의힘, 오세훈 경선 통과

271 한국일보(2017.03.28.) '배신의 아이콘' 지우고 '보수의 아이콘' 꿈꾸는 유승민
272 경향신문(2017.03.17.) 유승민·남경필 안 뜨고, 보수층은 외면… 바른정당, 최대 위기

유승민 테마주 전 기간 주가 추이

구간1 바른정당에서 바른미래당으로

바른정당 전당대회 출마 선언

제19대 대선이 끝난 후 바른정당 이혜훈 지도부 체제가 출범한다

(2017.06.26.). 이혜훈은 KDI 출신으로 대표적인 유승민계 의원이자 자강론자로서 지난 대선에서 유승민의 완주를 도운 바 있다. 따라서 이혜훈 체제 출범으로 보수 통합보다 자유한국당과의 경쟁에 무게가 실릴 것으로 관측됐다.[273]

하지만 얼마 지나지 않아 이혜훈의 금품 수수 의혹으로 바른정당은 흔들린다. 이혜훈은 곧바로 정면 반박하며 법적 대응을 불사하겠다 밝혔지만 사건은 일파만파 커졌다.[274] 결국, 이혜훈은 해당 의혹 탓에 74일 만에 대표직을 사퇴한다(2017.09.07.).

이혜훈 대표가 사퇴하면서 지도부가 공석이 되자 당은 구심점을 잃는다. 다시 바른정당은 통합론(김무성, 주호영 주축)과 자강론(유승민, 하태경 주축)으로 부딪친다.[275] 이러한 상황 속 유승민은 "개혁 보수의 희망을 지키겠다"며 전당대회 출마를 공식 선언한다(2017.09.29.).

통합파의 탈당, 그리고 바른미래당 합당

자강론과 통합론 사이의 갈등은 국민의당−바른정당 통합설이 나오기 시작하면서 더욱 심해진다(2017.10.18.).[276] 당시 홍준표 자유한국당 대표는 바른정당과 통합의 전제였던 인적 쇄신을 하고자 친박과 일전을 벌이고 있었다. 즉, 호남 지역 기반 국민의당과의 통합설과 자유한국당의 인적 쇄신 노력은 바른정당 통합파가 자유한국당에 합류할 명분이

---

273 매일경제(2020.06.27.) 이혜훈 "바른정당, 잘 기어다니지도 못해… 자강이 우선"
274 연합뉴스(2017.09.01.) '이혜훈 금품수수 의혹' 파장 커져… 보수개혁 흔들리나
275 헤럴드경제(2017.09.20.) '자강론' VS '통합론', 구애받는 바른정당의 선택은?
276 서울신문(2017.10.19.) 안철수·유승민 손잡나… 새달 '중도 통합' 의견 수렴

됐다.[277]

통합파의 탈당 가능성이 제기되자, 남경필 경기도지사는 통합전당대회(자유한국당과 바른정당이 함께 신당 창당을 위해 여는 전당대회)라는 중재안을 제시한다(2017.11.02.). 하지만 유승민이 이 중재안을 거부하면서 통합파는 다음 날 집단 탈당을 선언한다(2017.11.06.). 이로써 바른정당의 의석수는 20석에서 11석으로 줄어 교섭단체 조건(현역 의원 20인)마저 무너진다.[278]

유승민은 흔들리는 상황 속에서 치러진 전당대회에서 56.6퍼센트를 얻어 당대표로 취임한다(2017.11.13.). 유승민은 당선 후 가진 기자회견에서 "한국당과는 그렇게 교감된 게 없었던 것 같다. 저도 막막하다"고 밝힌 반면 "(국민의당과) 원칙 있고 명분 있는 통합이라면 반대할 것이 없다"고 말한다. 이는 바른정당-국민의당 간의 중도 통합 가능성이 커졌음을 인정한 말이었다.

결국 유승민-안철수 대표는 국회 정론관에서 공동 기자회견을 열어 통합 개혁 신당을 만들겠다고 선언한다(2018.01.18.). 그리고 바른미래당이 공식으로 출범해 향후 지방선거를 기대하게 했다(2018.02.13.).[279]

더불어민주당 강세, 중도층 공략 실패

바른미래당 입장에서 최선의 시나리오는 20대 총선에서 제3지대로서 존재감을 보여준 국민의당 모델이었다. 당시는 박근혜 정부 지지도가

---

277 서울신문(2017.11.03.) '20년 인연' 朴·한국당 결별… 바른정당 8~10명 탈당 초읽기
278 연합뉴스(2017.11.06.) 국회 3개 교섭단체 체제로… 바른정당은 '지위' 상실
279 한겨레(2018.02.13.) 바른미래당 공식 출범… "믿을만한 대안 야당 될 것"

부정 평가가 긍정 평가를 앞지른 상황이었으며 제1야당인 더불어민주당 역시 재보궐선거에서 3연패했고 호남의 반문 정서가 감지된 상황이었다.[280] 국민의당은 당시 정치 환경에 맞춰 두 거대 양당에 지친 무당층을 공략해 정당 지지율 2위를 차지했다. 또한 호남 지역 공략 역시 성공하면서 총 38석을 획득해 돌풍을 일으킨 바 있다.

그러나 상황은 그때와 매우 달랐다. 이번 지방선거의 최대 이슈는 남북정상회담이었다. 이례적인 평화 무드 속에서 문재인 정부 지지율은 고공 행진했다. 국정수행평가에서 긍정적이라고 대답한 층이 리얼미터 기준으로 최대 77.4퍼센트에 달했으며(2018년 5월 첫째주) 이에 따라 여당인 더불어민주당 지지율 역시 상승해 진보층뿐 아니라 바른미래당의 주타깃인 중도 및 무당층까지 흡수해 갔다.[281]

또한 바른미래당은 국민의당과 바른정당이 통합해가는 과정에서 지역 기반을 잃었다(엄밀히 말하면 국민의당이 합당 과정에서 호남 지역 기반을 잃어 마이너스 통합이라는 분석이 있었다).[282] 이에 비해 자유한국당은 안보 이슈를 중심으로 영남 지역과 기존 보수층 지키기에 중점을 두었다. 바른미래당은 영남 지역의 선거 판세마저 어두운 상황이었다.

결국 지방선거 결과 바른미래당은 국회의원, 광역단체장, 기초자치단체장을 단 한 명도 배출하지 못했으며 824석의 광역의원 중 5석을 얻어내는 데 그쳤다(2018.06.13.). 바른미래당은 대안 보수 정당으로서의 역할을 전혀 해내지 못했다. 이에 대한 책임을 지고 유승민은 지방선거 다

280 뉴스1(2016.09.04.) 4당 구도 속 '제3지대론' 왜?… 성공 가능성은?
281 리얼미터(2018.05.08.) 文 대통령 지지율 77.4%… 취임 직후 지지율 회복
282 조선일보(2018.02.09.) 장병완 "바른미래당 지지율, 두 정당 합보다 낮아… 마이너스 통합 확인"

음 날 공동대표직 사퇴 의사를 표명한다(2018.06.14.).[283]

〈 구간1. 유승민 테마주 주가상승률 〉

- 2017년 9월 29일 – 유승민, 전당대회 출마 선언
- 2017년 11월 13일 – 바른정당, 유승민 대표 선출
- 2018년 2월 11일 – 바른미래당 출범
- 2018년 6월 13일 – 제7회 전국 동시 지방선거

	대신정보통신		삼일기업공사	
	주가	코스닥	주가	코스닥
2017.09.29.	1,020	652.82	2,920	652.82
2017.11.13.	+0.0%	+13.6%	+6.2%	+13.6%
2018.01.18.	+23.0%	+37.6%	−4.1%	+37.6%
2018.06.14.	+11.3%	+32.4%	14.4%	+32.4%
평균 상승률	+12.9%			

---

283 경향신문(2018.06.14.) 바른미래당 유승민 '지방선거 참패' 책임 대표직 사퇴 표명

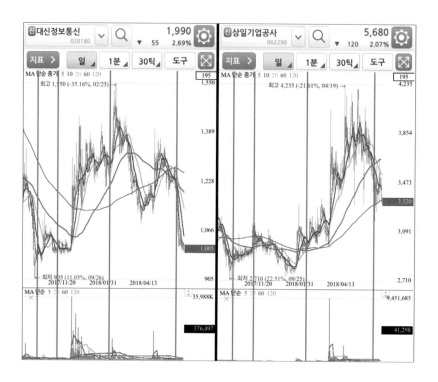

차트와 함께 보기① 바른미래당 출범, 그러나 재료로 인식X

대선 이후 지수가 가파르게 상승했음에도 불구하고 인상적인 주가 상승률을 보여주지 못했다. 정치권에서 바른정당과 국민의당의 통합은 꽤 큰 이슈였고 정치 지형 변화에 대한 기대감 역시 컸다. 그러나 테마주 시장은 지금 시점의 유승민에게 큰 관심이 없었다. 바른미래당 출범 또한 큰 재료로 인식되지 못했다. 다만 이후 바른미래당의 지지율이 유의미한 수치를 기록해 자유한국당을 대체할 만한 행보를 보여준다면 테마주는 이에 반응하리란 예상이었다.

하지만 선거 결과 바른미래당의 참패였으며 더불어 지수까지 침체했다.

악재뿐인 상황 속에서 유승민 테마주가 움직일 리는 없었다. 또한 두 테마주의 움직임 역시 일치하지 않아 정치테마주로서 관심도는 크지 않았다.

 **보수 대통합 가능성, 그러나 새로운 보수당**

흐지부지된 보수 대통합

2017년 대선에 이어 지방선거에서도 보수 진영은 역대급 참패를 당했다. 바른미래당은 존폐를 걱정해야 하는 위기에 빠졌으며 자유한국당 역시 고정 지지층만 지켰을 뿐 위태로운 상황인 것은 마찬가지였다.

이러한 상황 속에서 역시나 보수 대통합 시나리오가 등장한다. 자유한국당 김병준 비상대책위원장이 보수 대통합을 주장하니 당 밖에 있던 황교안과 유승민이 다시금 세간의 주목을 받는다(2018.10.15.).[284] 리얼미터 여론조사에 따르면 유승민은 여전히 중도확장성이라는 키를 쥐고 있었다(2018.09.03.).

리얼미터 여론조사	유승민	황교안
전체 응답자	13.5%(1위)	11.9%(2위)
중도층	16.8%(1위)	12.6%(2위)
보수층	9.2%(3위)	25.9%(1위)
자유한국당 지지층	5.5%(5위)	34.7%(1위)

범보수 차기 대선주자 선호도, 2018.09.03. 공표

---

284 뉴스1(2018.10.21.) [보수통합 ④] 누가 움직이나… 황교안·유승민·오세훈 '주목'

그러나 유승민에 대한 보수층의 비토 여론 역시 확인할 수 있는 여론 조사였다. 결국 박근혜 탄핵을 부정하며 친박 지지층을 흡수한 황교안이 자유한국당대표로 선출된다(2019.02.27.).[285] 그리고 황교안이 당권을 잡는 과정에서 보수 통합 논의는 크게 줄어든다.[286]

바른미래당 계파 갈등 심화

앞서 바른미래당은 당대표 선거에서 손학규가 선출됐다(2018.09. 02.). 그러나 손학규는 과반을 달성하지 못했으며 2, 3위 후보로 분산된 유승민계와의 격차도 크지 않아 앞으로 있을 계파 갈등의 시작점이 되었다.[287]

	손학규	하태경(친유)	이준석(친유)
9·2 전당대회 득표율	27.02%	22.86%	19.34%

바른미래당은 이전부터 당의 이념적 색채가 모호하다는 지적을 받아왔다. 또한 새 지도부 출범 후에도 지지율이 좀처럼 상승할 기미가 없자 소속 의원(류성걸, 이언주, 이학재)이 이탈하는 등 대안 정당으로서의 영향력을 완전히 상실한다. 특히 4·3 재보궐선거에서 바른미래당의 이런 문제가 극명하게 드러났으며 손학규 지도부에 대한 리더십 문제도 본격

---

285 KBS(2019.02.27.) 한국당 새 대표에 황교안… "자유우파 대통합 이루겠다"
286 뉴스핌(2019.09.25.) [흔들리는 한국당] ③오직 조국만 쫓는 한국당… 뒤로 밀린 보수통합
287 한겨레(2018.09.02.) 바른미래당 당대표에 손학규… 최고위원 하태경·이준석·권은희

적으로 제기되기 시작한다(2019.04.03.).[288]

손학규는 과거 국민의당 출신 의원(주승용, 문병호)을 최고위원직에 임명하면서 지도부의 색깔을 굳혀간다(2019.05.01.). 또한 호남 기반의 정당인 민주평화당과 커넥션을 보여 주면서 유승민계를 중심으로 한 세력의 큰 반발을 사기도 한다.[289] 결국, 바른미래당 혁신위원회가 출범해 첫 번째 안건으로 손학규 대표 퇴진을 논의했으며 가결된다(2019.07.11.). 그러나 손학규는 이러한 사퇴 권고를 따르지 않는다.[290]

새로운보수당 출범

유승민이 손학규 대표 퇴진파 모임인 '변화와 혁신을 위한 비상행동'(이하 변혁)의 대표를 맡으면서 당내 두 개의 살림이 차려진다(2019.09.30). 그리고 바른미래당 윤리위원회가 이 변혁 인사의 당원권을 1년 정지하는 중징계를 결정했는데 여기에 유승민이 포함돼 있어 더욱 분당이 가시화된다(2019.12.01.).[291] 결국 변혁은 새로운보수당 창당준비위원회로 개편된다(2019.12.08.).

유승민은 기자간담회에서 제21대 총선에 대한 본인의 입장을 밝힌다(2019.12.28.). 대구 동구에 출마하겠다는 의사를 전함과 동시에 자유한국당에 대한 비판을 가해 보수 통합이 아닌 새로운보수당으로 독자 노선을 가겠다는 의지를 보인다. 결국, 유승민을 중심으로 한 변혁 인사들

---

288 오마이뉴스(2019.06.07.) '빨간불' 켜진 바른미래당, 위기는 여기서 왔다

289 한겨레(2019.02.08.) 유승민 "민주평화당과 합당은 결코 있을 수 없어"

290 헤럴드경제(2019.07.15.) '사퇴압박' 손학규 "그래도 안 물러난다"

291 동아일보(2019.12.01.) 바른미래, 유승민·오신환·권은희·유의동 중징계… 당원권 1년 정지

은 바른미래당을 집단 탈당(2020.01.03.)하여 새로운보수당을 창당한다
(2020.01.05.).[292]

〈 구간2. 유승민 테마주 주가상승률 〉

- 2018년 9월 3일 – 유승민, 범 보수진영 지지율 1위
- 2019년 2월 27일 – 자유한국당 당대표, 황교안 선출
- 2020년 1월 5일 – 새로운보수당 창당

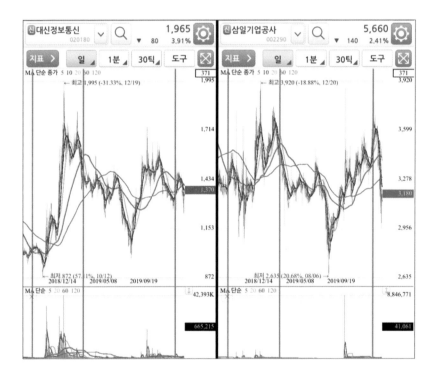

---

292 동아일보(2020.01.03.) 유승민 등 8명, 새보수당 창당 위해 바른미래 '탈당'

	대신정보통신		삼일기업공사	
	주가	코스닥	주가	코스닥
2018.09.03.	1,050	816.84	3,330	816.84
2019.02.27.	+41.0%	−7.9%	+6.3%	−7.9%
2020.01.03.	+33.3%	−18.0%	+9.5%	−18.0%
구간2. 평균 상승률	+21.4%			

차트와 함께 보기② 보수 통합 재료⑴

유승민이 범 보수 진영에서 지지율 1위를 기록한 여론조사가 발표된 날, 유승민 테마주는 거의 움직이지 않았다. 그만큼이나 정치테마주 시장이 그를 주목하고 있지 않다는 것을 반증하는 결과였다.

하지만 얼마 후 보수 대통합 논의가 시작되며 유승민과 황교안의 거취에 관심이 쏠리게 된다. 이 기간 대신정보통신을 중심으로 유승민 테마주는 지수를 역행해 급등한다. 또한, 같은 기간 황교안 테마주 역시 급등하면서 정치테마주로서의 움직임이 아닌가 의심케 했다.[293] 그러나 황교안이 당대표에 당선되자 보수 통합 논의는 크게 줄어들었고 유승민 테마주는 지수를 따라 하락장을 그린다.

차트와 함께 보기③ 보수통합 재료⑵

바른미래당의 손학규 지도부와 유승민계는 큰 갈등을 빚는다. 그리고 유승민이 대표로 있는 변혁 인사에 대한 징계를 시작으로 탈당 가능성

293 조선비즈(2020.12.19.) 대통령 지지율은 알고 있다… 정치테마주 기승 시기를

이 점쳐진다. 탈당은 정치테마주에서 큰 호재로 작용한다. 이 경우는 유승민의 탈당을 첫 번째 재료로, 그 이후 자유한국당 합류를 두 번째 재료로 삼아 테마주가 크게 움직일 가능성이 있었다.

그러나 유승민은 변혁 대표직을 사퇴하면서 보수 통합에 회의적인 의견을 내고 신당 창당에 더 무게를 두는 발언을 했다(2019.11.14.). 그리고 변혁이 새로운보수당 창당준비위원회로 개편되면서 유승민은 바른정당, 바른미래당에 이어 세 번째 제3지대 도전을 시도한다.

지금까지 유승민의 탈당은 보수 통합의 시발점으로 인식돼 주가의 재료가 될 수 있었다. 그러나 제3지대 도전을 선언함으로써 탈당이 가지는 파급력이 크게 줄어들었다. 즉, 보수 통합이라는 더 큰 재료가 소멸하면서 유승민 테마주는 변혁 대표직 사퇴 이후 하락하기 시작했으며 새로운보수당 창당 역시 흐름을 바꾸지 못했다.

 제21대 국회의원 선거

또다시 제기된 보수 대통합 시나리오

제21대 총선이 치러지는 2020년이 되었다. 보수 진영에 이번 총선은 그 어느 때보다 중요했다. 제19대 대선과 제7회 지방선거에서 연속으로 역사적인 대패를 당했기 때문이다. 따라서 갈라진 보수가 힘을 합쳐야 한다는 목소리가 컸다.[294]

그래서 새로운보수당이 이제 막 창당됐음에도 자유한국당과의 합당

---

294 뉴데일리(2020.01.07.) 우파통합 급물살… 한국, 새보수, 전진당 "통합 공감" 한목소리

여부에 더 큰 관심이 쏠린다. 유승민은 자유한국당에 들어가려고 새로운보수당을 창당한 게 아니라며 불편한 기색을 내비친다.[295] 하지만 기울어진 선거 지형을 조금이라도 회복하려면 통합은 필수였다. 따라서 자유한국당을 중심으로 보수 진영은 혁신통합추진위원회를 결성해 통합을 도모했다. 그리고 새로운보수당 역시 이에 참여해 통합에 대한 논의를 시작한다.[296]

미래통합당 출범

장고 끝에 황교안은 혁신통합추진위원회의 6대 원칙에 동의한다고 밝힌다(2020.01.13.). 이 6대 원칙에는 유승민이 요구한 내용이 포함돼 있어 보수 통합에 한 걸음 다가갔다고 볼 수 있었다.[297]

유승민은 이에 응답해 자유한국당과 신당 창당을 함께하는 형식으로 통합하겠다고 밝힌다(2020.02.09.). 동시에 이번 총선에 불출마할 것이며 어떠한 당직이나 공천권도 요구하지 않겠다고 선언한다. 대신 함께해온 새로운보수당 당직자에 대한 고용 승계와 보수 재건 3원칙을 통한 보수 개혁이라는 약속만 지켜달라고 촉구한다.[298]

그러나 또다시 참패

보수 통합에 성공하며 총선에서 반전을 꾀했지만, 앞에서 다뤘듯이

295 서울경제(2020.01.12.) 유승민 "한국당과 통합하려고 새보수당 만든 거 아냐"
296 조선일보(2020.01.08.) 유승민 "黃, 보수재건 3원칙 수용하면 공천권 등 지분 요구 안 할 것"
297 경향신문(2020.01.13.) 황교안 "유승민 3원칙 수용"… 한국·새보수 통합 논의 착수
298 연합뉴스(2020.02.09.) 유승민 "한국당–새보수 신설합당"… 총선 불출마 선언

미래통합당의 참패로 총선은 끝이 난다. 새로운보수당과의 통합으로 수도권과 중도층 유입을 노렸으나 코로나를 안정적으로 관리한 정부 여당의 지지율이 상승하며 상황은 기대와 다르게 흘러갔다. 또한, 선거 직전 막말 파문 역시 중도층 외면에 일조했다고 평가받는다.[299]

이번 선거에서 야권의 대선 주자로 분류되던 이들이 대거 대권 가도를 이탈한다. 총선을 지휘한 황교안은 선거 전체로 보나 종로구 개인전으로 보나 책임을 벗어날 수 없었다. 또한, 오세훈은 정치 신인에게 패배했으며 안철수의 국민의당 역시 저조한 득표율에 그친다.

반면 잠재적 대권 경쟁자가 내상을 입은 상황 속에서 유승민은 해당 선거에 나서지 않은 덕분에 패배의 책임에서 다소 벗어날 수 있었다. 또한, 유승민계 인사가 상대적으로 원내에 다수 입성해 당내 입지가 개선되리라 예상됐다.[300]

〈 구간3. 유승민 테마주 주가상승률 〉
- 2020년 1월 5일 – 새로운보수당 창당
- 2020년 2월 9일 – 자유한국당과의 통합, 총선 불출마 선언
- 2020년 4월 15일 – 제21대 총선

299 한겨레(2020.08.22.) 통합당이 꼽은 총선 참패 이유는?… "중도층 지지 회복 부족·막말"
300 연합뉴스(2020.04.15.) [선택 4·15] 뜨고 지고… 희비 극명히 엇갈리는 여야 잠룡들

	대신정보통신		삼일기업공사	
	주가	코스닥	주가	코스닥
2020.01.03.	1,400	669.93	3,645	669.93
2020.02.10.	−7.1%	+0.9%	−13.0%	+0.9%
2020.04.14.	−12.9%	−8.9%	−28.7%	−8.9%
구간4. 평균 상승률	−20.8%			

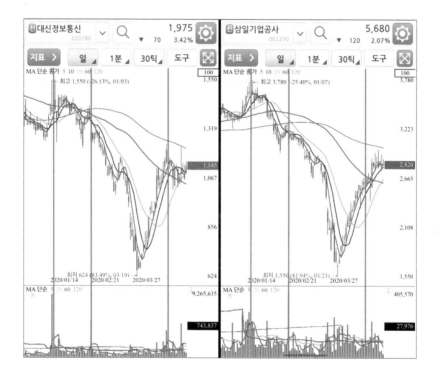

차트와 함께 보기④ 단기 재료 無

유승민이 길고 긴 방황 끝에 자유한국당과의 통합에 동의하며 미래통합당에 합류한다. 정치테마주 시장이 반응할 수밖에 없는 결정이었다. 그러나 통합과 함께 총선 불출마를 선언했다. 총선 재료가 사라짐에 따라 유승민 테마주는 일제히 하락했으며 코로나에서 비롯된 지수 폭락까지 더해져 심각한 하락을 기록한다.

 **구간4 정계 복귀**

국민의힘, 김종인 비상대책위원장 체제

총선이 지난 후 유승민은 대선 출마를 선언하지만 잠행기를 가지며 이렇다 할 행보를 보이지 않는다(2020.05.26.). 다만 이 시기 국민의힘(前미래통합당)이 김종인 비상대책위원회 체제로 운영됨에 따라 당의 색채는 보다 중도적으로 변모했다.[301] 과거 제20대 총선에서 김종인이 더불어민주당 비대위원장을 맡아 선거를 승리로 이끌었던 과정과 흡사했다.

특히 김종인 비대위원장은 '당내'의 '70년대생 경제통'을 지속적으로 주장했다.[302] 당 밖의 대선 후보(윤석열, 안철수, 홍준표)로 수혈하기보다 당내의 젊고 경제에 두각을 드러내는 신인을 키워내겠다는 주장인데 여기에는 범유승민계 인사(김세연, 김웅, 이준석 등)로 분류되는 이들이 상당수 포함되어 있어 유승민의 당내 입지가 개선되었음을 알 수 있었다.

---

301 동아일보(2020.05.23.) 통합당 '김종인發 중도개혁' 시동··· 당내 자강론자 반발이 변수
302 중앙일보(2020.04.28.) 김종인이 미는 '70년대생'··· 13인 중 두 남자가 뜨고 있다

또한, 김종인은 당내 유력 대선 주자로 원희룡, 유승민, 오세훈을 거론하며 이전에 패배한 선거들에 비해 중도 확장성을 중시하는 모습을 보여주기도 한다.

2021 재보궐선거, 오세훈

문재인 정부의 지지율이 꾸준히 감소하며 부정평가가 긍정평가를 웃도는 형국 속에서 재보궐선거가 진행되었다. 당초 더불어민주당의 박영선이 국민의힘 나경원과의 가상 구도에서 소폭 앞서고 있었다.

하지만 LH 사태 여파와 안철수의 출마로 무게추는 야권으로 기울었다. 그리고 전체 여론조사에서 4위에 그친 오세훈이 나경원을 꺾고 국민의힘 후보로 선출되며 분위기는 급변한다.[303]

이는 상황이 유승민에게 긍정적으로 흘러갔다고 볼 수 있었다. 무당층과 중도층의 표심을 공략할 수 있는 후보의 가치가 올라갔음이 드러났기 때문이다.[304] 또한 유승민은 재보궐선거에서 선대부위원장직을 맡아 야권 승리에 일조한다.

〈 구간4. 유승민 테마주 주가상승률 〉

- 2020년 5월 26일 – 대선 출마 선언
- 2020년 9월 21일 – "추석 뒤 활동을 재개할 것"
- 2021년 3월 8일 – 국민의힘 서울시장 경선, 오세훈 선출

---

303 매일경제(2021.03.24.) 오세훈 48.9%·박영선 29.2%… 정부여당 심판론 59.2%
304 서울경제(2021.04.08.) '재보선 승리 공신' 유승민, 野의원 대상으로 재집권 전략 강연

	대신정보통신		삼일기업공사	
	주가	코스닥	주가	코스닥
2020.05.26.	1,210	729.11	2,840	729.11
2020.09.21.	1,515	866.99	3,180	866.99
2021.03.08.	1,620	904.77	4,560	904.77
구간4. 평균 상승률				

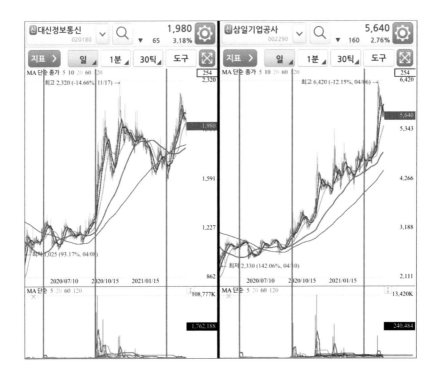

유승민이 대선 출마를 선언한 날, 거래량과 함께 주가가 크게 움직이지만 결국 음봉으로 마무리됐다. 이전부터 꾸준히 대선 출마 의지를 피력해 왔기에 놀랄 만한 소식이 아니었다. 또한, 정치적 잠행기 상태였기에 지지율 역시 미미한 수준이었다.

그러나 유승민의 정계 복귀가 가시화된 9월, 이를 재료로 주가가 급등한다. 물론 복귀에도 불구하고 지지율상 큰 변화가 없었으며 관심이 서울시장 선거로 쏠렸기에 유승민 테마주는 다시 횡보하지만, 오세훈의 경선 통과는 간접적인 호재로 작용했다. 테마주 역시 이후 급등세를 보여 준다.

이후의 흐름

대선이 다가오며 주가는 상승세를 보였으나 여타 대선후보 테마주에 비해 급등으로 볼 만한 시기는 없었다. 이는 보수층 내에 존재하는 그에 대한 비토 정서와 함께 낮은 지지율에 기인한 것으로 보았다. 하지만 이런 분위기는 1차 국민의힘 전당대회(21.06.11)를 기점으로 반전된다.

당대표 선거를 두 달 앞둔 시점, 여론조사는 주호영, 나경원 간의 양강 구도로 흘러가고 있었다. 하지만 친유(유승민)계의 김웅이 여론조사에서 선전하며 새로운 흐름이 전개된다. 이후 이준석이 전당대회 레이스에 처음으로 편입된 여론조사에서 2위로 등장하며 돌풍을 일으킨다. 최종적으로 나경원을 제치고 당대표로 선출돼 이준석 바람을 일으키게 된다. 유승민과의 우호적인 관계인 그의 지도부 선출은 유승민의 대선 후보 가능성에 대한 기대감을 높이기에 충분했다.[305] 물론 유승민 개인의 지지율에 큰 변화는 없었다. 하지만 테마주는 그 기대감을 확인케 했다. 먼저 삼보산업과 넥스트아이로 대표되는 이준석 테마주가 경선 기간 높은 주가 상승률을 보여줬으며 유승민 테마주 역시 상승세를 보이게 된다. 이후 이준석 테마주는 전당대회가 끝나며 재료 소멸에 의한 하락으로 전개되지만 유승민 테마주는 이 흐름을 이어나가고 있다.

여전히 높지 않은 지지율을 기록하고 있지만 야권 층 내 2위를 기록하는 여론조사가 발표되는 등 상승 여력이 높은 후보라 할 수 있다. 또한 다가오는 대선 후보 경선 재료의 수혜 가능성이 높아 여전히 추가 상승을 기대할 만한 후보라 여겨진다. 다만 대선이 얼마 남지 않았으므로 투자하고 있는 독자라면 출구 전략을 잘 모색해야 한다.

- 2021년 04월 07일 – 2021년 재보궐선거
- 2021년 05월 20일 – 이준석, 전당 대회 출마 선언
- 2021년 05월 28일 – 이준석, 예비경선 1위
- 2021년 06월 11일 – 제1차 국민의힘 전당대회

---

305 JTBC(2021.06.23.) 이준석 효과?··· 유승민, 야권 대선 주자 2위로 '껑충'

	삼보산업		넥스트아이		대신정보통신		삼일기업공사	
	주가	코스닥	주가	코스닥	주가	코스닥	주가	코스닥
21.04.07.	1,210	973.22	1,340	973.22	2,200	973.22	6,320	973.22
21.05.20.	+58.7%	−0.2%	+8.2%	−0.2%	−16.4%	−0.2%	−11.2%	−0.2%
21.05.28.	+90.9%	+0.4%	+41.8%	+0.4%	−8.4%	+0.4%	−9.7%	+0.4%
21.06.11.	+78.1%	+1.8%	+44.0%	+1.8%	+2.7%	+1.8%	+23.3%	+1.8%
21.06.23.	+80.6%	+4.4%	+38.4%	+4.4%	+48.4%	+4.4%	+66.9%	+4.4%
평균 상승률	+59.5%				+57.7%			

삼보산업, 넥스트아이의 경우 이준석 테마주이다.

안철수

안철수는 국민의당 후보로 제19대 대선에 출마했으나, 막판 홍준표에게도 밀려 2위 수성마저 실패한다. 이제 완연한 중도 노선으로 분류되는 안철수는 이번 대선에서도 탈당과 창당으로 제3지대에서 대권을 노리고 있다. 이전만큼의 파급력은 아니었지만, 여전히 지켜보아야 할 대선 주자다.

안철수 테마주 전 기간 주가 추이

	일자	비고
A	2018.01.18.	국민의당-바른정당 통합 선언문 발표
B	2018.04.04.	서울시장 출마 선언
C	2018.06.13.	제7회 전국동시지방선거, 낙선
D	2020.01.19.	귀국 및 총선 불출마 선언
E	2020.07.10.	서울시장직 공백 발생
F	2020.12.20.	서울시장 출마 선언
G	2021.03.23.	안철수 불출마, 야권 단일화

 **국민의당 당대표**

위기, 국민의당 제보조작사건

안철수는 대선이 끝난 직후 재도전 의사를 밝히지만 얼마 지나지 않아 대형 악재에 휘말린다. 2017년 치른 대선에서 문재인 당시 후보의 아들 채용 문제를 둘러싼 의혹에 대한 증거라며 국민의당은 녹취록을 공개한 바 있다. 더불어민주당은 즉각 반발하며 검찰에 고발했었다. 그리고 관련 조사에서 녹취록이 조작됐으며 국민의당 당원(이유미)이 해당 녹취록의 책임자임이 밝혀진다(2017.06.26.).[306] 박주선 국민의당 비대위원장은 즉각 해당 사안에 대해 대국민 사과를 한다.

이 사건으로 녹취록 책임자뿐 아니라 국민의당의 전 최고위원(이준서)

---

306 YTN(2017.06.27.) 문준용 채용 의혹 조작… 국민의당 '휘청'

도 구속되면서 상황은 점차 심각해진다. 안철수는 사과문을 발표하며 책임을 지겠다고 밝힌다. 그러나 정계 은퇴 의사를 물어보는 기자의 질문에 "당을 위해 할 수 있는 일이 무엇인지 정말 깊이 고민하겠다"고 말하며 즉답을 피했다(2017.07.12.).[307] 안철수 개인에 대한 법적 책임은 혐의 없음으로 종결되지만, 박주선 비대위원장, 박지원 전 대표와 함께 도의적 책임을 지고 대국민 사과를 하게 된다(2017.07.31.).

그럼에도 당대표 당선

새 지도부 선출을 위한 전당대회를 앞둔 시점, 제보조작사건으로 국민의당은 큰 위기에 봉착했다. 당 지지율은 바른정당, 정의당에 밀려 5위로 내려앉기까지 한다. 이때 안철수는 당대표직에 출사표를 던진다(2017.08.03.). 당내에서는 대선 패배와 조작사건에 대한 책임을 져야 한다며 안철수의 출마를 반대하는 목소리가 컸으나 그래도 안철수는 당대표 선거에서 당선된다(2017.08.27.).[308]

〈 구간1. 안철수 테마주 주가상승률 〉
- 2017년 5월 14일 – 안철수, 대선 재도전 시사
- 2017년 6월 26일 – 국민의당 제보조작사건
- 2017년 8월 3일 – 안철수 8·27 전당대회 출마 선언
- 2017년 8월 27일 – 안철수 국민의당대표 선출

---

307 한겨레(2017.07.12.) 안철수 "제보 조작 책임 통감"… 정계은퇴는 안해
308 SBS(2017.08.04.) 안철수 국민의당 당대표 출마 선언… 당내 집단 반발

	써니전자		안랩		다믈멀티미디어	
	주가	코스피	주가	코스닥	주가	코스닥
2017.05.15.	3,050	2,290.65	57,600	645.38	3,740	645.38
2017.06.26.	−5.9%	+4.3%	−7.8%	+3.6%	+5.6%	+3.6%
2017.08.03.	−13.3%	+4.2%	−8.5%	−0.4%	−5.1%	−0.4%
2017.08.25.	−11.8%	+3.8%	−7.6%	+0.8%	+0.0%	+0.8%
평균 상승률	−6.5%					

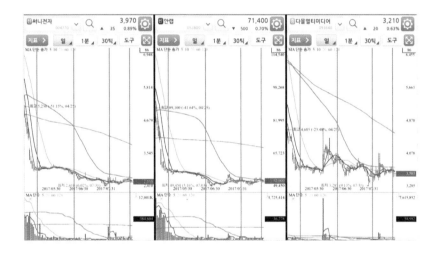

차트와 함께 보기① 상승 재료 無

안철수 테마주는 지수 상승장이었음에도 하락세를 멈추지 못한다. 2017년 대선이 끝나고 닥친 하락장과 악재가 겹쳤다. 안철수와 국민의 당 지지율 모두 미약한 수준이었으며 제보조작사건으로 안철수는 이미지에도 큰 타격을 입었다. 안철수 테마주가 주목받을 이유가 전혀 없는 시기였다.

 **바른미래당 출범**

국민의당– 바른정당 통합 논의, 멀어지는 호남계

국민의당은 앞의 사건 이후 곤두박질친 당 지지율을 회복하지 못하고 있었다. 또한, 바른정당 역시 보수 패권 경쟁에서 자유한국당에게 밀리는 형국이었다. 이러한 상황 속에서 안철수와 유승민은 통합이라는 카드를 만지작거린다.[309]

국민의당은 지난 제20대 총선에서 반문 및 호남 지역 기반 정치인이 안철수를 중심으로 모여 만든 정당이다. 그래서 총선에서 국민의당이 큰 성과를 거두었음에도 호남 지역 정당에 갇힐 우려가 있다는 비판이 나온 바 있다.[310]

이런 국민의당이 보수 진영인 바른정당과 통합을 논의 중이라는 소식은 다소 어색한 동행처럼 들렸다. 한국 정치계에는 여전히 지역주의의 색깔이 강하게 남아 있기 때문이다. 또한, 김이수 헌재소장 임명동의안 부결 이후 호남 민심을 점차 잃어가던 중이었기에(2017.09.11.) 이러한 통합 논의는 당내 호남계 의원이 주축이 돼 안철수에 대한 비토 여론을

---

309 뉴스핌(2017.05.12.) 위기의 국민의당, 바른정당과 통합 검토까지… 내부 '파열음'
310 한국일보(2016.04.14.) 정당득표율은 당당한 2위… 지역구는 호남 빼면 초라한 2석

강하게 내기에 이르렀다.[311]

바른미래당 출범

결국 안철수는 대표직을 걸고 국민의당−바른정당의 통합과 관련해 재신임 투표를 제안한다(2017.12.20.). 국민의당 전당원을 대상으로 투표를 진행한 결과 74.6퍼센트의 찬성으로 안철수 대표 재신임이 확정된다. 이로써 국민의당과 바른정당 간 통합이 공식적으로 진행된다 (2017.12.31.).

통합반대파 의원 19명은 이에 반발한다. 재신임 투표의 투표율이 당헌 당규에 명시된 최소 투표율인 3분의 1에 미치지 못하는 23퍼센트라는 이유였다. 이 투표율은 안철수에 대한 불신임을 의미한다고 반발하며 결별 수순을 밟는다(이들은 추후 민주평화당을 창당한다).[312]

결국 안철수와 유승민은 국회 정론관에서 공동 기자회견을 열어 통합개혁신당을 만들겠다고 선언한다(2018.01.18.). 그리고 한 달 후 바른미래당이 공식적으로 출범하며 3당 체제로 지방선거가 진행된다 (2018.02.13.).[313]

〈 구간2. 안철수 테마주 주가상승률 〉

• 2017년 12월 20일 – 안철수, 재신임 투표 제안
• 2017년 12월 31일 – 안철수 재신임 투표 결과 – 통합 찬성

---

311 연합뉴스(2017.09.12.) 국민의당 '김이수 부결' 여론 예의주시… "호남 저버린 것 아냐"
312 연합뉴스(2017.12.31.) 국민의당 통합반대파 "안철수, 재신임 실패한 것… 퇴진해야"
313 중앙일보(2018.02.13.) 안철수·유승민의 바른미래당 출범… "대안정당 증명하겠다"

- 2018년 1월 18일 – 바른미래당 통합 선언문 발표
- 2018년 2월 13일 – 바른미래당 창당

	써니전자		안랩		다믈멀티미디어	
	주가	코스피	주가	코스닥	주가	코스닥
2017.12.20.	2,850	2472.37	52,700	755.27	3,980	755.27
2018.01.02.	+2.6%	+0.3%	+1.1%	+7.6%	+21.7%	+7.6%
2018.01.18.	+6.5%	+1.8%	-9.9%	+18.9%	+55.0%	+18.9%
2018.02.13.	+7.7%	-3.1%	+5.3%	+9.8%	+81.9%	+9.8%
구간2. 평균 상승률	+31.6%					

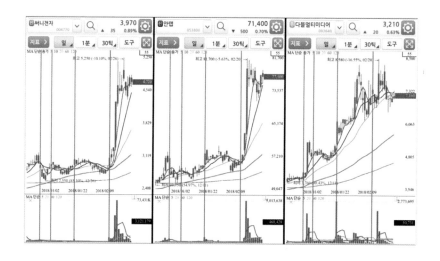

차트와 함께 보기② 바른미래당 출범

정치사적으로 한국은 양당제의 길을 걸어왔다. 제3지대로서의 창당이나 합당은 선거를 위한 단기 이벤트에 그치는 경우가 대부분이었다. 또한 표본이 적기에 확답을 내릴 수는 없으나 합당과 창당은 이슈에 비해 정치테마주가 잘 움직이지 않는다. 오히려 그 이전에 탈당할 때 주가 급등을 동반했으며 창당은 재료 소멸 타이밍인 경우가 많았다. 안철수 테마주 역시 다믈멀티미디어를 제외하고는 바른미래당이 출범하기까지 큰 주가 변동은 없었다.

그러나 새정치를 표방한 안철수와 보수 개혁을 외친 유승민의 합당은 의미가 있었다. 우선 국민의당으로 제3지대로서 20대 총선에서 유의미한 성과를 거둔 적이 있는 안철수의 경험이 있었다. 또한 당시 제1야당인 자유한국당이 극심한 지지율 부침을 겪고 있어 보수 정치 지형의 개편을 기대할 수 있는 상황이었다. 따라서 얼마 후 있을 제7회 지방선거가 무엇보다 중요했다. 바른미래당 출범 직후 지방선거의 꽃인 서울시장 선거에 안철수 등판론이 나오기 시작했고 이는 안철수 테마주 급등으로 이어졌다.[314]

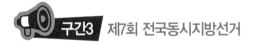

구간3 제7회 전국동시지방선거

서울시장 출마

앞선 유승민 편에서 다뤘듯이 이번 지방선거는 합당 직후 첫 시험대

---

314 조선일보(2018.03.16.) 안철수, '바른미래당 구하기' 조기 등판… 서울시장 출마 무게

였다. 이 선거로 바른미래당이 정치 지형을 바꿀 수도, 또는 존폐 위기에 빠질 수도 있었다. 이러한 상황 속에서 안철수가 창업주로서 서울시장 출마를 선언한다(2018.04.04.). 하지만 남북 훈풍이 몰고온 여당 강세 분위기 속에서 안철수는 선거 내내 3선을 도전하는 더불어민주당 박원순 서울시장에 크게 못 미치는 지지율을 기록한다.[315]

결국 안철수는 19.6퍼센트의 지지를 받아 서울시장 선거에서 낙선한다(2018.06.13.). 낙선보다 더 뼈아팠던 것은 자유한국당 김문수 후보에밀려 3위를 기록했다는 점이다. 더군다나 김문수는 태극기 부대를 옹호하며 대중적 노선을 취하지 않았다.[316] 그렇기에 안철수가 입은 정치적내상은 컸다.[317] 서울시장 선거에서 패배한 안철수는 기자 간담회를 열고 "정치 일선에서 물러나겠다"고 밝힌다(2018.07.12.).

〈 구간3. 안철수 테마주 주가상승률 〉
- 2018년 2월 13일 – 바른미래당 출범
- 2018년 4월 4일 – 서울시장 출마 선언
- 2018년 6월 13일 – 서울시장 낙선
- 2018년 7월 12일 – 정치 일선 후퇴 선언

---

315 한겨레(2018.05.07.) 지지율 수렁에 빠진 안철수·바른미래당
316 국민일보(2018.05.13.) 김문수 "태극기집회 가면 왜 안 되나… 난 아직도 탄핵 반대"
317 국민일보(2018.06.14.) 김문수에게도 밀려 3등한 안철수, 이르면 15일 미국간다

	써니전자		안랩		다믈멀티미디어	
	주가	코스피	주가	코스닥	주가	코스닥
2018.02.13.	3,070	2,395.19	55,500	829.39	7,240	829.39
2018.04.04.	+43.8%	+0.5%	+35.1%	+4.0%	−11.9%	+4.0%
2018.06.14.	−21.5%	+1.2%	−4.3%	+4.2%	−5.9%	+4.2%
2018.07.12.	−23.6%	−4.6%	−10.5%	−1.2%	−14.1%	−1.2%
구간3. 평균 상승률	−16.1%					

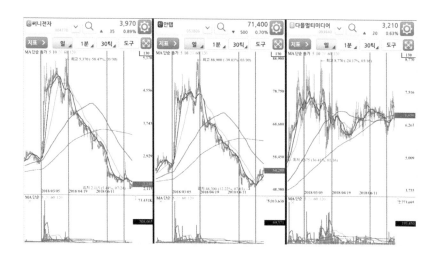

차트와 함께 보기③ 출마 선언 재료 O, 당선 가능성 재료 X

바른미래당 출범 직후 안철수의 서울시장 등판론이 나왔고[318] 이에 안철수 테마주는 급등한다. 하지만 당시 더불어민주당은 남북정상회담 발 평화 무드로 무서운 강세를 보였다. 여기다 3선 도전에 나선 더불어민주당의 박원순 서울시장은 현역 프리미엄까지 더해 압도적인 지지율을 보여줬다. 당시 현실적으로 안철수의 위치는 언더독 정도였다. 이에 안철수가 서울시장 출마를 선언하자마자 재료 소멸이 발생해 테마주가 급락하기 시작했으며 추가로 생성될 재료도 없었다.

선거 기간 동안 여론조사는 박원순의 승리를 점쳤고 안철수 테마주의 하락세는 반등할 기미조차 보이지 않았다. 설상가상으로 강경 보수 행보를 보이던 김문수가 최종적으로 2위를 차지하면서 바른미래당과 안철수는 치명상을 입는다. 이 때문에 안철수는 정계 일선에서 물러나 독일로 출국한다. 대권은 물론이며 남은 정치활동마저 빨간불이 들어온 상황이었기에 안철수 테마주는 장기간 큰 주목을 받지 못한다.

 **구간4** **제21대 국회의원 선거**

정계 복귀, 국민의당 창당

안철수는 해외 체류 중 저서 《내가 달리기를 하며 배운 것들》 출간 계획을 발표한다(2019.09.30.). 총선을 앞둔 시기였기에 정계 복귀에 대한 가능성이 제기됐지만 그는 미국에서 연구를 이어나가겠다며 이러

---

318 국민일보(2018.02.14.) 지방선거 올인 바른미래당, 탄력받는 안철수 차출론

한 정계 복귀설을 일축한다(2019.10.06.).[319] 그러나 이로부터 약 3개월 후, 안철수는 SNS를 통해 정계 복귀를 선언한다(2020.01.02.). 입국 당일 안철수는 문재인 정부를 비롯해 기득권 구조의 낡은 정치에 대한 쓴소리를 아끼지 않았으며 이번 총선에 불출마하고 보수 통합에 참여하지 않겠다는 의사를 밝힌다(2020.01.19.).[320]

안철수는 여전히 바른미래당 소속이었는데 이 당시는 유승민계가 집단 탈당해 내홍을 겪던 시기였다. 안철수는 바른미래당 손학규 대표와 회동했다(2020.01.27.). 이 회동 직후 손학규는 기자회견에서 안철수가 비대위 체제 전환과 비대위원장직을 요구했다며, 모든 제안을 거절한다는 발표를 한다(2020.01.28.). 안철수는 이에 대해 바른미래당 재건의 꿈을 접었다고 밝히며 탈당 의사를 전한다(2020.01.29.).[321] 안철수는 곧바로 신당 창당 작업에 돌입해 국회의원회관에서 중도주의 정당인 가칭 '안철수신당'(이후 당명은 이전에 사용한 적이 있는 국민의당으로 정한다) 창당을 선언한다(2020.02.02.).

제21대 총선, 안철수 효과 미미

미래통합당과의 보수 통합과 선거 연대에 선을 그은 안철수 대표는 제21대 총선에 접어들자 "국민의당은 이번 총선에서 253개 지역구에 후보자를 내지 않기로 했다"고 말하며 지역구 공천 포기를 발표한다(2020.02.28.). 안철수는 지역구 후보를 내지 않았기 때문에 지원 유세

---

319 조선일보(2019.10.06.) 곧 정계복귀說 돌던 안철수… "美스탠퍼드대서 연구 계속"
320 중앙일보(2020.01.20.) 16개월 만에 컴백 안철수 "총선 불출마… 보수통합 관심없다"
321 동아일보(2020.01.29.) 안철수, 바른미래 탈당…"손학규 발언 보고 당재건 꿈 접어"

를 나가는 등 일반적인 정치적 행보를 보이지 않는다. 하지만 자신의 의사 경력을 활용해 대규모 코로나 확산 사태에 빠진 대구로 내려가 의료 봉사에 힘을 쏟으며 '의사 안철수'로서의 모습을 보여준다.[322] 또한 봉사 활동이 끝난 후에는 400킬로미터 국토종주 마라톤을 소화하는 등 다소 이색적인 유세를 펼치기도 했다. 하지만 총선 결과 국민의당은 6.79퍼센트의 표를 받아 단 3석의 의석을 획득하는 저조한 결과를 받아들여야 했다(2020.04.15.).[323]

21대 총선 득표율	국민의당	더불어시민당	미래한국당
2020년 4월 15일	6.76%	33.35%	33.84%

〈 구간4. 안철수 테마주 주가상승률 〉

- 2019년 9월 3일 −《내가 달리기를 하며 배운 것들》 출간 발표
- 2020년 1월 2일 − 정치 복귀 선언
- 2020년 1월 19일 − 귀국 및 총선 불출마 선언
- 2020년 4월 15일 − 제21대 총선

---

322 서울경제(2020.03.09.) 文 지지율 1.8%P 뛴 47.9%··· 의사 안철수 효과 국민의당 3%P 상승
323 조선일보(2020.04.16.) 435㎞를 뛰었지만··· 안철수 바람 없었다

	써니전자		안랩		다믈멀티미디어	
	주가	코스피	주가	코스닥	주가	코스닥
2019.09.30.	4,200	2,063.05	66,900	621.76	3,810	621.76
2020.01.02.	+19.0%	+5.4%	+21.1%	+8.4%	+23.5%	+8.4%
2020.01.20.	+20.0%	+9.7%	+2.7%	+9.9%	+8.9%	+9.9%
2020.04.14.	−19.2%	−10.0%	−15.8%	−1.8%	−30.4%	−1.8%
구간4. 평균 상승률	−21.8%					

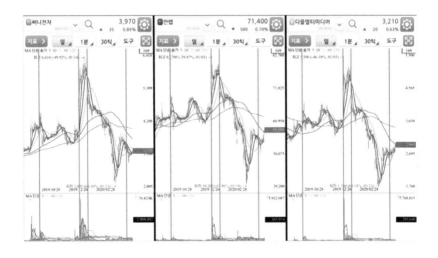

차트와 함께 보기④ 3가지 재료, 단 하루 만에 소멸

이번 총선에 나타난 안철수의 구간 중 가장 다사다난한 시기다. 앞서 독일에서 긴 해외 체류 중에 국내에 책을 출간한다는 소식이 들려와 안철수 정계 입문설이 돌기 시작한다. 그러나 이틀 후 국내 복귀가 아니라 미국으로 가서 연구를 이어가겠다고 밝히며 안철수 테마주는 일제히 두 자릿수대 폭락을 겪는다.

그런데 3개월이 지난 후 귀국 날짜를 알리며 정계 복귀를 선언한다. 이에 써니전자와 다믈멀티미디어가 상한가를 기록했으며 안랩 역시 못지않은 상승률을 보여준다. 물론 이제까지 반복된 패턴대로 귀국 당일 재료 소멸로 조정이 올 확률이 높았으나 그 폭은 작을 것으로 예상됐다. 총선 시즌에 들어서면 보수 통합에 박차를 가하면서 안철수의 합류 여부에 정치권의 관심이 몰려 재료가 추가 생성될 것으로 보였다.

하지만 안철수는 귀국하자마자 총선 불출마를 선언함과 동시에 야권 연대를 포함해 보수 통합에 선을 그었다.[324] 이날로 정계 복귀, 총선 출마, 야권 연대 3개의 재료가 동시에 소멸해 버리는 바람에 안철수 테마주는 폭락을 피할 수 없었다. 이후 탈당과 창당 등 이벤트가 있었으나 이미 총선 불출마를 선언한 후였으며 너무 잦은 탈당과 창당 탓에 이전보다 파급력은 크게 줄어들었다. 여기다 지수 폭락까지 더해져 안철수 테마주는 장기 침체하기 시작한다.

 **구간5 서울시장 재보궐선거 출마**

서울시장 재보궐선거

2020년 7월 9일 저녁 무렵, 믿기 힘든 소식이 보도된다. 박원순 당시 서울시장이 실종됐다는 소식이었다. 그리고 7월 10일 자정, 그의 사망 소식이 들려오자 정치권은 크게 흔들린다. 코로나로 정국이 뒤숭숭한

---

324 조선일보(2020.01.19.) 돌아온 안철수 "실용 중도 정당 창당… 총선 불출마"

상황에서 부산시장에 이어 서울시장 자리가 공석이 되어 버린다.[325]

다음 재보궐선거의 규모가 갑자기 커졌다. 야당에서는 조심스럽게 前 서울시장 오세훈과 안철수 출마설이 나오기 시작한다.

안철수, 서울시장 지지율 1위

이낙연 편에서 서술했듯이 총선 직후 정부에 대한 평가는 점차 분위기가 바뀐다. 부동산 정책과 윤석열−추미애 갈등을 비롯해 각종 논란으로 정부 지지율이 하락하기 시작한 것이다.[326]

리얼미터 문재인 대통령 국정수행 평가	긍정평가	부정평가
2020년 4월 4주차	63.7%	32.4%
2020년 12월 4주차	36.7%	59.7%

윤석열 검찰총장과 추미애 장관 사이의 심각한 갈등과 코로나 재확산 탓에 지지율이 역대 최저치를 찍는 등 부진한 모습이었다. 이와 함께 국민의힘이 정당 지지율에서 오차범위 밖 1위를 처음으로 차지하는 등 야당은 정치적으로 가장 큰 기회를 맞는다.[327]

이러한 상황 속에서 치러지는 서울시장 재보궐선거는 제20대 대선의 중간고사 성격을 띠어 여야 모두 사활을 걸었다. 당초 안철수는 대권을 노리고 있었기 때문에 서울시장 출마를 "생각해본 적 없고 생각할 계획

325 한국경제(2020.07.12.) 박원순·오거돈 낙마… 판 확 커진 내년 4월 '역대급 재보선'
326 연합뉴스(2020.12.28.) "문대통령 부정평가 59.7%, 또 최고… 여야 최대격차 4.5%p"
327 서울경제(2020.12.28.) 국민의힘 지지율, 창당 후 오차 밖 첫 1위

도 없다"며 여러차례 일축한 바 있다.[328] 하지만 이를 번복하고 출마를 선언하자 정치권과 국민적 관심도는 크게 증가한다(2020.12.20.).[329] 그리고 서울시장 출마 이후 첫 여론조사에서 안철수는 야권 1위를 기록한다(2020.12.22.).[330]

한길리서치 여론조사	안철수	박영선
2020년 12월 22일	17.4%	16.3%

〈 구간5. 안철수 테마주 주가상승률 〉

• 2020년 4월 15일 – 제21대 총선
• 2020년 7월 10일 – 박원순 시장 사망으로 서울시장직 공석
• 2020년 7월 23일 – 안철수 "서울시장 출마 생각해본 적 없다"
• 2020년 12월 20일 – 안철수, 서울시장 출마 선언

328 동아일보(2020.12.02.) 안철수 "서울시장 출마 의사 없어… 후보 정해지면 도울 것"
329 경향신문(2020.12.21.) 안철수의 서울시장 출마, 야권 거물급 자극 '흥행' 키우나
330 중앙일보(2020.12.22.) 서울시장, 국민 43%가 야권 택했다… 지지율 1위는 안철수

	써니전자		안랩		다믈멀티미디어	
	주가	코스피	주가	코스닥	주가	코스닥
2020.04.16.	3,080	1,857.07	52,400	623.43	2,665	623.43
2020.07.10.	+32.5%	+15.8%	+12.0%	+24.0%	+12.4%	+24.0%
2020.07.23.	+23.1%	+19.3%	+17.4%	+28.6%	+12.6%	+28.6%
2020.12.21.	+56.8%	+49.6%	+42.4%	+53.0%	+16.5%	+53.0%
구간5. 평균 상승률	+38.6%					

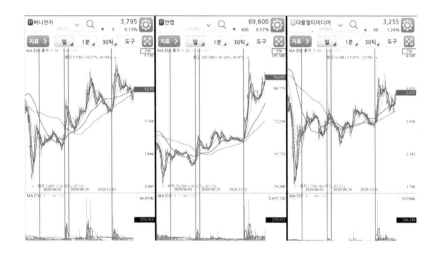

차트와 함께 보기⑤ 오랜만의 당선 가능성 재료 형성

안철수는 21대 총선에서 매우 저조한 성적을 거두었다. 이후 주목도가 크게 떨어져 테마주의 재료 형성이 전혀 이루어지지 않았다. 그러나 故 박원순 서울시장의 사망 소식 이후 주가가 상승한다. 안철수가 무소속 박원순 후보에게 서울시장 후보 자리를 양보한 경력과 서울시장 선거 출마 경험이 있다는 점 때문일 것이다. 하지만 이내 불출마 의사를 밝히며 주가는 다시 침체한다.

그러나 안철수는 돌연 서울시장 출마를 선언하며 지난 불출마 선언을 번복한다. 테마주 시장은 이에 크게 요동쳤다. 또한 안철수가 출마하기 전까지 1위를 달리던 박영선 중소벤처기업부 장관을 넘어서는 지지율을 기록하자 오랜만에 당선 가능성이라는 재료가 추가 생성되기도 한다. 다만 이 구간부터 까뮤이앤씨가 가장 큰 폭의 주가 상승을 보여줬기에 참고하면 좋을 것이다.

이후의 흐름

기존 서울시장 후보는 박영선 장관과 나경원의 양강 구도였다. 그러나 안철수의 출마 선언으로 서울시장 선거의 판과 주목도가 커졌다. 안철수의 등장으로 대권을 노리던 오세훈 전 서울시장도 재보궐선거에 참가했기 때문이다. 이 부분은 〈부록2 서울시장 재보궐선거〉에서 좀 더 자세히 다루도록 하겠다.

윤석열

윤석열은 제43대 검찰총장이자 2022 대선의 유력 후보로 새롭게 거론된 인물이다. 그는 과거 박근혜 정부 당시 국정원 여론 조작 사건에 관한 국정감사 증인으로 나와 수사 과정에서 외압이 있었다고 폭로한 바 있다. 이 사건을 계기로 윤석열은 대구고등검찰청으로 소위 좌천

됐다.[331]

하지만 박근혜 국정농단 사태로 박영수 특검이 진행되고,[332] 세월호 유족 사찰 의혹을 비롯해 전임 정부 시절 미진했던 굵직한 사건들을 담당하면서 여권의 큰 지지를 받는다.

그러나 현재 윤석열은 문재인 정부와의 극심한 갈등으로 야권의 지지를 한 몸에 받고 있다. 그 시작점이라 할 수 있는 검찰총장 시절로 거슬러 올라가 보겠다.

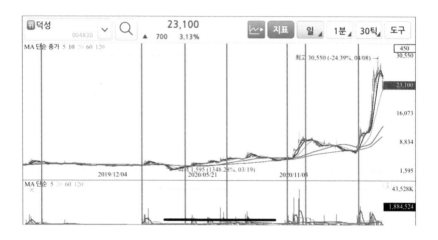

---

331 한겨레(2015.12.21.) '대선 댓글조작' 수사하다 좌천 2년째⋯ 추락한 검찰의 현주소
332 연합뉴스(2019.06.17.) 문 대통령, 차기 검찰총장으로 윤석열 서울중앙지검장 선택

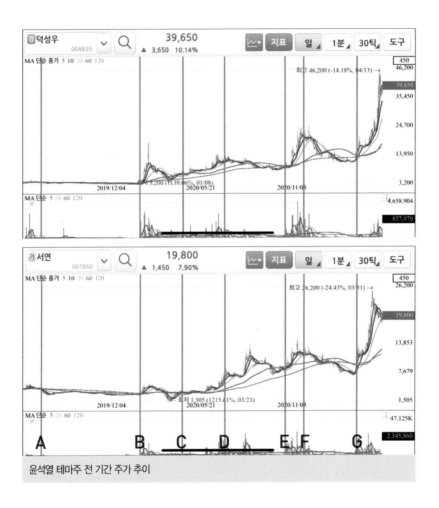

윤석열 테마주 전 기간 주가 추이

	일자	비고
A	2019.07.25.	윤석열, 검찰총장 취임
B	2020.01.30.	여론조사 야권 첫 1위(리서치앤리서치)
C	2020.04.15.	제21대 국회의원 선거

D	2020.07.02.	추미애 장관, 윤석열 수사지휘권 발동
E	2020.10.22.	대검찰청 국정감사
F	2020.11.24.	추미애 장관, 윤석열 직무정지 징계 청구
G	2021.03.04.	윤석열, 검찰총장직 사퇴

 검찰총장 윤석열 임명

친여권 검찰총장 임명, 보수 진영의 반발

문재인 대통령은 검찰총장 후보자로 윤석열 당시 서울중앙지검장을 지명한다(2019.06.17.). 제1야당인 자유한국당은 거세게 반발한다. 윤석열이 전임 대통령 두 명을 구속한 장본인이었기에 어찌 보면 당연했다.[333] 인사청문회에 과정에서 자유한국당 소속 의원이 윤석열과 설전을 벌이기도 한다. 하지만 최종적으로 윤석열 당시 서울지검장은 청와대에서 검찰총장 임명장을 받으며 임기를 시작한다(2019.07.25.).[334]

반전, 청와대를 겨냥하다

문재인 정부는 대규모 개각을 하는 과정에서 법무부장관으로 조국 전 민정수석을 내정한다(2019.08.09.). 야당이 이에 크게 반발했으며 본격

---

333 연합뉴스(2019.07.15.) 윤석열 임명 수순… 야당 채택거부 거센 반발
334 한겨레(2019.07.25.) 문 대통령, 윤석열 총장에게 "살아있는 권력 눈치도 보지 말라"

적으로 정치권의 검증이 시작되었다.[335] 조국에 대한 검찰의 수사 범위는 가족으로까지 점차 넓어졌다. 수사의 일환으로 조국의 자택을 압수수색했으며(2019.09.23.) 결국 아내인 정겸심 교수마저 구속 수감된다(2019.10.24.).[336]

당시 조국은 여권의 핵심 인물이었다. 수사 과정에서 친문 지지층이 결집해 여론조사에서 10퍼센트 안팎의 지지율로 여권 2위를 기록하기도 한다. 그에 대한 검찰의 강도 높은 수사는 여권 지지층이 윤석열에 대한 반감을 가지는 결정적인 계기가 된다.[337] 반면 야권 지지층은 살아있는 권력을 향한 수사에 호감을 갖기 시작한다.

청와대를 겨냥한 검찰의 수사는 계속된다. 유재수 감찰 무마 의혹에 대해 조국을 직권남용 혐의로 기소한다(2020.01.17.). 또한 문재인 정부의 울산시장 선거 개입 의혹을 조사하며 공직선거법 위반 등의 혐의로 13명을 무더기로 기소함으로써 윤석열에 대한 여권의 반감은 더욱더 커졌다(2020.01.29.).[338]

그간 윤석열은 정치권 인물이 아니었기 때문에 대권 후보로 거론된 바가 없었다. 그러나 검찰총장으로서 이 시기에 청와대와 대립 구도를 형성하며 존재감을 내보인다. 이는 대선 후보로서 여론조사에 집계되는 것으로 이어졌다(2020.01.17.).[339] 그리고 얼마 후 윤석열은 또다시 여론조사에

---

335 한국경제(2019.08.21.) [사설] 커져가는 '조국 의혹'이 "국민 정서와 조금의 괴리" 정도인가

336 한국일보(2019.10.24.) 정경심 구속… 검찰, 조국 수사 속도 낸다

337 연합뉴스(2019.10.01.) 與 내부서 윤석열에 반감 확산… 사퇴 촉구 기류도

338 한겨레(2020.01.29.) 검, 선거개입·감찰무마 의혹 13명 기소… 청 겨냥 수사 일단락

339 동아일보(2020.01.17.) 윤석열, 차기 대통령감 반열에… PK서 홍준표와 공동 4위 [한국갤럽]

집계돼 야권 1위를 달성하면서 대선 주자 지형의 변화를 예고했다. 여론 조사에 윤석열이 집계된 시점, 정치권의 반응은 여야 모두 우호적이지 않았다. 더불어민주당은 극우 보수층에게나 소구력 있을 것이라며 맹렬히 비난했다. 자유한국당 역시 침묵하며 긍정적인 입장을 보이지 않는다. 보수층 이탈에 대한 염려와 그의 과거 행보에 대한 거부감으로 보였다.[340]

〈 구간1. 윤석열 테마주 주가상승률 〉

- 2019년 7월 25일 – 윤석열, 검찰총장 취임
- 2020년 1월 17일 – 여론조사 첫 집계(갤럽)
- 2020년 1월 30일 – 여론조사, 야권 1위(리처치앤리서치)

	덕성우		덕성		서연	
	주가	코스피	주가	코스피	주가	코스피
2019.07.25.	3,935	2,074.48	3,610	2,074.48	3,980	2,074.48
2020.01.17.	−14.6%	+8.5%	−15.0%	+8.5%	−21.5%	+8.5%
2020.01.30.	−16.0%	+3.5%	−22.2%	+3.5%	−26.3%	+3.5%
구간1. 평균 상승률	−21.5%					

---

340 한국경제(2020.01.31.) 윤석열 대선주자 적합도 2위 깜짝 등장… 여야 정치권 '화들짝'

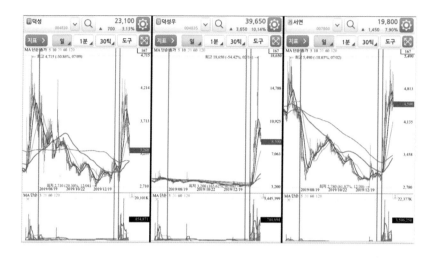

차트와 함께 보기① 윤석열 테마주 형성

이 당시 윤석열은 대권 후보와는 거리가 멀었다. 따라서 테마주 형성 전이라 보는 것이 타당하다. 하지만 여론조사에 집계된 이후에는 테마주가 형성되는 경우가 많다.

첫 편입이라고 볼 수 있는 한국갤럽 여론조사에서 윤석열의 지지율은 고작 1퍼센트에 불과했다. 따라서 단순 해프닝이나 군소 후보로 치부할 수도 있었다. 하지만 업체별 여론조사 방식을 고려하면 이는 꽤 중요했다. 한국갤럽은 주관식으로 응답하는 방식으로 조사하므로 유력 후보군 이외의 후보는 상당히 저평가되는 경향이 있다. 따라서 집계되었다는 사실만으로도 적지 않은 의미가 있다고 볼 수 있었다.[341]

---

341 한국경제(2020.01.17.) 대권주자 반열 오른 윤석열? 주관식 여론조사서 유승민·유시민과 어깨 나란히

결국 리처치앤리서치 여론조사가 발표되자 테마주 시장은 곧바로 반응했다(2020.01.30.). 앞선 갤럽 여론조사 발표 이후 테마주가 형성되었다가 그의 야권 1위 소식이 바로 반영돼 급등한 것으로 보인다.[342] 광기는 대단했다. 앞의 표는 집계 당일까지만 표기돼 있어 주가 상승률이 폭발적이지 않지만 집계일부터 고점 기준 약 2주간 서연이 +84.66퍼센트, 덕성은 +55.51퍼센트, 심지어 덕성우는 +464.29퍼센트에 달했다. 이후 코로나 폭락장으로 주가가 이전 수준으로 회귀하지만 테마주가 한번 주목한 이상, 윤석열의 행보에 따라 재차 테마주가 움직일 가능성이 매우 컸다.

 **정부·여당과의 대립**

여권의 윤석열 견제

조국 장관의 사퇴 이후 청와대는 추미애를 후임 법무부장관으로 임명했다(2020.01.02.). 추미애 장관 임명은 검찰에 대한 강력한 압박 예고였다. 실제 취임 닷새만에 윤석열 사단으로 분류되는 검사에 대해 좌천성 인사를 단행했다(2020.01.08.). 특히 이 좌천성 인사에 조국 장관 수사와 청와대 지방선거 개입 의혹 수사를 지휘했던 이들(한동훈, 박찬호)이 포함돼 본격적인 윤석열 견제에 돌입했다고 볼 수 있었다.[343]

그리고 제21대 총선이 여당의 압승으로 끝나며 야권이 추미애 장관을

---

342 이투데이(2020.01.31.) [급등락주 짚어보기] 차기 대선주자 2위 효과… 윤석열 관련주 줄줄이 '上'
343 중앙일보(2020.01.08.) 살아있는 권력 겨눈 '윤석열 측근 3인방'… 추미애 한번에 좌천시켰다

견제할 힘은 더 사라진다(2020.04.15.).[344] 실제 추미애 장관은 수사자문단 소집 절차 중단과 수사팀에 대한 윤석열의 지휘를 배제하는 수사지휘권을 발동한다(2020.07.02.).[345] 이에 미래통합당과 국민의당이 추미애 장관에 대한 탄핵 소추안을 제출했으나 179표라는 압도적인 부결 표로 무마되기도 했다(2020.07.23.).[346]

악재 속 지지율 상승

이 과정에서 윤석열에 대한 갖가지 의혹이 제기된다. 그의 장모에 대한 논란부터 선택적 수사, 그리고 언론과의 유착관계 등 다양한 의혹들로 곤욕을 치른다. 그러나 그에 대한 지지는 오히려 더 높아졌다. '정부의 윤석열 죽이기'로 프레임을 잡은 보수층이 그에게 집결한 것이다.[347] 또한 제21대 총선에서 보수 진영 대권 후보가 대거 낙마한 것 역시 영향을 끼쳤을 것으로 보인다.

특히 생중계된 대검찰청 국정감사에서 검찰총장인 윤석열에게 포화가 집중됐는데 높은 시청률을 기록하며 큰 주목을 받았다. 여당 의원들은 윤 총장의 논란과 의혹을 집중적으로 추궁했다. 윤석열은 의혹을 강력히 부인했으며, 한동훈 전 검사장 비호 논란에 대해서 자신은 인사권을 박탈당한 식물 총장이라 말하며 추미애 장관을 우회적으로 비판했다. 또한, 라임사태에 대한 수사가 미진한 점을 국민에게 사과한다고 말

---

344 헤럴드경제(2020.04.16.) 총선 결과에 입지 좁아진 윤석열… 사퇴압력 거세질 듯
345 연합뉴스(2020.07.02.) 추미애, 수사지휘권 발동… 윤석열 벼랑끝 갈림길
346 연합뉴스(2020.07.23.) 추미애 탄핵소추안 부결… 찬성 109 vs 반대 179(종합)
347 한겨레(2020.06.30.) 추미애가 띄운 윤석열… 차기 대선주자 '3위'로 급부상

하며 정부와의 대립각을 세운다(2020.10.22.).[348] 국정감사 이후 윤석열에 대한 야권의 지지는 상승하며 한길리서치의 여론조사에서 윤석열은 처음으로 여야 통합 1위를 기록한다.[349]

검찰총장 직무 집행정지

추미애 법무부장관과 윤석열 검찰총장 간의 극심한 갈등은 초유의 검찰총장 정직 사건으로 끝난다. 추미애는 언론사 사주와의 접촉 및 불법 사찰 등을 문제 삼아 윤석열에 대한 직무 정지 징계를 청구한다(2020.11.24.). 윤석열은 즉각 효력 정지 신청과 집행정지 취소에 관한 행정소송을 진행하며 적극적으로 대응한다(2020.11.26.). 법무부 징계위원회는 윤석열 징계안에 대해 2개월 정직 처분을 내리는데 문재인 대통령이 재가(승인)하며 시행된다(2020.12.16.).[350]

하지만 서울행정법원은 윤석열이 낸 징계·효력 집행정지 신청을 받아들인다. 이로써 청와대와 추미애는 역풍을 맞는데, 레임덕 가능성까지 제기되는 등 파장을 일으켰다(2020.12.24.). 이에 대해 청와대는 대국민 사과를 한다(2020.12.25.).[351]

해당 사건 이후 윤석열은 리얼미터 기준 여야 통합 지지율 1위를 기록하며 대권 주자 입지를 다진다.[352] 또한, 남은 임기를 보장받았다. 이

---

348 연합뉴스(2020.10.22.) 윤석열, 질타·추궁에도 '꼿꼿'… 거침없이 소신발언 쏟아내

349 중앙일보(1010.11.11) 윤석열 대선 지지율 첫 1위… "식물총장을 여권이 살려줬다"

350 한겨레(2020.12.16.) 문 대통령 '윤석열 정직 2개월' 재가… 추미애 사의

351 매일경제(2020.12.25.) 문 대통령 "尹 복귀, 법원 결정 존중… 인사권자로서 국민 혼란 사과"

352 오마이뉴스(2020.12.28.) [여론조사] 윤석열 23.9%, 오차범위 밖 첫 단독 선두

는 월성 원전 수사와 옵티머스·라임자산 운용사건, 울산시장 선거 개입 의혹과 관련된 청와대 및 윗선에 대한 수사 동력을 확보한 것이라 정치권에 소용돌이를 일으킬 수 있었다.[353]

〈 구간2. 윤석열 테마주 주가상승률 〉

- 2020년 4월 15일 − 제21대 총선
- 2020년 10월 22일 − 대검찰청 국정감사
- 2020년 11월 11일 − 여야 통합 여론조사 첫 1위
- 2020년 11월 24일 − 추미애 장관, 윤석열 직무 정지 징계 청구
- 2020년 12월 24일 − 행정법원, 윤석열 직무 복귀 결정

	덕성우		덕성		서연	
	주가	코스피	주가	코스피	주가	코스피
2020.04.16.	6,810	1,857.07	2,725	1,857.07	3,200	1,857.07
2020.10.22.	+37.3%	+26.8%	+76.0%	+26.8%	+144.1%	+26.8%
2020.11.11.	+161.4%	+33.9%	+253.0%	+33.9%	+334.4%	+33.9%
2020.11.24.	+182.7%	+41.0%	+237.6%	+41.0%	+231.3%	+41.0%
2020.12.24.	+101.2%	+51.1%	+198.0%	+51.1%	+210.3%	+51.1%
구간2. 평균 상승률	+169.8%					

---

353 조선일보(2020.12.25.) 尹 두 번째 기사회생… 원전·울산선거 '윗선 수사' 속도 낸다

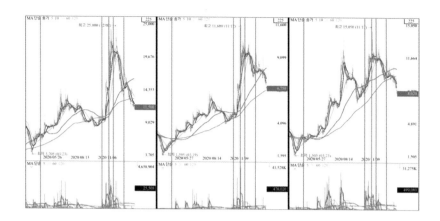

차트와 함께 보기② 윤석열 테마주 급등기

총선이 여당의 압승으로 끝났기 때문에 윤석열에게는 매우 좋지 않은 상황이었다. 추미애 법무부장관의 수사지휘권 발동, 윤석열에 대한 포화로 가득했던 대검찰청 국정감사, 심지어는 헌정 사상 초유의 검찰총장 직무 배제 징계 청구 등 정부와의 극심한 갈등이 시작된 것이다.

하지만 정치적 상황과 테마주 시장은 정반대로 흘러갔다. 살아 있는 권력을 수사한 윤석열에 대한 탄압이라는 프레임이 먹히며 오히려 정부 여당의 지지율이 하락했다. 윤석열의 지지율과 테마주는 이러한 갈등이 극심해지는 순간마다 상승했다.

그리고 법원이 윤석열에 대한 직무 배제 징계 정지를 결정하며 직무에 복귀한다. 이로써 문재인 정부는 대국민사과까지 하는 등 역풍을 맞았다. 하지만 윤석열 테마주는 오히려 침체한다. 가능성이 선반영된 결과로 보인다. 악재가 호재가 되고 호재가 악재가 되는 상황이 반복되는 기간이었다.

이후의 흐름

2021년 3월 4일, 윤석열은 검찰총장직을 자진 사퇴한다. 갑작스러운 사임으로 주식시장은 크게 요동친다.[354]

이제까지 다른 후보의 정치테마주에서 더 높은 곳을 향한 퇴임은 좋은 상승 재료였다. 그러나 임기가 정해져 있는 경우, 선반영의 정도가 컸고 대부분 퇴임 직후 재료 소멸이 발생했다. 하지만 윤석열은 올해 7월로 퇴임이 예정돼 있었기에 시간 차가 꽤 있는 퇴임이라 선반영되기 어려웠다. 또한, 서울시장 후보 테마주로 자금이 잠시 이탈한 와중이었기에 선반영은 더욱 적었을 것으로 추정된다. 이에 따라 윤석열 테마주는 최근 주식시장에서 가장 뜨거운 종목이 됐다. 향후 그의 정계 입문과 정당 선택에 따라 추가 재료가 형성될 수 있을 것이다. 그러나 제18대 대선에서 안철수가 대선 출마를 선언한 직후 모든 재료가 소멸했던 과거를 유념해야 하겠다.

최근 윤석열은 대선 출마를 선언했다(2021.06.29.). 그리고 직후 재료 소멸이 발생해 다수 테마주들이 큰 폭으로 하락했다. 아직 입당이라는 재료가 남아 있기는 하다. 하지만 이제까지의 상승이 대선 출마라는 하나의 큰 재료에서 비롯된 만큼 주의를 기울여야 할 시점으로 보인다.

---

354 한겨레(2021.03.04.) 사퇴한 윤석열, 사실상 정치 선언

부록2 서울시장 재보궐 선거

출마 선언

　일반적으로 재보궐선거는 당선 무효형 판결 때문에 발생하는 경우가 많았다. 하지만 이번 4·7 재보궐선거는 박원순, 오거돈 시장의 성비위 사건에 의한 것이라서 갑작스러운 측면이 있었다. 보통 이런 선거는 이전에 도전했던 후보가 다시 도전하는 경우가 많은데 이번에도 그런 양상을 보였다.

　여권은 우상호, 박영선이 출마 선언을 했으며 이들은 직전 서울시장 선거 경선에 도전한 경험이 있는 후보들이다. 야권도 마찬가지로 안철수, 오세훈, 나경원 모두 서울시장 선거를 경험해 본 후보들이다. 따라서 이들 후보는 공식 선언 이전부터 출마 가능성이 줄곧 제기된다. 이번 편에서는 공식 출마를 선언한 시간순으로 다룬다.

2018 지방선거 더불어민주당 경선 결과	박원순	박영선	우상호
2018년 4월 20일	66.26%	19.59%	14.14%

출마 선언과 당일 주가 관계

국민의힘 조은희 출마

국민의힘에선 박춘희 전 송파구청장(2020.11.11.), 이혜훈 전 의원 (2020.11.19.) 등이 출마 선언을 했다. 하지만 대선 후보로 도약할 수 있는 서울시장직 본선까지 갈 것이라는 관측은 별로 없었다. 물망에 오른 후보로는 서울시장에 도전한 바 있는 나경원 전 의원과 오세훈 전 시장이 있었으며 실제 출마 선언까지 이어진다. 그러나 테마주를 형성한 후보 중 가장 먼저 스타트를 끊은 이는 조은희 현 서초구청장이다. 정치에 관심을 있는 사람도 조은희를 잘 모를 수 있는데 간단히 소개하자면, 2018년 지방선거에서 유일하게 자유통합당(현 국민의힘) 후보로서 당선된 서울시 기초단체장이다. 어찌 됐든 그녀는 본인의 SNS 계정을 통해 "저는 오늘 서울시장에 출마하겠다"라고 출마 의사를 밝힌다 (2020.12.01.).

출마 선언 당일 주가								
후보	출마 선언	관련주	종합지수	종가	고가	저가	주간고점	주간저점
조은희	20.12.01.	천일고속	+1.66%	+3.0%	+3.0%	−1.4%	+21.9%	−1.4%
		오리콤	+0.58%	+5.7%	+6.4%	−0.1%	+44.1%	−0.1%
	20.12.02.	천일고속	+1.58%	+14.1%	+18.4%	+1.5%	+18.4%	+1.5%
		오리콤	+0.90%	+29.9%	+29.9%	+3.0%	+40.2%	+3.0%

출마 선언 당일 조은희 관련주인 천일고속과 오리콤은 주가가 상승한다. 이윽고 바로 다음 날 오리콤은 상한가를 기록했으며, 천일고속 역시 10퍼센트 이상 상승으로 마감하며 출마 재료를 이어갔다.

더불어민주당 우상호 출마

우상호는 직전 서울시장 경선에 참여한 이력이 있는 후보다. 물론 당시 3위에 머물렀으나 2위 박영선 후보와의 격차가 크지 않아 박원순 시장이 없는 이번 경선에서 유력한 서울시장 후보 중 하나로 예측됐다. 더불어민주당은 당헌 당규에 따라 서울시장, 부산시장 선거에 후보를 낼 수 없던 상황이라 쉽사리 출마 움직임을 보이긴 힘들었다. 그러나 이낙연 대표가 비판 여론을 무릅쓰고 당헌을 개정해 후보 출마가 가능하게 됐다(2020.10.30.). 이날 우상호는 서울시장 출마 의사를 묻는 언론의 질문에 "적극적으로 검토할 생각"이라고 답하며 사실상 참여 의사를 밝힌다. 또한, 유력 후보 중 한 명인 박영선 후보가 중소벤처기업부장관을 역임하고 있어 초반 레이스를 선점할 수 있었다.

원지코리아컨설팅 여론조사	박영선	박주민	우상호(5위)
2020년 11월 3일	13.6%	10.3%	4.5%

그러나 곧이어 발표된 여론조사에서 우상호는 4.5퍼센트에 머무르며 박영선, 박주민, 추미애, 임종석에 밀린 5위라는 결과를 받았다. 물론 박주민, 추미애, 임종석은 서울시장보다 대선 출마 가능성이 예측되던 인물이었다. 그럼에도 5위는 초반 출마라는 장점을 반영하지 못한 결과

였다. 박영선이 출마한다면 여성 가산점 10퍼센트가 부여되는 상황이라 우상호의 본선 진출 가능성은 더욱 낮게 점쳐졌다. 어찌 됐건, 우상호는 국회에서 진행된 기자회견 자리에서 "서울시장 출마는 저의 마지막 정치적 도전입니다"라고 밝히며 출마를 공식 선언한다(2020.12.13.).

우상호 관련주는 최초로 출마 가능성이 제기된 10월 30일 직후 테마주와 같은 움직임을 보였다. 하지만 극적인 주가 변화는 없었으며 출마 선언일에 움직임을 보이지 않고 재료는 소멸한다.

출마 재료 당일 주가								
후보	출마 선언	관련주	종합지수	종가	고가	저가	주간고점	주간저점
우상호	2020.11.02.	화인베스틸	+1.46%	+6.0%	+11.4%	-0.6%	+11.4%	-3.1%
	2020.12.13.	화인베스틸	-0.28%	-	+3.1%	-2.3%	+3.1%	-5.5%

국민의당 안철수 출마

안철수는 국회에서 가진 기자회견에서 돌연 "야권 단일후보로 나서겠다"고 밝히며 서울시장 출마를 공식 선언한다(2020.12.20.). 대선 후보로 분류되는 안철수의 서울시장 출마 선언은 예상하지 못한 결과였다. 서울시장 임기 내 차기 대선이 있어 대선에 나설 수 없는 상황이기 때문이다. 또한, 서울시장 선거에 출마할 것인지 묻는 언론의 질문에 "서울시장에 출마할 의사가 없다"[355]는 말로 일축한 바 있기 때문에 그 선택

---

355 한겨레(2020.12.02.) 안철수 "저는 출마의사가 없다, 서울시장에"

은 더욱 뜻밖이었다(2020.12.02.). 대선후보급 출마에 야당 지지층이 호의적인 반응을 보이며 초반 대세론을 형성한다. 또한, 여론조사상 야권 후보 중 안철수를 제외하면 박영선에게 모두 지는 결과가 나왔기에 야당에서는 경쟁력 있는 후보라는 기대감이 있었다.

공식 출마 선언 당일 주가								
후보	출마 선언	관련주	종합 지수	종가	고가	저가	주간 고점	주간 저점
안철수	2020.12.20.	써니전자	+0.23%	+19.3%	+25.9%	+15.7%	+25.9%	+9.9%
		까뮤이앤씨	+0.23%	+30.0%	+30.0%	+16.3%	+42.4%	+16.3%

다소 예상치 못했기에 안철수의 출마는 선반영되지 않고 재료가 고스란히 주가에 반영됐다.[356] 특히 ㈜까뮤이앤씨는 당일 상한가를 기록했으며 공식 발표일 기준으로 1주 동안 +42.4퍼센트의 고점을 찍는 높은 상승률을 보인다.

국민의힘 나경원 출마

나경원은 박원순 서울시장이 처음 당선된 2011년 재보궐선거의 적수로 나선 바 있는 후보다. 21대 총선에서 낙선해 야인이 된 그녀는 이번 재보궐선거에서 야권의 유력한 서울시장 후보로 점쳐져 왔다. 실제 안철수의 출마 선언 이후 조사된 여론조사에서 오차범위 내 지지율을 기

356 동아일보(2020.12.21.) 안철수, 서울시장 출마 선언에… 안랩 등 테마주 급등세

록하는 등 저력을 보였다(한길리서치, 2020.12.22. 공표).

또한, 줄곧 제기돼온 원정 출산 관련 의혹에 대해서는 의사소견서를 공개하며 당일 SNS를 통해 "힘들지만 멈추지 않고, 지쳐도 쓰러지지 않는다. 저는 제 길을 갑니다"라고 밝혀 서울시장 선거 출마 가능성을 시사했다(2020.12.21.). 이러한 출마 가능성은 라디오 방송 출연에서 "대선과 서울시장 선거 모두 고민해 볼 수 있다"고 말하자 점차 가시화된다(KBS라디오 '김경래의 최강시사' 2020.12.28.). 나경원은 용산구 이태원동 골목에서 "독한 결심과 섬세한 정책으로 서울을 재건축해야 한다"라는 말과 함께 공식적으로 출마한다(2021.01.13.).

출마 선언 당일 주가								
후보	출마 선언	관련주	종합지수	종가	고가	저가	주간고점	주간저점
나경원	2021.01.13.	한창	+0.71%	-9.7%	+2.9%	-10.0%	+2.9%	-12.9%
		오텍	+0.56%	-1.6%	+2.5%	-1.6%	+2.5%	-7.6%

나경원은 서울시장 재보궐 선거가 정해진 시점부터 줄곧 출마 가능성이 제기된 후보였다. 공식 선언을 한 것은 아니지만, 오랜 기간 출마를 시사하는 발언을 해서 이미 주가에 반영된 상황이었다. 따라서 오히려 출마를 공식 선언한 날(2021.01.13.) 재료가 소멸해 주가는 하락한다.

국민의힘 오세훈 출마

서울시장을 두 번 연임한 오세훈 역시 나경원과 마찬가지로 야권의 유력한 후보로 거론됐다. 하지만 해당 선거에 출마한다면 한 가지 문제가 있었다. 안철수와 마찬가지로 다가오는 대통령 선거 출마를 포기해야 한다는 것이었다. 실제 그 역시 안철수와 마찬가지로 라디오 방송에서 "저 외에 다른 좋은 대안이 나서길 바란다"고 말하며 대선으로 직행하겠다는 듯한 발언을 했다(MBN '정운갑의 집중분석' 2020.11.15.). 오세훈 차출론이 제기되기 시작한 12월 초 인터뷰에서도 이런 의견을 말했다. 그는 "지난 10년간 국가 경영을 위한 준비를 해왔는데, 이 모든 것을 한순간에 포기하고 서울시장 선거에 나가는 건 정치인의 도리가 아니다"라고 말하며 여전히 부인했으나 발표된 여론조사에서 국민의힘 내 1위를 기록하며 저력을 보인다.

리얼미터 여론조사	오세훈	나경원	박영선
2020년 12월 8일 (야권 기준)	18.5%	17.2%	–

안철수가 출마하면서 국민의힘 내부에선 중량급 인사인 오세훈이 출마해야 한다는 의견에 힘이 실렸다.[357] 이후 조선일보와의 전화 연결 인터뷰에서 오세훈은 "해를 넘겨 조금 시간을 갖고 결단하게 될 것"이라 밝히며 전환된 태도를 보였다.

오세훈은 기자회견을 열어 안철수 후보의 국민의힘 입당을 요구하며 그가 입당하지 않으면 출마하겠다는 다소 독특한(?) 조건의 출사표를 던졌다(2021.01.13.). 또한 시한을 국민의힘 후보 등록일 전날(17일)로 못박으며 결국 공식 출마를 선언한다(2021.01.17.). 출마 선언 후 진양화

---

357 시사in(2020.12.25.) [주간필담] 힘 받는 오세훈 차출론… "선택 아닌 필수"

학은 +13.8퍼센트까지 상승하는 흐름을 보였다. 하지만 이미 오랜 기간 출마 가능성이 제기돼 주가에 반영되고 있었기 때문에 결국 재료가 소멸해 종가 하락으로 장을 마감한다.

출마 선언 당일 주가								
후보	출마 선언	관련주	종합지수	종가	고가	저가	주간고점	주간저점
오세훈	21.01.17	진흥기업	−2.33%	−1.8%	+6.2%	−2.5%	+16.5%	−2.5%
		진양화학	−2.33%	−5.8%	+13.8%	−6.8%	+13.8%	−11.4%

더불어민주당 박영선 출마

ⓐ 높게 점쳐진 출마 가능성

박영선은 가장 유력하게 출마가 점쳐진 인물이다. 그 이유로는 몇 가지가 있는데 우선 우상호와 마찬가지로 서울시장 선거를 준비한 이력이 있었다. 그녀는 서울시장 선거에 두 번 도전했는데 2011년 재보궐 선거에서 민주당 후보로 선출됐으며 2018년 지방선거에선 현직 시장인 박원순과 경선에서 맞붙은 적이 있었다. 또한, 본인의 지역구인 구로을을 윤영찬 수석에게 내준 이유가 차기 서울시장 출마를 위한 포석이었다는 추측이 있는 상황이었다. 게다가 성 관련 의혹으로 발생한 선거이므로 여성이 나서야 한다는 당내 여론 역시 많았다.[358] 이러한 점은 여론조사에서 그녀의 우위로 드러난다.

---

358 조선일보(2020.11.03.) 성추행으로 보궐선거 하니… '여성 후보론' 띄우는 민주당 의원들

리얼미터 여론조사	오세훈	나경원	박영선
2020년 12월 8일 (전체 기준)	14.9%	15.5%	19.9%

ⓛ 장관 신분으로 출마설에 대한 언급 無

여론조사에서 드러난 대세론과 출마 예측에도 불구하고 현직 국무위원이기 때문에 관련 언급을 최대한 함구한다. 이러한 점 때문에 단일 기준 폭발적인 주가 상승을 보이진 못했지만 한편으로 서서히 주가를 상승시키는 이유가 됐다. 더불어민주당이 당헌을 개정해 후보를 선출할 수 있게 된 시점인 2020년 10월 30일부터 본격적으로 출마 결심을 했다는 보도가 나온 2021년 1월 19일까지 관련 종목이 천천히 상승했음을 확인할 수 있다. 반면 출마설부터 공식 출마까지 시간이 몇 달 흘렀기에 출마 재료는 상당히 많이 선반영되었다. 그래서 막상 공식 출마(2021.01.26.)를 선언한 당일, 그녀의 테마주는 주가 하락을 맞는다(아래 표, 자료 참조).

공식 출마 선언 당일 주가								
후보	출마 선언	관련주	종합지수	종가	고가	저가	주간고점	주간저점
박영선	2021.01.26.	제이티	−0.53%	−5.0%	+0.5%	−5.3%	+0.5%	−17.5%
		제이씨현시스템	−0.53%	−4.9%	+2.2%	−5.5%	+2.2%	−18.5%

〈 박영선 테마주 차트〉

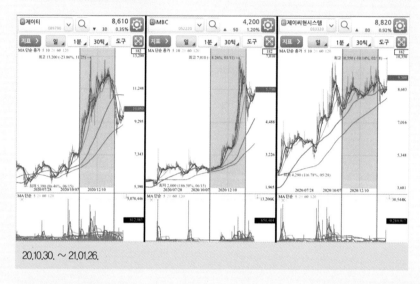

20.10.30. ~ 21.01.26.

공식 출마 선언일에 주가가 반응하는가?

앞서 후보별 공식 출마 선언일을 기준으로 종합한 표는 다음과 같다. 조은희와 안철수 후보는 선언일을 기준으로 주가가 상승하나 그 외 후보들의 테마주는 오히려 종가가 떨어진 것을 볼 수 있다. 출마 선언 같은 큰 재료가 있었음에도 떨어진 이유는 무엇일까?

공식 출마 선언 당일 주가								
후보	출마 선언	관련주	종합지수	종가	고가	저가	주간 고점	주간 저점
조은희	2020.12.01.	천일고속	+1.66%	+3.0%	+3.0%	−1.4%	+21.9%	−1.4%
		오리콤	+0.58%	+5.7%	+6.4%	−0.1%	+44.1%	−0.1%
우상호	2020.12.13.	화인베스틸	−0.28%	+0.0%	+3.1%	−2.3%	+3.1%	−5.5%
		유진기업	+0.12%	+0.0%	+1.0%	−0.9%	+1.0%	−3.5%
안철수	2020.12.20.	써니전자	+0.23%	+19.3%	+25.9%	+15.7%	+25.9%	+9.9%
		까뮤이앤씨	+0.23%	+30.0%	+30.0%	+16.3%	+42.4%	+16.3%
나경원	2021.01.13.	한창	+0.71%	−9.7%	+2.9%	−10.0%	+2.9%	−12.9%
		오텍	+0.56%	−1.6%	+2.5%	−1.6%	+2.5%	−7.6%
오세훈	2021.01.17.	진흥기업	−2.33%	−1.8%	+6.2%	−2.5%	+16.5%	−2.5%
		진양화학	−2.33%	−5.8%	+13.8%	−6.8%	+13.8%	−11.4%
박영선	2021.01.26.	제이티	−0.53%	−5.0%	+0.5%	−5.3%	+0.5%	−17.5%
		제이씨현 시스템	−0.53%	−4.9%	+2.2%	−5.5%	+2.2%	−18.5%

답은 명확하다. 말 그대로 공식 선언일이 기준이기 때문이다. 실제 공식 선언일과 출마 시사를 밝힌 시점은 다르다. 박영선, 나경원, 오세훈은 공식 출마를 선언한 시점에서 1주에서 2개월 전부터 출마 가능성이 높게 점쳐진 인물들이다. 해당 기간 각 후보의 테마주는 차근차근 기대감이 반영됐다.

테마주가 움직이기 시작한 시점

선거에서 처음 움직임을 보이는 재료는 출마 선언이다. 따라서 공식
선언 이전에 출마 가능성이 제기된다면, 주가는 상승하는 모습을 보일
것이다. 그렇다면 어떤 주체가 어느 시점에 기대감을 자극할까? 그에
대한 답은 후보별 공식 출마 선언 이전의 기사를 살펴보면 확인할 수 있
다. 아래 표는 공식 출마 선언일과 출마 가능성에 관한 기사를 모은 것
이다. 이를 보면 제기된 시점이 공식 선언일보다 이르다는 것을 확인할
수 있다.

후보	공식 출마	출마 가능성에 대한 보도
조은희	2020.12.01.	한국일보, 조은희 "서울시장 출마? 잘할 자신 있다", 2020.09.27.
우상호	2020.12.13.	중앙일보, 우상호 "공천 안 해 대선까지 내줄 순 없다", 서울시장 출마 의지, 2020.10.30.
안철수	2020.12.20.	조선일보, 안철수, 서울시장 출마 결심 "文 정권 폭주 저지", 2020.12.19.
나경원	2021.01.13.	세계일보, 의혹·논란 정리하는 나경원, 서울시장 출마 임박했나, 2020.12.21.
오세훈	2021.01.17.	연합뉴스, 오세훈 "안철수 입당 안하면 출마"… 安 "시민 공감대 중요"(종합), 2021.01.07.
박영선	2021.01.26.	노컷뉴스, 박영선 서울시장 출마 임박… 文대통령 20일 4~5개 부처 개각, 2021.01.19.

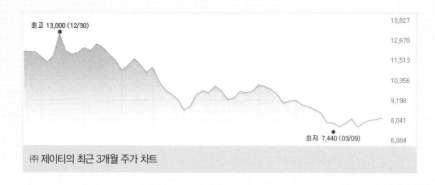

최고 13,000 (12/30)

13,827
12,670
11,513
10,356
9,198
8,041
6,884

최저 7,440 (03/09)

㈜ 제이티의 최근 3개월 주가 차트

　　실제 기대감이 주가에 반영되는지 여부는 박영선 테마주 중 하나인 ㈜제이티의 3개월간(2020.12.~2021.03.) 차트로 확인할 수 있다. 박영선은 21년 1월 26일 공식 출마한다. 하지만 제이티는 출마 선언 이전인 2020년 12월 30일(최근 3개월 기준) 최고점을 찍는다. 이는 앞서 말했듯이 박영선 본인이 어떤 스텐스를 취하지 않았음에도 언론과 기사에서 출마 가능성이 높이 제기돼 자금이 유입된 것으로 보인다. 따라서 오히려 출마 선언을 한 당일 재료가 소멸됐으며 야권 후보(안철수, 오세훈)의 지지율 상승이 추가 상승 동력을 소실시켰다고 진단했다. 반면 안철수와 조은희는 선반영이 전혀 되지 않은 채 공식 선언을 함으로써 당일 극적인 주가 상승으로 이어졌다.

　　즉, 공식 선언일을 기준으로 주가가 상승하는가 하락하는가는 재료에 선반영됐는지 여부가 중요한 기준이다.

경선과 단일화

공당은 집권을 목적으로 결성된다. 그래서 모든 선거에 후보를 내고자 하는데 후보를 선출하는 과정을 경선이라 한다. 또 각 후보는 본선에 앞서 또 한 번의 교통정리를 하는데 이를 단일화라 말한다. 단일화를 거쳐 다자 구도가 양자 구도(일대일)가 되는 경우가 많은데 일반적으로 범여권과 범야권 후보로 갈라져 대결한다. 이번 서울시장 선거는 이 조건에 정확히 맞아떨어졌다. 경선으로 범여권에선 박영선, 김진애 후보가 선출되었으며 범야권에선 오세훈, 안철수가 선출된다. 이후 단일화를 통해 범여권 후보로 박영선, 범야권 후보로 오세훈이 선출돼 사실상 양자 구도로 진행된다.

2.1 여권의 후보 선출

〈단일화 주요 일정〉
- 2020년 12월 13일 – 우상호 출마 선언
- 2021년 1월 26일 – 박영선 출마 선언
- 2021년 3월 1일 – 더불어민주당 경선
- 2021년 3월 17일 – 범여권 단일화 경선

박영선의 무난한 선출

더불어민주당의 후보로는 우상호, 박영선이 나선다. 경선은 다소 싱겁게 시종일관 여론조사에서 우위를 점한 박영선의 승리로 끝난다 (2021.03.01.). 이후 박영선은 범여권 정당 중 하나인 열린민주당과 단일화를 진행한다. 180석을 가진 정당과 3석 정당 후보 간의 단일화로 누구나 결과를 예측할 수 있었다. 최종적으로 범여권 단일 후보로 박영선이 선출된다(2021.03.17.).

상승 동력을 잃은 박영선 테마주

박영선 테마주는 더불어민주당 경선 승리와 김진애와의 후보 단일화에도 주가 상승으로 이어지지 않았다. 이는 당헌 개정을 한 시점부터 약 70~110퍼센트의 주가 상승이 있었으며 발표된 여론조사에서 범야권 후보에 밀린 결과가 영향을 미쳤다고 판단된다.

박영선 테마주 사건별 주가						
후보	관련주	당헌 개정일 (2020.10.30)	12월 01일	출마 선언일 (2021.01.26)	민주당 경선일 (2021.03.01)	범여권 단일화 (2021.03.17)
박영선	제이티	7,800	10,100	9,740	8,910	8,010
	imbc	2,580	3,465	5,500	5,470	4,365

2.2 야권의 후보 선출

〈단일화 주요 일정〉

• 2020년 12월 13일 – 안철수 출마 선언
• 2021년 1월 17일 – 오세훈 출마 선언
• 2021년 3월 3일 – 국민의힘 경선
• 2021년 3월 23일 – 안–오 단일화 발표

안철수 대세론과 오세훈의 역전

야권은 안철수 후보가 1강을 차지한 가운데 나경원, 오세훈 후보가 경쟁하는 구도로 진행된다. 그러나 안철수는 국민의당 후보였기에 범야권 단일화는 국민의힘의 오세훈, 나경원 후보 간 선출이 있은 후에 진행되었다. 국민의힘 경선에서는 오세훈이 역전극을 펼치며 선출된다. 이는 당초 야권의 '안철수 〉 나경원 〉 오세훈' 구도를 깬 발표였다. 실제 여러 여론조사에서 안철수는 야권 후보 경쟁에서 오세훈, 나경원을 모두 오차범위 밖에서 이긴 1위로 집계됐으며, 나경원이 오세훈을 근소하게 앞서는 것으로 나타났다. 하지만 오세훈이 국민의힘 경선에서 낙승을 거두며 분위기 반전을 이뤄낸다. 여론조사에선 안철수-오세훈 양자 간 팽팽한 승부가 예측되는 결과가 발표됐으며 오세훈 후보 역시 박영선 후보를 앞서는 값이 발표되자, 유일한 야권의 승리 카드로 여겨지던 안철수의 지지율이 조금씩 이탈한다.

국민의힘 서울시장 경선	오세훈	나경원	조은희
2021년 3월 4일	41.64%	36.31%	16.47%

주가에서 드러난 실망과 기대감

안철수 대세론은 오세훈의 지지율이 오르며 점차 흔들린다. 안철수에 대한 실망감과 오세훈에 대한 기대감이 테마주 시장에 드러난다. 국민의힘 경선이 열린 2021년 3월 3일을 기점으로 오세훈 테마주는 상승세를 보였고 안철수 테마주는 박스권 하락하는 모습을 보였다. 이러한 접전 구도는 오세훈-안철수 간 단일화 과정에 문제를 발생시킨다. 경선 룰에 따라 선출 후보가 바뀔 수 있었기에 유무선 비율과 세부 문항을 놓고 팽팽한 의견 차가 있었다. 결국 단일화 협상이 일시 중단되며 후보 등록 이후 재개하자고 결정한다. 양 후보를 넘어 야권 전체가 분열할지도 모른다는 위기감이 고조되는 순간이었다. 그러나 안철수 측이 3월 19일 "국민의힘이 요구하는 단일화 여론조사 방식을 모두 수용하겠다"고 밝히며 일단락된다(2021.03.19.).

리얼미터 여론조사	오세훈	박영선	안철수
2021년 3월 15일 (전체 후보 기준)	35.6%	33.3%	25.1%
2021년 3월 15일 (오-박 양자 대결)	54.5%	37.4%	–
2021년 3월 15일 (안-박 양자 대결)	–	37.8%	55.3%

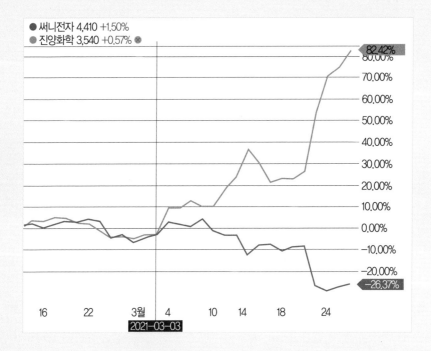

단일화 발표 직전, 주가는 상승한다?

안철수-오세훈 단일화는 결과 발표 직전까지 불과 0.1퍼센트 차의 접전 양상을 보이며 더욱 예측할 수 없는 상황을 연출한다. 결과는 3월 23일 오전 9시 30분에 발표될 것이라 공지된다. 주식시장 개장 시간인

9시 이후 발표였기에 두 후보의 테마주 주가가 요동치는 것을 확인할 수 있었다. 양측 모두 걱정보단 기대감(주가 상승)의 힘이 강해 보였다. 오세훈 테마주의 주가가 더 높은 양상을 보이긴 하였으나 안철수 테마주 역시 상승 흐름을 보였다. 아래의 자료는 이목이 쏠린 정치적 이벤트였던 이재명의 최종심 재판 직전 주가를 포함해 나열한 것이다. 모두 평소보다 주가 움직임이 큰 것을 확인할 수 있다.

주요 사건 직전 주가								
후보	발표일	관련주	종합지수	종가	고가	저가	주간고점	주간저점
안철수	2021.03.23.	써니전자	4,160	−20.1%	+3.4%	−28.6%	3.4%	−28.6%
		까뮤이앤씨	3,010	−21.1%	+10.6%	−26.2%	+10.6%	−30.1%
오세훈	2021.03.23.	진흥기업	3,300	+15.3%	+27.3%	+0.8%	+36.2%	+0.8%
		진양화학	4,600	+20.9%	+25.7%	+0.3%	+51.7%	+0.3%
이재명	2020.07.16.	에이텍	21,150	+8.4%	+29.8%	+0.2%	+29.8%	+0.2%
		동신건설	8,700	+2.3%	+11.4%	+0.6%	+61.5%	−1.0%

앞의 표처럼 단일화 경선 발표나 이재명 지사의 최종심과 같이 예측할 수 없는 상황에서 사람들은 저마다의 판단에 따라 기대감을 높인다. 그것이 환희가 될지 절망이 될지 모르지만 판도라 상자가 열리기 직전 주가는 기대감 속에 상승 경향을 보였다.

선거운동과 당락

선거 기간 TV 토론회는 후보 간 역량과 정책을 파악하는 장이다. 또한, 이 기간 동안 양측 캠프에서는 상대 후보를 향한 검증이라며 논란을 야기하는데 이 과정에서 지지율 급변을 겪기도 한다. 실제 이번 선거에서도 박영선 캠프 측이 오세훈 후보에게 땅 투기 의혹을 제기했으며 오세훈 캠프 측은 박영선 후보 캠프 측 인사의 '피해호소인' 발언을 문제 삼으며 공방을 펼쳤다. 그러나 이번 선거 기간 동안 큰 지지율 변화를 보이지 않았고 여론조사에서 드러나듯 오세훈의 승리로 끝난다. 앞선 선거에서처럼 이번 선거에서도 후보가 선출된 후부터 선거 당일까지는 단기적인 호재로 상승한 것을 제외하면 큰 상승 동력은 없었다.

후보 선출 이후 주가의 흐름: 상승 후 하락?

정치테마주에서 주가는 대개 여론조사와 정치적 상황에 영향을 받는다. 하지만 역대 선거에서 후보 선출 이후로 한정한다면 경향성이 옅어진다. 특히 선거 당일에 다가올수록 차익 실현에 대한 욕구와 결과에 대한 기대감이 동시에 커지며 섣불리 예측할 수 없는 상황이 되는데, 역대 선거를 비교해 보면 차익 실현 욕구가 더 컸다. 이번 선거에서도 그러한 흐름이 이어졌다. 우선 후보 선출 시점을 오세훈 후보는 야권의 또 다른 유력 후보인 안철수와의 단일화에 성공한 2021년 3월 23일로 설정했으며 박영선은 더불어민주당 경선에서 선출된 시점으로 보았다(이는 각 후보가 단일화를 진행한 안철수, 김진애 후보의 정치적 중요도 차이를 고려한 것이다. 사실 김진애 후보와의 단일화는 큰 이슈를 끌지 못했다).

이번 선거는 투기 의혹과 캠프 인사의 사퇴는 있었으나 큰 변수가 발생했다고 보긴 어려웠다. 따라서 큰 변수 없이 선거 당락이라는 재료만으로 움직인 사례로 보면 좋을 것이다. 다음 표는 후보 선출 시점과 선거 당일까지의 고점, 저점을 살펴본 것이다. 오세훈은 후보 선출 이후 20~30퍼센트의 상승을, 박영선은 후보 선출 이후 10퍼센트 정도 상승한 고점을 볼 수 있다. 하지만 선거 전날 주가는 진양화학을 제외하면 모든 테마주가 선출 직후보다 떨어졌다.

후보 선출~ 선거 전일까지 주가								
후보	후보 선출일	관련주	선출 직후 주가	선거 전일 주가	고점		저점	
					주가	날짜	주가	날짜
박영선	2021. 03.01.	제이티	8,910	8,090	9,380	2021.03.02.	7,440	2021.03.09.
		IMBC	5,470	4,010	6,030	2021.03.24.	3,910	2021.04.07.
오세훈	2021. 03.23.	진흥 기업	3,805	3,220	4,495	2021.03.24.	3,115	2021.04.06.
		진양 화학	5,560	6,190	6,980	2021.03.24.	5,860	2021.03.30.

오세훈, 박영선 테마주 선거 전후 주가 평가:

당선에도 폭락하는 오세훈 테마주?

선거는 오세훈 후보가 57.5퍼센트를 획득하며 39.2퍼센트에 그친 박영선 후보를 제치고 승리한다. 재보궐 선거이므로 선거 당일에도 주식시장이 개장했는데 우리는 해당 선거일을 기준으로 당일, 전일, 다음날 박영선, 오세훈 테마주의 주가를 살펴보기로 했다. 몇 가지 독특한 점을 먼저 말하자면 오세훈이 승리를 거뒀음에도 해당 테마주의 주가는 선거 다음 날인 4월 8일 20.8퍼센트를 기록하며 폭락한다(진양화학). 이런 가격 폭락이 발생하는 이유가 무엇일까? 몇 가지 이유를 추정할 수 있는데, 우선 재료 소멸이다. 서울시장 재보궐 선거에서 형성된 재료가 선거 당일을 기점으로 끝났기 때문이다. 두 번째로는 정치인 오세훈이 서울시장에 당선되면서 더는 차기 대선 주자라 할 수 없게 된 것이다. 다가오는 대선 재료로 매력을 끌 만한 후보가 아님을 의미한다. 마지막으로 선거에 다다르며 이미 많은 주가 상승률을 보인 상황이었다. 차익 실현 매물이 쏟아지면서 주가가 하락한 것이라 판단된다. 박영선 테마주 역시 오세훈 테마주와 마찬가지로 재료 소멸로 주가가 하락했음을 확인할 수 있었다. 이처럼 선거가 다가오거나 종료되는 순간 투자자는 항상 재료 소멸 가능성을 염두에 두고 투자해야 한다. 따라서 안정적으로 매도 시점을 정하는 것이 중요하다. 아래의 표를 보면 오세훈 후보의 차익 실현 매물이 선거 다음 날 나온 것으로 확인된다. 모든 선거마다 발생하는 이 차익 실현 시점이 언제일지는 아무도 정확히 모른다. 여론조사 결과, 토론회에서의 부진 등 여러 요인에 영향을 받아 선거 하루, 한 주, 한 달 전이 될 수도 있다.

선거 전후 주가 (전일 종가 기준 %)									
종목		선거 D-1			선거일			선거 D+1		
후보	관련주	종가	고가	저가	종가	고가	저가	종가	고가	저가
오세훈	진흥기업	-1.5%	-0.3%	-4.7%	+1.2%	+3.3%	-2.8%	-8.1%	+3.4%	-8.1%
	진양화학	-2.2%	-0.5%	-6.8%	+1.8%	+3.1%	-4.0%	-20.8%	-2.1%	-21.9%
박영선	제이티	-1.6%	+1.1%	-1.9%	-1.6%	+0.4%	-1.9%	+1.8%	+2.3%	-5.8%
	IMBC	-8.3%	+0.5%	-9.7%	+0.0%	+4.4%	-2.5%	-1.9%	-1.5%	-7.7%

서울시장 선거:
대선 재료를 잇는 징검다리

재료의 끝은 없다 (새로운 재료가 다가올 뿐)

4·7 재보궐 선거 재료는 선거일이 다가올수록 식었다. 이것은 명백한 사실이다. 안철수, 오세훈, 나경원, 박영선으로 대표되는 정치인의 주가는 후보 선출 이후 선거일이 다가올 때까지 큰 폭의 주가 상승을 보이지 않았다. 그렇다면 재료가 끝나는 시점에 정치테마주 시장은 침체를 맞는 것일까? 그것은 단호히 아니라 말할 수 있다. 이번 재보궐 선거는 그저 테마주 시장의 수많은 재료 중 하나가 끝나는 것에 불과하다. 이 바닥을 오랫동안 지켜봐온 소위 고수들은 선거운동이 한창 진행되고 있는 이 순간에도(원고를 쓰는 시점은 재보궐 선거운동이 한창이었다) 다음 재료를 바라보고 있다. 더군다나 서울시장 선거 이후의 재료는 큰 변수가 없는 한 제20대 대선이다. 대선을 바라보는 투자자에게 지금 시기(2021년

4월)는 재료의 소멸뿐 아니라 정국의 흐름을 파악하는 지표다. 이들은 반 박자 빠르게 매수 시점을 가져갈 것이며 서서히 관련 테마주를 올릴 것이다.

실제 문재인 대통령이 선출된 19대 대선(2017.05.09.)부터 지금까지 수많은 재료가 생성·소멸 됐다. 시기마다 주목받는 후보가 있는데 그들의 정치적 희비는 테마주 시장에 반영되었다. 이에 대한 자세한 이야기는 〈자금 흐름 편〉에서 다루기로 하겠다. 이번 부록 편에서는 서울시장 선거가 진행되는 와중, 다가오는 대선과 연관된 테마주가 실제 움직이는지 확인해 보기로 했다.

〈20대 대선 주요 정국〉

19대 대선 → 안희정 미투 사건 → 남북정상회담 → 7회 지방선거 → 보수 정계 개편 → 21대 총선. 이낙연 대세론 → 이재명 무죄 → 윤석열– 추미애 갈등 → 4·7 재보궐 선거 → 20대 대선 (?)

1년 남은 대선, 대선 주자의 윤곽이 드러나다.

우선 21대 대선 유력 후보를 설정하기로 했다. 객관적 자료를 확보하기 위해 대선이 1년 남은 시점, 4군데 주요 여론조사(리얼미터, 한국갤럽, 알앤써치, NRS) 업체를 통해 여·야 후보 8명을 결정하기로 했다. 다음 자료는 2021년 3월에 조사된 대선 후보군의 여론조사 표인데 각 4개의 여론조사에서 순위별로 1위를 8점, 2위를 7점⋯⋯ 8위를 1점으로 점수를 매기고 합산했다. 그 결과 여권에선 이재명·이낙연·정세균, 야권에선 윤석열·안철수·오세훈·홍준표·유승민을 대선 후보로 정했다. 이들은 이번 4·7 재보궐 선거에 직간접적으로 참여했지만 오세훈, 안철수를 제외하면 단역에 불과했다. 그러나 테마주 시장은 재보궐 선거만이 아닌 1년 남은 대선도 바라보고 있었다. 이번 소단원에서 서울시장 선거가 무르익고 있던 시기에도 대선 테마주가 재료로 움직이는지 확인해 본다.

후보/업체	리얼미터	알앤써치	한국갤럽	NBS	점수
윤석열	34.4% 1위	36.3% 1위	23% 1위	25% 1위	32점 – 1위
이재명	21.4% 2위	21.6% 2위	23% 1위	24% 2위	29점 – 2위
이낙연	11.9% 3위	12.2% 3위	7% 3위	10% 3위	24점 – 3위
안철수	4.5% 4위	3.5% 6위	4% 4위	5% 4위	18점 – 4위
오세훈	4.5% 4위	6.0% 4위	1% 6위	3% 6위	16점 – 5위
홍준표	3.8% 6위	3.7% 5위	2% 5위	4% 5위	15점 – 6위
유승민	2.0% 8위	2.5% 7위	–	1% 8위	4점 – 7위
정세균	1.7% 9위	1.9% 8위	–	2% 7위	3점 – 8위
추미애	2.5% 7위	–	–	–	2점 – 9위

대선이 1년 남은 시점 여론조사 업체별 공표일(리얼미터 2021.03.29., 한국갤럽 2021.04.02., NBS 2021.04.02., 알앤써치 2021.03.31.)

재보궐선거 기간 여야 대선 주자 주가 상승률

우선 재보궐 정국이 시작된 지점을 설정해야 했다. 선거에서 가장 먼저 발생하는 재료는 출마 선언이다. 그래서 여야 명망가의 출마 가능성이 조성된 시점을 도입부라 생각했다. 당시 여당인 더불어민주당은 당헌에 따라 선거 후보를 낼 수 없던 상황이었다. 그러나 이낙연 대표가 당헌·당규를 개정하면서 후보를 낼 수 있게 되면서 재보궐 정국 분위기가 본격화된다(2020.10.31.). 이 시점부터 우상호 같은 여당의 유력 후보가 출마 가능성을 비친다. 야권에서도 나경원, 오세훈 등이 거론되며 해당 시기부터 출마 가능성이 타진됐다. 해당 시기가 2020년 10월 31일쯤이었으니 재보궐 선거가 치러진 2021년 4월 7일까지 약 5개월 동안 진행됐다. 이 시기 여야 대선 주자의 테마주가 실제 어떻게 움직였는지 살펴보기로 하자.

이때 대선 주자 중 하나인 오세훈, 안철수는 서울시장 선거에 후보이므로 대선 재료가 아닌 서울시장 선거 재료로 움직였다고 보았다. 그래서 우리는 여권의 이재명·이낙연·정세균, 야권의 윤석열·유승민 테마주를 살펴보기로 했다. 참고로 홍준표의 대표 테마주인 세우글로벌과 OQP(前두올산업)은 거래정지가 돼 확인할 수 없었다.

다음 표는 재보궐 기간을 크게 세 구간으로 나누어 기간별 주가의 최고점을 모은 자료다. 이때 대선 주자는 흰색 음영으로, 서울시장 주자는 초록색 음영으로 비교할 수 있도록 했다. 각 기간의 특징을 파악해 보면 우선, 첫 번째 기간(2020년 11~12월)은 서울시장 주자의 출마설이 도는 시기이며 몇몇 후보는 출마 선언을 한 상황이다. 한편으로 이 기간 윤석열은 국정감사가 화제가 되며 추미애-윤석열 간 갈등이 최고조에 올라선 상황이었다. 언론의 주목과 야권의 관심이 집중된 그의 테마주는 서울시장 재료와 비견될 만큼 자금 흐름을 보였다. 이 시기 모든 대선 주자로 많은 자금이 유입됐지만 1~2월에 접어들며 잠시 주춤한다. 그 이유는 서울시장 선거 재료로 정치테마주가 움직이며 자금 흐름이 바뀌었기 때문이다. 3월을 넘어 재보궐 선거 재료의 소멸 시기가 다가오자 재차 대선 테마주로 바뀐다. 이를 통해 우리는 재료가 소멸되는 시점은 또 다른 재료로 자금이 이탈해 선반영되는 시점이라는 사실을 확인할 수 있었다.

재보궐 정국 기간 대선 주자 테마주 상승률								
후보	테마주	10월 30일	11~12월		1월~2월		3월~ 선거일	
	종가 (기준점)		기간 최고점	상승률 (고점기준)	기간 최고점	상승률 (고점기준)	기간 최고점	상승률 (고점기준)
윤석열	덕성	4,600	11,600	+152.2%	9,350	+103.3%	29,500	+541.3%
	서연	9,030	15,050	+66.7%	11,000	+21.8%	26,200	+190.1%
	아이 크래프트	3,830	5,750	+50.1%	4,485	+17.1%	10,650	+178.1%
이재명	에이텍	29,850	34,950	+17.1%	41,650	+39.5%	42,650	+42.9%
	에이 텍티엔	18,700	27,000	+44.4%	29,550	+58.0%	42,500	+127.3%
	동신 건설	10,600	66,800	+530.2%	56,300	+431.1%	46,400	+337.7%
이낙연	남선 알미늄	3,945	5,150	+30.5%	4,945	+25.3%	4,675	+18.5%
	서원	2,815	3,315	+17.8%	3,040	+8.0%	2,865	+1.8%
유승민	대신 정보통신	1,620	2,320	+43.2%	1,960	+21.0%	2,230	+37.7%
	삼일 기업공사	3,235	5,380	+66.3%	5,060	+56.4%	6,420	+98.5%

정세균	수산 중공업	1,955	3,990	+104.1%	5,670	+190.0%	6,980	+257.0%
	신화 실업	20,900	21,550	+3.1%	29,900	+43.1%	38,400	+83.7%
박영선	제이티	7,800	13,000	+66.7%	12,550	+60.9%	9,380	+20.3%
	IMBC	2,580	4,475	+73.4%	7,010	+171.7%	6,030	+133.7%
오세훈	진양 화학	4,460	5,560	+24.7%	5,960	+33.6%	6,980	+56.5%
	진흥 기업	2,240	3,030	+35.3%	3,280	+46.4%	4,495	+100.7%
안철수	써니 전자	4,305	5,210	+21.0%	5,470	+27.1%	4,855	+12.8%
	까뮤 이앤씨	2,415	3,655	+51.3%	3,835	+58.8%	3,680	+52.4%

대선 주자 – 흰색, 서울시장 주자 – 초록

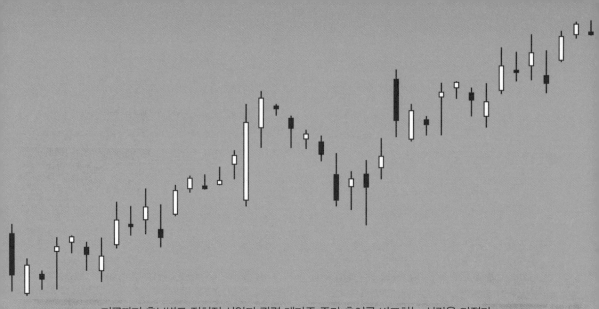

지금까지 후보별로 정치적 사안과 관련 테마주 주가 추이를 비교하는 시간을 가졌다. 그 결과 이 둘 간 상당히 유의미한 관계를 목격했다. 한 후보의 대권 가능성이나 주목도가 올라가는 사건이 발생했을 때 관련 테마주가 상승하는 경우가 많았다. 그리고 반대의 경우 역시 마찬가지였다.

그런데 이 기간을 시간 순서로 나열하자 재밌는 점을 발견할 수 있었다. 각각의 급등이 꼬리에 꼬리를 무는 형식으로 이어졌다는 것이다. 마치 거대한 매수 세력이 여러 정치테마주를 순서대로 옮겨가고 이에 따라 주가 급등락이 발생한 것처럼 보인다. 제2장에서 후보자별 정치적 세부 사안에 집중했다면 이번 장에서는 좀 더 멀찌감치 서서 거대한 자금 흐름의 뒤를 밟아보는 시간을 가져 보겠다.

*앞의 장에서 다루지 않은 후보가 몇 명 추가됐다. 특정 선거에서만 움직여 행보가 너무 짧았거나 현재 정계 은퇴, 혹은 사망한 경우다. 또한 자금 흐름이 둘 이상으로 분산되는 경우(주로 선거 직전) 2장의 방식대로 서술하면 차트가 너무 많아져 책을 읽는 데 방해가 될 듯했다. 따라서 이번 장에서는 그야말로 자금 흐름에 집중해 몇 개의 테마주만 선정해 기술했다. 책의 내용을 참고해 동일인의 다른 테마주도 비교해본다면 유사한 흐름임을 확인할 수 있을 것이다.

chapter 3

자금 흐름 따라가기

01

제19대 대선 자금 흐름 따라가기

제6회 전국동시지방선거_
안철수 및 서울시장 후보 테마주 강세

18대 대선은 박근혜의 당선으로 마무리됐다. 선거는 끝났지만 자연이 진공을 허락하지 않듯 권력도 공백을 허용하지 않는다. 정치권의 관심은 새롭게 떠오른 안철수와 지방선거를 향했고 사람들의 관심이 쏠리는 그곳으로 정치테마주 자금이 흘러 들어갔다.

안철수 테마주 → 박원순 / 정몽준 테마주
- 2012년 12월 19일 − 제18대 대선
- 2013년 11월 28일 − 안철수, 신당 창당 선언

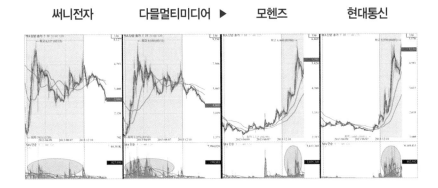

| 써니전자 | 다믈멀티미디어 ▶ | 모헨즈 | 현대통신 |

대선이 끝난 직후였지만 안철수의 귀국 및 정계 복귀를 재료로 안철수 테마주가 급등했다. 이 추세는 안철수 신당 창당을 선언할 때까지 유지되는 모습을 보여 줬으나 이후 재료 소멸로 점차 하락했다.

마침 이 시점은 지방선거를 6개월 남짓 앞둔 때였다. 안철수로 향하던 거대한 자금은 재료 소멸 이후 조금씩 서울시장 후보 테마주로 이동하는 듯했다. 당시 지지율 여야 1위 후보는 여야 각각 정몽준과 박원순이었다. 또한 이 둘은 이번 선거에서 서울시장 후보로 맞붙었다. 그리고 현대통신과 모헨즈로 대표되는 이들의 테마주가 거래량을 동반하며 급등하기 시작한다.

이후 정몽준 테마주는 아들의 발언(2014.04.21.)으로 논란을 빚으며 하락했고 박원순 테마주 역시 서울시장 2선 도전 선언(2014.05.15.)으로 재료가 소멸됨으로써 하락하며 선거를 마무리했다.

제20대 국회의원 선거_
여권 내 비박 및 중도 성향 후보 테마주 강세

정부의 국정수행지지도는 현 정치를 바라보는 국민의 시각을 큰 틀에서 조망하게 해주는 지표다. 박근혜 정부의 국정수행지지도는 해당 기간에 들어서 부침을 겪기 시작한다. 세월호 사태 여파와 중동 호흡기 증후군 메르스 확산 등으로 실망한 것이다.

그럼에도 불구하고 당시 야당이었던 새정치민주연합은 대안 세력으로서의 경쟁력을 보여주지 못한다. 여당인 새누리당에게 계속 밀리던 정당 지지율과 재보궐선거 결과가 이를 증명한다. 정부 지지율은 하락하나 야당 지지율 역시 낮은 정치 상황은 여권 내 비박 후보 테마주와 중도 성향 후보 테마주의 강세로 이어졌다.

김무성 테마주 → 반기문 테마주

- 2014년 7월 14일 – 김무성, 새누리당 당대표 선출
- 2014년 10월 21일 – 반기문, 차기 대선 지지도 조사 편입 및 1위

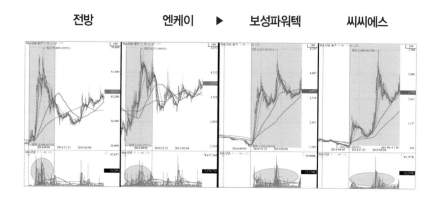

역대 최대 규모의 재보궐선거였던 7·30 선거에서 비박 김무성 체제의 새누리당이 안철수–김한길 체제의 새정치민주연합을 상대로 승리를 거둔다. 이 선거 때문에 안철수는 대표직을 내려놓았으며 김무성은 여권 지지율 1위를 기록한다. 이에 따라 김무성 테마주가 형성돼 주가가 급등하기 시작한다.

그러나 얼마 후 반기문 UN사무총장이 여론조사에 깜짝 집계되며 1위를 기록한다. 이후 반기문 테마주가 형성돼 급등하기 시작했으며 김무성 테마주는 침체기를 겪는다. 자금 이동을 짐작할 수 있는 순간이었다.

반기문 테마주 → 김무성 테마주

- 2014년 10월 21일 – 반기문, 차기 대선 지지도 조사 편입 및 1위
- 2015년 4월 29일 – 김무성 대표 체제 새누리당, 재보궐선거 승리

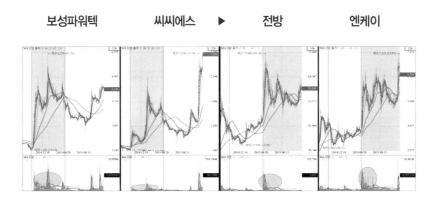

반기문에 대한 강력한 지지세를 목격한 정치권은 반기문 영입 경쟁에 나선다. 새누리당과 새정치민주연합이 각각 그를 영입하겠다는 의사를 보일 때마다 반기문 테마주는 무섭게 급등했다.

그러나 당시 반기문은 UN사무총장직을 수행하던 중이라 정치적 입장을 드러내기 어려운 위치였다. 반면 그동안 여권의 구심점은 여전히 김무성이었다. 김무성 체제가 4·29 재보궐선거에서 또다시 당을 승리로 이끌자 그의 지지율은 급등했다. 더군다나 상대인 새정치민주연합의 지도부는 정계 복귀한 전체 지지율 1위 문재인 체제였다. 해당 선거가 끝난 후 지지율 1, 2위 자리가 뒤바뀌었고 김무성 테마주는 다시 급등한다.

김무성 테마주 → 안철수 테마주

- 2015년 4월 29일 – 김무성 대표 체제 새누리당, 재보궐선거 승리
- 2015년 12월 13일 – 안철수, 새정치민주연합 탈당

| 전방 | 엔케이 | ▶ | 써니전자 | 다믈멀티미디어 |

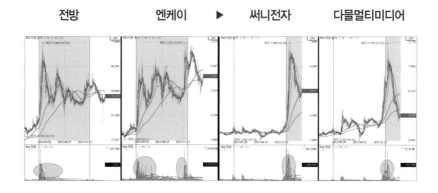

김무성 체제는 소규모였지만 10·28 재보궐선거마저 승리한다. 김무성은 당대표 부임 후 선거 3연승을 거두며 대세론을 형성한다. 또한 야권의 유력 대선 후보인 문재인과 안철수 지도부를 상대로 한 연승이었기에 더욱 의미가 깊었다. 이 기간 동안 정치테마주 시장의 중심은 김무성 테마주였다.

반면 당시 야당인 새정치민주연합은 계파 갈등이 한창이었다. 친문(문재인)과 반문(안철수)으로 나뉘어 갈등이 높아지자 안철수는 탈당을 감행한다. 중도 확장성이 큰 안철수가 탈당에 이어 신당 창당을 선언하자 김무성의 지지율이 소폭 감소했다. 테마주 시장은 탈당에 민감하게 반응했다. 안철수 테마주가 폭등했으며 김무성 테마주는 이를 시작으로 조금씩 내리막을 걷는다.

김무성 / 안철수 테마주 → 유승민 / 오세훈 테마주

- 2015년 12월 13일 – 안철수, 새정치민주연합 탈당
- 2016년 1월 17일 – 오세훈, 종로구 출마 선언
- 2016년 3월 24일 – 김무성, 직인 날인 거부 / 유승민 탈당 / 오세훈 종로 여론조사 발표
- 2016년 4월 13일 – 제20대 총선

*유승민의 탈당은 3월 23일이나 주말이라 거래일 기준으로 24일로 표기했다.

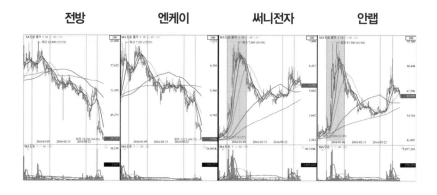

전방   엔케이   써니전자   안랩

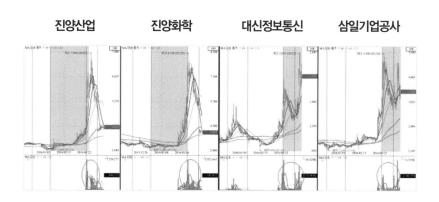

진양산업   진양화학   대신정보통신   삼일기업공사

어느새 시간은 총선 채비를 서둘러 해야 할 시점이었다. 총선은 정치 테마주에서 대선 다음으로 중요한 선거다. 따라서 총선에 출마한 다양한 후보의 테마주가 오르락내리락 분주하게 움직였다.

그중에서도 테마주를 주도한 이는 비박을 대표하는 유승민과 오세훈 전 서울시장이었다. 유승민은 친박과의 갈등으로 일찍이 공천학살이 점쳐졌고 결국 탈당했다. 비박을 대표하는 후보로서의 입지는 도리어 커졌으며 지지율 상승과 탈당을 재료로 유승민 테마주가 급등하기 시작했다.

또한 오세훈은 정치 1번지 종로구에 출마하면서 오랜만에 정계에 복귀했다. 그는 그동안 정계에 많이 모습을 드러내지는 않아도 여론조사에 꾸준히 집계되던 잠룡이었다. 심지어 김무성 대표의 직인 날인 거부 사태 이후 여권 1위를 탈환하기도 했다. 이는 테마주 상승으로 이어졌다.

반면 김무성 테마주는 지지율이 하락하며 자금이 유출돼 주가가 가파르게 하락한다. 또한 앞선 탈당 때 고평가된 안철수 테마주 역시 총선 직전 한 차례 급등을 제외하고는 이렇다 할 움직임을 보이지 않았다.

탄핵 정국 전_ 여야 1위 후보 테마주 장기 급등

앞서 정치권은 정부 지지율은 하락하는데 동시에 야당 지지율 역시 반등하지 못하는 상황이라 밝혔다. 이는 두 거대 정당에 대한 실망 혹은 피로감이라고 표현할 수 있다. 이러한 국민 정서는 제20대 총선에서 이변의 연속으로 드러났다.

이에 따라 정치 지형은 크게 개편됐다. 각 진영에서 대세론을 형성하는 후보가 지지율을 공고히 유지했고 정치테마주 자금은 이들에게로 집중되었다.

문재인 / 반기문 테마주

• 2016년 4월 13일 − 제20대 총선
• 2016년 10월 24일 − Jtbc 태블릿PC 보도

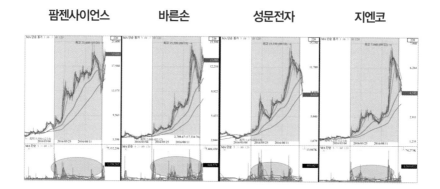

팜젠사이언스　　바른손　　성문전자　　지엔코

　　총선을 기점으로 대선후보로 분류된 이들의 명암은 크게 엇갈렸다. 가장 수혜를 많이 입은 후보는 문재인, 반기문, 안철수, 유승민이었다. 문재인과 안철수는 이변을 연출하며 총선에서 괄목할 만한 성적을 기록했다. 유승민은 탈당 후 당선에 성공해 비박을 대표하는 여권의 후보로 자리매김했으며 결국 빠르게 복당한다. 그리고 반기문은 여권 대선 후보가 대권 가도를 이탈하자 그 대안으로서 다시 주목받기 시작했다.

　　그러나 각 테마주의 상황은 조금 달랐다. 안철수와 유승민 테마주는 앞선 탈당 사태로 주가가 한 단계 상승한 상태였다. 그에 비해 문재인은 지지율이 더 높음에도 테마주 주가는 상대적으로 저평가된 상태였다. 또한 반기문은 아직 대선 의지를 표하지 않았으며 정기 여론조사 편입과 향후 정계 입문 등 재료가 아직 많이 남아 있는 상태였다. 투기 자금 입장에서는 문재인과 반기문 테마주가 더 매력적인 종목으로 여겨졌고 상당 기간 이 두 명의 테마주가 시장을 주도해 간다.

제19대 대통령 선거_ 야권 테마주 강세

헌정 사상 유례없는 탄핵 사태의 발단이 된 2016년 10월 말이었다. 각종 신문의 1면은 모두 정치 이슈로 뒤덮였다. 국민적 관심이 정치권으로 집중된 이 시기, 정치테마주는 널뛰기하듯 움직였다. 정권을 교체할 절호의 찬스를 잡은 야권 테마주가 그 중심이었다. 또한 여권 후보가 불출마하며 지지층이 움직일 때마다 관련주가 대거 생성돼 대선이 다가왔음을 알렸다.

문재인 / 반기문 테마주 → 이재명 테마주

• 2016년 10월 24일 – Jtbc 태블릿PC 보도

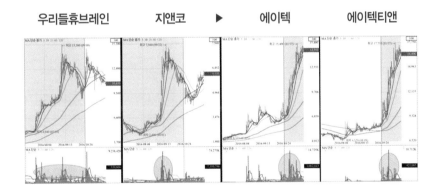

태블릿PC 보도 다음 날 주가가 가장 많이 상승한 것은 역시 문재인 테마주였다. 대선이 문재인과 반기문 양자 구도로 흘러갔으며 반기문은 친박 세력의 지지를 받아왔다. 따라서 이러한 상황은 문재인에게 매우 큰 호재로 작용했다. 또한 지난 제18대 대선에서 보여준 고점에 비하면

절반 정도밖에 오지 않은 상태였기에 문재인 테마주의 추가 주가 상승을 기대할 수 있었다.

그러나 시장 상황은 예상과 다르게 흘러갔다. 이재명 당시 성남시장은 가장 적극적으로 탄핵을 주장하며 초반 여론을 주도했다. 그리고 그의 지지율과 함께 이재명 테마주가 급등한다. 이에 문재인 테마주는 박스권에 갇힌 모양새가 지속됐다. 시장의 투기 자금은 문재인보다 이재명 테마주를 더욱 주목하는 듯했다.

이재명 테마주 → 반기문 테마주
• 2016년 12월 9일 – 박근혜 탄핵안 가결

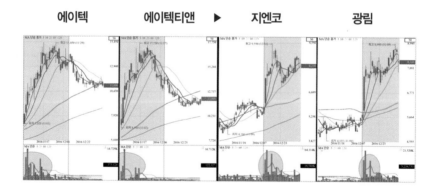

에이텍　　에이텍티앤　▶　지엔코　　광림

그동안 촛불집회를 비롯해 적극적인 탄핵 추진 과정에서 이재명의 지지율과 테마주가 급등해왔다. 그러나 탄핵안 가결이 현실화돼 날짜를 조율하자 분위기는 다소 변한다. 대부분의 야권 후보가 박근혜 정부를 상대로 총공세에 나서면서 이재명의 주목도는 그전보다 옅어진다. 이에 이재명 테마주가 광기의 상승을 멈추고 횡보하기 시작한다.

탄핵안이 통과되자 그다음 관심사는 '정권 교체'였다. 자연스럽게 잠재적 여권 1위 반기문의 행보에 이목이 쏠렸다. 마침 유엔사무총장 퇴임을 앞두고 있었기에 관심도는 더 컸다. 그가 퇴임한다면 이제 정치적 입장을 표명하는 데에서 자유가 생긴다. 따라서 이 퇴임식이 재료로 작용해 반기문 테마주가 급등하기 시작했다.

또한 지난 기간 동안 기존의 반기문 테마주가 매우 높은 상승률을 기록하자 각종 후발 테마주가 대거 양산되기도 했다. 이 상승은 탄핵안 가결 다음 날부터 퇴임식을 거쳐 반기문의 귀국 일정이 발표된 1월 3일까지 지속된다. 그리고 그동안 이재명 테마주는 하락장을 지속하며 자금이 이탈한다.

반기문 테마주 → 안희정 테마주
• 2017년 2월 1일 – 반기문 불출마 선언

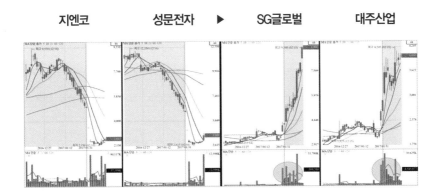

| 지엔코 | 성문전자 | ▶ | SG글로벌 | 대주산업 |

반기문에 대한 여론은 탄핵정국을 전후로 완전히 뒤바뀐다. 그리고 귀국한 지 고작 일주일 만에 반기문은 충격적인 불출마 선언을 한다. 이 때문에 정치테마주 시장은 요동쳤다. 당연하게도 반기문 테마주는 이틀 연속 하한가를 기록하며 폭락했다.

당시 반기문의 지지율은 여전히 높은 수준이었다. 따라서 그의 지지율이 누구에게로 이동할 것인가가 관건이었다. 반기문은 바른정당 후보로 대선을 치를 것이라 점쳐진 바 있다. 따라서 바른정당의 유승민이 큰 수혜를 입을 것으로 예상됐다. 그러나 유승민에 대한 보수의 반감은 상당했고 반기문 지지층은 유승민을 외면했다. 이에 비해 같은 충청 연고의 안희정 충남지사는 지역 표심을 비롯해 중도 지지층을 흡수해 간다. 또한 31일 탈당설, 1일 반기문 불출마, 2일 대연정 발언으로 3일 연속 정치권의 이슈를 모두 선점함으로써 안희정 테마주가 폭등하기 시작한다.

안희정 테마주 → 홍준표 테마주
- 2017년 2월 1일 – 반기문 불출마 선언
- 2017년 2월 16일 – 홍준표 2심 무죄

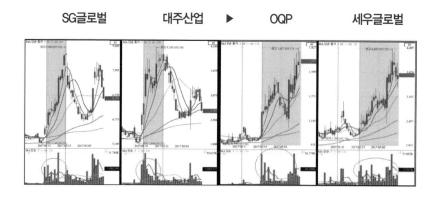

당시 안희정은 중도 확장성이 있어 본선에서도 충분한 경쟁력을 보일 만한 후보였다. 그러나 그의 가장 큰 약점은 중도층이 적은 당내 경선에서 문재인에게 크게 밀리는 상황이라는 점이었다. 따라서 안희정 테마주는 더불어민주당 경선이 시작될 무렵까지는 급등했으나 이후에는 주가 상승을 예상하기 힘들었다.

그러던 중 홍준표의 재판이 2심에서 뒤집히며 무죄 판결이 나온다. 보수 진영에 이렇다 할 후보가 없는 상황에서 홍준표가 기사회생으로 살아나자 이후 홍준표 테마주가 움직이기 시작한다. 안희정 테마주는 이날 이후 곧바로 하락세에 접어든다.

홍준표 테마주 → 안철수 / 문재인 테마주

- 2017년 3월 19일 – 안철수, 대선 출마 선언
- 2017년 3월 24일 – 문재인, 대선 출마 선언

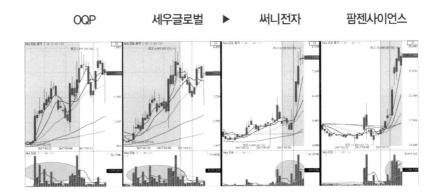

OQP　　　세우글로벌　▶　써니전자　　팜젠사이언스

황교안 대통령 권한대행이 불출마하기 전까지 홍준표는 한 자릿수대 지지율의 군소 후보에 불과했다. 따라서 대선 출마 선언이 마지막 재료로 보였다. 그러나 황교안의 불출마 이후 보수층을 흡수하는 데 성공하면서 홍준표 테마주는 추가 재료를 형성할 수 있었다. 그리고 자유한국당 경선 통과를 재료로 높은 주가를 기록한다. 그러나 현실적으로 당내 경선 통과 이후의 재료를 예상하기는 힘들었다. 국정농단 사태 이후 보수 후보가 설 자리는 워낙 비좁았다. 결국 경선 통과가 마지막 재료였고 주가는 점차 하락한다.

곧이어 안철수와 문재인이 차례로 대선 출마를 선언하고 예상대로 경선을 독주해 갔다. 홍준표 테마주는 이 과정에서 주가가 침체하기 시작했고 안철수와 문재인 테마주는 급등세에 시동을 걸었다.

제19대 대선 테마주 소멸

경선이 끝나고 정치권은 샤이 보수 표심이 어디로 향할지에 주목했다. 안철수가 보수층을 끌어안고 문재인과 양자 구도로 대선을 끌고 나가는 듯했다. 그러나 막판 토론회 부진을 틈타 홍준표가 보수 결집에 성공하며 지지율이 급등한다.

만약 대선 직전이 아니었다면 테마주가 주목할 만한 상황이었다. 그러나 정치테마주 시장은 각 정당의 후보가 확정된 이후부터 공포 매도에 돌입했다. 당일은 이러한 사건에 영향을 받아 주가가 일시적으로 오르내리긴 했으나 추세는 이미 가파른 우하향 곡선이었다. 결국, 대선이 끝날 때까지 이런 추세가 바뀌지 않으면서 제19대 대선 테마주는 소멸한다.

02

제20대 대선 자금 흐름 따라가기

제7회 전국동시지방선거_ 여권 테마주 강세

뜨거운 관심 속에 19대 대선이 마무리됐다. 하지만 정치권의 시계는 지방선거를 향해 바쁘게 흘러갔다. 시기적으로 이번 지방선거는 지난 대선의 연장선 격인 성격을 띠었다. 여기다 남북정상회담발 평화 무드 덕분에 문재인 정부 국정수행지지도는 긍정이 부정을 크게 웃돌았다. 이에 따라 여권 테마주를 중심으로 정치테마주 자금이 흐르기 시작한다.

안희정 테마주 → 이재명 테마주

- 2017년 5월 10일 – 제19대 대선
- 2017년 12월 18일 – 안희정, 충남도지사 3선 불출마 선언

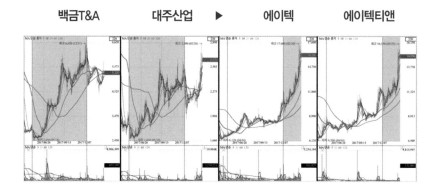

| 백금T&A | 대주산업 | ▶ | 에이텍 | 에이텍티앤 |

지방선거는 서울시장 선거에 출마하는 후보와 대선후보로 분류되는 이의 출마에 따라 정치테마주가 움직이는 경향이 크다. 이번에는 안희정과 이재명의 테마주가 첫 시동을 걸었다. 이 둘은 지난 대선에서 입지가 넓어졌으며 각각 충남도지사와 성남시장직을 수행했기에 일찍이 지방선거 출마 가능성이 점쳐지던 후보라는 공통점이 있었다.

초반에는 안희정 테마주의 상승세가 도드라졌으나 그는 불출마를 선언했다. 그리고 이후 이재명 테마주가 더 인상적인 모습을 보이며 단기 투자 자금이 이동한 것으로 보인다. 해당 기간 안희정 테마주는 충남지사 불출마를 선언했음에도 오히려 당권 도전과 재보궐선거를 통한 여의도 입성이라는 추가 재료를 형성한다. 하지만 얼마 후 불미스러운 사건이 터지며 정치 생활이 끝나게 된다.

이재명 테마주 → 안철수 테마주 → 김경수 테마주
- 2018년 2월 13일 – 바른미래당 출범
- 2018년 3월 2일 – 이재명, 성남시장직 사퇴

• 2018년 4월 4일 – 안철수, 서울시장 출마 선언

에이텍　▶　**써니전자**　▶　**안랩**　▶　**휴먼엔**

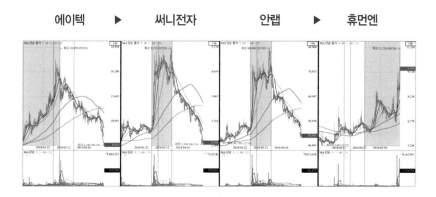

　이제부터 본격적인 지방선거 시즌이라고 할 수 있었다. 이미 많이 오른 종목은 호시탐탐 차익 실현을 노릴 시기이며 새롭게 두각을 드러내는 후보의 테마주가 나타나는 시기이기도 하다.

　이재명은 결국 성남시장을 사퇴하는데 이는 시기상 경기도지사 출마 준비로 비쳤다. 따라서 테마주 시장은 이를 사실상의 출마 선언으로 인식했고 재료 소멸이 발생하며 하락한다.

　비슷한 시기 안철수 역시 바른미래당을 창당하며 이후 서울시장 출마 가능성이라는 재료를 생성해 급등했다. 그러나 안철수는 당시 서울시장 유력 후보인 박원순에게 지지율이 철저하게 밀리는 상황이었다. 따라서 안철수 테마주는 이후 추가 재료를 형성하지 못하고 하락한다.

　당시 김경수가 안희정 이후 공백이 된 친노의 적자 자리를 차지할 것이라는 전망이 나오기 시작했다. 이재명과 안철수 테마주가 크게 폭락하는 사이 김경수 테마주가 형성되며 상승하기 시작했다. 또한 지방선

거가 끝난 이후에도 대권 가능성으로 재료를 생성하며 주가 상승을 이어갔다. 다만 드루킹 논란으로 검찰의 수사를 받게 돼 테마주 시장의 외면을 받았으며 이는 유죄 판결이 나온 지금까지 계속되고 있다.

제21대 국회의원 선거_
대세론 형성 후보 테마주 장기 급등

2018년 8월부터 리얼미터는 차기 대선 정기 여론조사를 시작했다. 차기 대선 후보군을 분류하고 이들을 전망해 볼 수 있는 지표가 매월 발표되는 것이기에 이는 매우 중요했다. 각 진영에서 누가 1위를 차지할 것인지에 정치권과 테마주 시장의 관심이 몰리게 된다.

황교안 테마주 → 이낙연 테마주

- 2018년 10월 5일 - 이낙연, 리얼미터 여론조사 첫 1위
- 2018년 10월 18일 - 자유한국당 김병준 비대위원장, 황교안 입당 권유
- 2019년 2월 27일 - 황교안, 자유한국당 당대표 당선

| 한창제지 | 국일신동 | ▶ | 남선알미늄 | 이월드 |

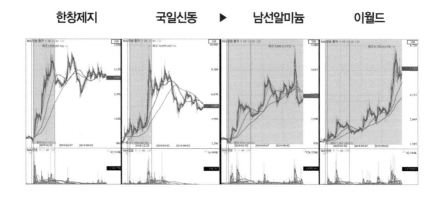

황교안 테마주는 정계 입문을 첫 번째 재료로, 그리고 당대표 선거 당선을 그다음 재료로 삼아 급등했다. 그러나 그 이후 이렇다 할 재료를 형성하지 못한다. 지지율이 20퍼센트 선에서 큰 변화 없이 정체했으며 정당 지지율도 여당에게 밀리는 형국이 지속됐기 때문이다.

반면 이낙연은 재료를 꾸준히 형성해 갔다. 우선 정치 계파상 비문이었던 이낙연은 국무총리직을 역임하며 친문 지지층을 조금씩 흡수했다. 이 구간에서 이낙연은 지지율이 10퍼센트를 조금 넘는 수준에서 30퍼센트에 육박하는 수준까지 올라감으로써 대세론을 형성한다. 이낙연 테마주는 대세론을 바탕으로 총선 출마, 국무총리 퇴임 등 추가적인 재료를 형성하며 장기간 급등세를 이어갔다.

코로나 정국 속 21대 총선

코로나19는 공포를 키우고 실물경제를 삽시간에 마비시켰다. 이러한 실물경제의 붕괴는 금융경제까지 도미노처럼 무너져 내리게 만들었다. 코로나 초반의 주식시장은 혼돈 그 자체였다. 좀처럼 보기 힘든 사이드카와 서킷브레이커가 연일 발동되기도 했으며 국내와 해외를 가리지 않고 대부분의 종목이 해당 기간 차트에서 깊은 골짜기를 그렸다.

당연히 정치테마주 역시 테마주이기에 앞서 개인과 기관 및 다양한 외국인이 투자한 기업이다. 따라서 펜데믹 쇼크에 따른 자금 회수에 속수무책으로 당할 수밖에 없었다. 다행인 점은 국민의 철저한 예방 수칙 준수와 정부의 방역 대책으로 초반 감염자 수 급증을 막았다는 것이며, 서브프라임 모기지 사태 이후 성숙해진 국내와 세계 경제가 발 빠르게 유동성을 확대해 매우 빠르게 회복이 이루어졌다는 것이다.

일반적으로 단기적 투기 자금이 몰렸다 빠지면서 정치테마주의 급등락이 일어난다. 그동안 투기 자금 입장에서 국민적 관심이 몰리는 총선은 좋은 기회였다. 그런데 해당 기간은 총선 기간임에도 굵직한 정치적 사안이 대부분 코로나19 관련 이슈에 묻혔다. 누가 공천을 받았고 누구의 당선 가능성이 높은지보다 당장 눈앞의 코로나를 종식시킬 백신과 치료제를 어떤 기업이 만들어 낼 것인가에 관심이 가는 건 당연했다. 단기 투기 자금은 이곳을 향했다.

이에 선거 직전이 되어서야 정치테마주가 겨우 움직이기 시작했다. 여권에 유리한 여론조사가 나오면서 선대위원장이자 대세론을 형성한 이낙연 테마주가 상승했으며 탈당한 홍준표 테마주가 급등한 것 이외에는 인상적인 움직임은 없었다.

서울·부산시장 재보궐선거_
반문·야권 및 서울시장 후보 테마주 강세

총선은 300석 중 무려 180석을 차지한 정부·여당의 대승으로 끝이 났다. 코로나 대처 과정에서 문재인 정부 국정수행지지도 긍정 평가가 부정 평가를 크게 웃돌며 만든 결과였다. 하지만 180석이라는 거대한 의석수만큼 그에 거는 기대도 컸다. 이 큰 기대에 부응하지 못한다면 새옹지마란 말처럼 정국은 언제 뒤바뀔지 모른다.

그러던 중 불미스러운 사건으로 부산시장직에 이어 서울시장직마저 보궐선거로 넘어가 갑작스럽게 판이 커졌다. 여기다 각종 논란과 부동산 정책 실패, 그리고 코로나 재확산에 따른 방역 실패론으로 정부 지지율은 어느새 부정 평가가 긍정 평가를 웃도는 형국이 지속된다. 이러한 정치 지형의 변화는 반문·야권 후보 테마주의 강세로 이어졌다.

이낙연 테마주 → 이재명 테마주
- 2020년 7월 7일 – 이낙연, 당대표 선거 출마 선언

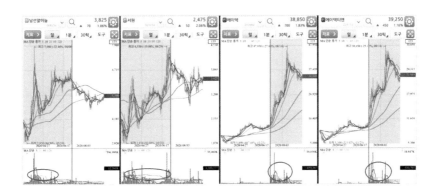

이낙연은 당대표 출마를 선언하며 당권에 도전한다. 총선에서 개인전뿐 아니라 당 전체의 승리를 견인하고 40퍼센트에 육박하는 대세론까지 형성했던 그였기에 당선이 안 되는 게 오히려 이변이었다. 따라서 당대표 선출 가능성이 선반영돼 그의 출마 선언 직후 재료 소멸이 발생한다.

이로써 이낙연은 대세론, 국무총리 퇴임, 총선 당선, 그리고 당대표까지 이룰 만한 것은 다 이룬 상태였다. 이제 새로운 재료로 작용할 만한 이벤트는 한참 후에 있을 경선 이외에는 없었다. 즉, 추가 재료 형성이 쉽지 않았다.

그런데 마침 이때는 이재명 경기지사의 판결이 초읽기에 들어간 시점이었다. 이재명은 코로나 정국에서 지지율을 끌어올려 전체 2위를 기록

중이었으며 만약 사법 리스크라는 족쇄에서 풀려난다면 추가적인 지지율 상승 역시 예상할 수 있었다. 또한 이재명은 반문 진영의 구심점이었다. 따라서 이후 정부의 레임덕이 오더라도 이를 피해 가기가 이낙연보다 유리했다.

결국 이재명은 무죄를 받아내며 기사회생한다. 코로나 정국에서 보여준 지지세를 바탕으로 판결 리스크까지 해소되자 처음으로 여야 통합지지율 1위를 기록한다. 이 과정에서 자금은 이재명 테마주로 향했고, 이낙연 테마주는 조금씩 침체하기 시작한다.

이낙연 / 이재명 테마주 → 윤석열 테마주
- 2020년 7월 7일 – 이낙연, 당대표 출마 선언
- 2020년 10월 22일 – 대검찰청 국정감사

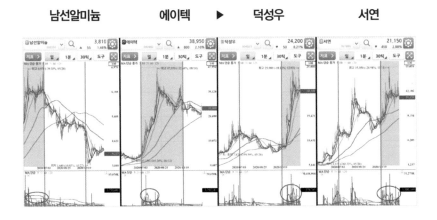

남선알미늄   **에이텍** ▶ **덕성우**   **서연**

윤석열은 지난 정권에 대한 강도 높은 수사로 여권의 지지를 받으며 검찰총장직에 임명됐다. 그러나 조국 사태 이후 정부·여당과의 관계가 틀어진다. 그리고 이후 추미애 법무부장관과 끊임없이 부딪히며 아이러니하게도 야권 표심이 윤석열 총장에게 모인다. 이 과정에서 윤석열 테마주는 꾸준히 상승해 왔다.

앞서 말했듯이 여당 악재가 연속적으로 터져 정부의 국정수행지지도는 하락 추세에 접어든다. 이러한 상황 속에서 윤석열은 대검찰청 국정감사에서 정부와의 대립각을 더욱 날카롭게 세웠고 테마주는 더욱 상승한다.

이때 정부의 지지세와 함께했던 이낙연의 테마주는 부진을 면치 못했다. 또한 이재명은 지지율 여야 통합 1위 이후 대세론 형성까지 이어가지 못한다. 친문 지지층을 거의 흡수하지 못했으며 윤석열의 등장으로 3강 구도가 유지됐다. 이에 주가는 횡보했다. 반면 윤석열 테마주는 이후 지지율 상승, 여야 통합 1위 등의 재료를 바탕으로 주가 급등을 이어간다.

윤석열 테마주 → 박영선 테마주
- 2020년 10월 22일 – 대검찰청 국정감사
- 2020년 11월 2일 – 더불어민주당 당헌 개정 / 리얼미터 여론조사 윤석열 17%(6.7%p▲)

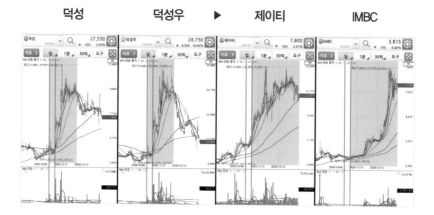

국정감사 직후 발표된 여론조사에 따르면 윤석열의 지지율은 전달 대비 무려 6.7퍼센트포인트 상승해 야권의 중심으로 자리매김한다. 이러한 지지율 상승은 테마주에 좋은 재료가 되었고 주가가 급등한다.

그리고 같은 날 더불어민주당은 당헌 규정을 수정한다. 보궐선거를 발생시킨 귀책 사유가 더불어민주당에 있을 경우 후보를 내지 않는다는 당헌 규정 때문에 원칙적으로는 후보를 내는 것이 불가했다. 하지만 민주당은 전 당원 투표 결과에 따라 당헌을 수정했고 서울시장과 부산시장 선거에 후보를 내기로 결정한다. 이후 본격적으로 재보궐선거 분위기가 조성되기 시작했다. 그리고 시장의 관심이 불과 5개월 앞으로 다가온 서울시장 선거로 몰리자 윤석열 테마주가 조금씩 침체하기 시작한다.

여권에서 가장 유력한 서울시장 후보는 박영선이었다. 박영선은 과거 서울시장 경선에서 두 번이나 박원순에게 밀려 고배를 마신 바 있다. 또한 현역 의원이 아닌 장관이기에 의석수 감소가 없다는 점에서 유리했으며 초반 여론조사에서 1위를 달렸다. 이에 관련 테마주가 형성 및 급등한다.

박영선 / 안철수 → 오세훈 / 윤석열 테마주

- 2021년 1월 19일 – 박영선, 중소벤처기업장관직 사임
- 2021년 3월 4일 – 오세훈, 국민의힘 서울시장 경선 통과 / 윤석열, 검찰총장직 사임

제이티	써니전자	▶	진양산업	덕성우

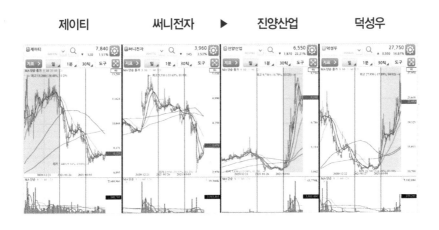

IMBC	까뮤이앤씨	▶	진양화학	서연

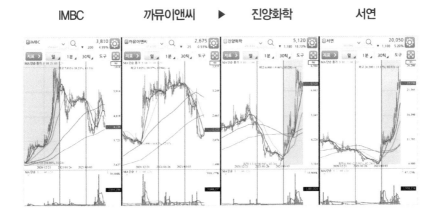

박영선의 출마는 빠르게 선반영됐고 장관직 사임이 일차적인 재료 소멸 시점으로 보였다. 그리고 청와대의 개각으로 박영선이 장관직을 내려놓자 주가가 하락하기 시작한다.

그런데 서울시장 불출마 의사를 밝힌 안철수가 이를 번복하고 오세훈 역시 출마를 선언하자 선거 분위기가 본격적으로 달아오른다. 그리고 초반 박영선의 우세가 무색하게 안철수가 지지율 1위를 기록한다. 이에 박영선 테마주는 장관 사임 이후 추가 재료를 형성하지 못한다.

그리고 이러한 재료 소멸 시점과 맞물려 충분히 안철수 테마주가 자금 흐름을 가져갈 만한 상황이었다. 하지만 예상과 달리 출마 선언 이후 기존 대장주격으로 움직이던 써니전자와 다믈멀티미디어는 매우 저조했다. 오히려 시가총액이 커서 움직임이 더디던 안랩과 새로운 테마주 까뮤이앤씨가 더 인상적이었다.

그러던 중 전체 여론조사에서 4위에 그친 오세훈이 국민의힘 당내 경선에서 나경원을 꺾고 후보로 선출된다. 또한 LH사태 여파로 정부·여당의 지지율이 급락한 것도 오세훈에게 반사이익으로 작용했다. 오세훈의 지지율이 상승해 안철수와 오차범위 내 접전 상황이 되자 이 과정에서 오세훈 테마주가 급등했다.

또한 오세훈이 경선을 통과한 날 윤석열이 검찰총장직을 사퇴하며 시장이 다시 한번 들썩인다. 이러한 그의 조기 사퇴는 전혀 예상할 수 없었기에 재료 선반영 폭이 크지 않았고 주가는 이를 시작으로 최고가를 넘기며 급등했다.

정리

이렇게 정치테마주의 자금은 큰 흐름을 타고 이슈를 따라 후보자에서 후보자로 이동해 갔다. 특정 후보 테마주의 재료 소멸이 발생하거나, 혹은 다른 후보가 급격히 두각을 드러내면 기존 광기는 조금씩 식었다. 그리고 그 다른 후보의 테마주가 광기의 바톤을 받아 이어 나갔다. 만약 이러한 자금 흐름에 조금이라도 편승할 수 있다면 그 수익률은 복리효과까지 더해져 무섭게 불어날 것이다.

그런데 사실 이러한 자금 흐름은 최근 들어 조금씩 옅어지고 있다. 초기 테마주 시장이라고 할 수 있는 제17~18대 대선에서는 자금 흐름이 위의 제19~20대 대선보다 훨씬 두드러졌으며 광기는 더욱 뜨거웠다(이 책에서는 분량상의 이유로 제외할 수밖에 없었다. 대신 제5장에서 초기 정치 테마주의 역사를 자금 흐름 순서로 다루고 넘어간다). 그러나 테마주 시장이 점차 세분화되고 다양한 종목이 편입되면서 자금이 분산됐고 자금 흐름의 줄기 역시 가늘고 무성해졌다. 최근 제20대 대선 과정의 자금 흐름은 더욱 곁가지로 갈라졌고 앞에서 다루지 않은 급등도 많았다.

그래서 이렇게 다양하게 뻗어 나간 '줄기'의 단서를 포착하고자 급등하는 종목의 공통점을 찾으려고 노력했다. 그 답은 여론조사에 있었다. 여론조사는 객관적으로 정치 지형을 파악할 수 있는 지표다. 국민적 관심도와 이슈를 선점했다면 이는 지지율 변화로 이어진다. 그리고 유의미한 지지율이 뒷받침되지 않는 주가 급등은 극히 드물었다. 따라서 여론조사와 테마주 사이의 관계를 좀 더 심층적으로 들여다볼 필요가 있었다. 그러면 다음 제4장으로 넘어가 그 관계를 살펴보도록 하자.

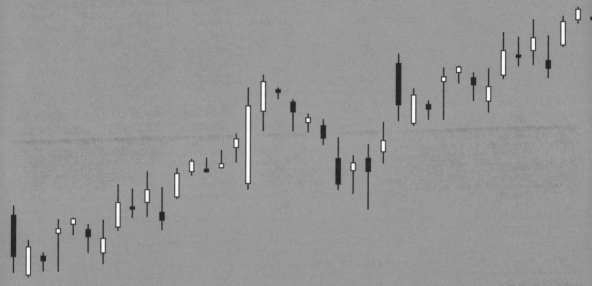

해당 단원에서 사건에 따라 정치적 위상이 변하는 것을 볼 수 있는데 사실 동일 사건이라도 당시 상황, 인물, 시기 등 때문에 다른 평가가 내려졌다. 즉, 동일 사건에 대한 평가는 주관적인데 여론조사는 사건에 대한 대중의 평균치를 확인할 수 있어 가장 객관적인 평가 지표라 할 수 있었다. 또한, 그래서 여론조사로 대선 후보의 집권 가능성을 측정할 수 있으며, 정치테마주의 주가를 예상할 수 있다. 그뿐만 아니라 여론조사는 이처럼 상승, 하락을 예상하는 자료가 되기도 하지만 그 자체로 강한 재료인데, 이는 언론의 관심과 주목을 높이는 효과와 연관이 있었다.

chapter 4

여론조사와 주가의 관계

01

지지율과 주가에 관한 추정

　앞선 기간 자료를 취합하면서 여론조사와 주가의 관계에 관한 몇 가지 추정을 할 수 있었다. 우리는 세 가지 추정을 했는데, 이것이 어느 정도 들어맞는지 확인해 보고 싶었다.

　첫 번째 추정은 지지율이 상승하면 주가가 상승할 것이라는 예상이었다. 이는 사실 누구나 직관적으로 파악하는 것이다. 하지만 해당 명제는 반은 맞고 반은 틀렸다는 결론을 내리게 됐다. 이와 관련된 자세한 점은 '지지율 변화구간'에서 다뤄보기로 했다.

　두 번째 추정은 '지지율 10퍼센트를 돌파하는 시점에 해당 테마주의 주가 상승이 예상된다'였다. 이는 '2장 정치적 사안과 주가 추이 비교'에 사용할 자료를 찾는 과정에서 추정했다. 우리는 여러 기사의 제목(헤드라인)이 특정 지지율 진입에 주목하는 것을 목격했다. 또한, 해당 시일에 주가 상승을 여러 번 관찰했다. 자세한 이야기는 '10퍼센트 지지율 돌파와 주가 관계'에서 다루기로 했다. 세 번째는 '차기 대선 주자 호감도 1위가 뒤바뀌는 시점에 선두로 올라서는 후보의 주가는 상승할 것이다'라는 예상이었다. 이 역시 자료를 찾는 과정에서 추정했는데, 새롭게 부상한 1위 후보에 언론이 집중한다는 것에 주목했다. 해당 부분에 관한 내용은 '선호도 1위 교체와 주가 관계'에서 사례를 이용해 다룬다.

추정1. 지지율 상승이 있는 구간에서 주가 상승을 기대할 수 있다.
추정2. 최초로 두 자릿수 지지율을 돌파하는 지점에 주가 상승을 기대할 수 있다.
추정3. 선호도 1위가 뒤바뀐 경우 해당 주식은 주가 상승을 기대할 수 있다.

02

여론조사란?

　'여론조사 지지율과 주가의 관계'를 살펴보기에 앞서 여론조사를 먼저 설명해야 한다고 생각했다. 따라서 여론조사에 관한 소개부터 진행한다. 여기서 여론조사가 가지는 의미, 대표적인 업체, 공표일, 공표 간격과 조사 방식을 살핀다. 또한, 여론조사 편입이 테마주군 형성에 영향을 미치는지와 만약 테마주가 형성된다면 주가가 상승하는지 고찰해보기로 했다.

정치 재료를 평가하는 여론조사

　2장에선 '정치적 사안과 주가추이 비교'를 살펴보았다. 이를 통해 신당 창당, 탈당, 출마 선언 등 사건에 따라 테마주 주가가 어떻게 변화하는지 확인할 수 있었다. 또한, 해당 단원에서 사건에 따라 정치적 위상이 변하는 것을 볼 수 있는데 사실 동일 사건이라도 당시 상황, 인물, 시기 등 때문에 다른 평가가 내려졌다. 즉, 동일 사건에 대한 평가는 주관적인데 여론조사는 사건에 대한 대중의 평균치를 확인할 수 있어 가장 객관적인 평가 지표라 할 수 있었다. 또한, 그래서 여론조사로 대선 후보의 집권 가능성을 측정할 수 있으며, 정치테마주의 주가를 예상할 수 있다. 그뿐만 아니라 여론조사는 이처럼 상승, 하락을 예상하는 자료가 되기도 하지만 그 자체로 강한 재료인데, 이는 언론의 관심과 주목을 높이는 효과와 연관이 있었다.

여론조사 업체

여론조사를 발표하는 업체는 다양하다. 대표적으로 리얼미터와 한국갤럽이 있으며 그 밖에 한길리서치, 알앤써치, 한국리서치 등이 존재한다. 이들은 조사 방식과 문항 차이로 미묘하게 다른 결과를 도출한다. 대표적으로 한국갤럽은 다소 독특한데 이들은 차기 대선 후보 호감도 조사를 진행할 때 주관식 응답 방식을 채택했다. 따라서 '리얼미터' 혹은 '알앤써치'와 같이 객관식 문항을 사용하는 조사에 비해 낮은 지지율로 측정되는 경향이 있다. 한편 공표 시점과 간격 역시 업체마다 다르다. 단적인 예로 '리얼미터'는 18대 대선부터 19대 대선 시기까지 주간 정례 조사를 발표했지만, 현재는 월간 정례로 자료를 취합한 주의 다음 월요일에 주로 발표한다. 또한, 반기문 불출마나 유승민 원내대표 사퇴와 같이 중요한 정치 사안이 발생하면 긴급 조사를 발표하기도 하는데, 이는 강한 재료로 작용한다. 이처럼 조사를 하는 시점마다 방식이 달라진다. 대선이 끝난 지 얼마 안 된 시점에는 여당 후보는 여당 후보끼리 야당 후보는 야당 후보끼리 분리해 조사하는 경우가 많았다. 아래의 표를 살펴보면 국내의 유력 여론조사 업체의 특징과 차이점을 대략적으로 확인할 수 있다(정례조사일, 공표일 등의 사안은 상황에 따라 일부 바뀌기도 한다).

업체명	정례조사	응답 방식	정례조사일	업체 특이사항
리얼미터	주간 → 월간	객관식	마지막 주 월~금	기사 인용률이 높다.
한국갤럽	월간	자유 응답	둘째 주 화~목	주관식 문답 비정치인 포함 가능성 有
한길리서치	월간	객관식	첫째 주 토~월	후보가 여권, 야권 각 3명
알앤써치	월간	객관식	마지막 주 일~화	리얼미터와 유사한 발표 시점
*NBS 지표조사	격주 → 주간	객관식	첫, 셋째 주 월~수	4개 여론조사 업체가 공동 조사

*NRS 지표조사: 엠브레인퍼블릭, 케이스탯리서치, 코리아리서치, 한국리서치 4개사 통합 조사

그렇다면 여론조사 편입은 주가 상승을 말하는가?

여론조사 업체는 기존 정치권의 대선 후보뿐 아니라 각 분야의 명망가를 포함하는데 대표적으로 윤석열 총장과 반기문 사무총장이 있었다. 이들은 당시 정치인이 아닌 신분임에도 후보로 포함돼 추후 높은 지지율 덕분에 대선 주자로 부상한다. 물론 이들과 같은 상황만 있는 것은

아니다. 보통 기존 정치권 인물이 포함되는데 정치적 위상이 상승해 대선 주자가 되거나 안철수와 같은 명망가가 정계 입문을 선언하면 대선 주자에 포함되기도 한다.

업체명	대선 후보	후보 포함 기간	(최고/최저/평균) 지지율	테마주 급변
리얼미터	박영선	(2014.08.11.~2014.09.15.)	(1.4%, 2.1%, 1.7%)	x

이렇듯 조사대상에 포함돼 높은 지지율을 확보하면 유력 후보로 거론된다. 이러한 점은 정치테마주를 형성하는 강한 근거가 되기에 여론조사 포함은 곧 주가 상승이라 추정할 수 있다. 물론 모두 그런 것은 아니다. 대표적으로 박영선(前 중소기업부 장관)을 예로 들 수 있다. 그녀는 2014년 재보궐선거(2014.07.30.) 이후 새정치민주연합의 비대위원장을 역임한다. 공당의 대표가 된 그녀는 곧바로 리얼미터 차기 대선 주자로 조사되는데 그 기간(2014.08.11.~2014.09.15.) 동안 낮은 지지율에 그치며 테마주를 형성하지 못했다. 특히 대표나 원내대표와 같이 공당의 지도부를 역임하면 임기 도중 여론조사에 포함되는 경우가 종종 있으나 대선 후보 조사에 포함되는 것이 테마주 형성과 주가 상승에 영향을 미칠 수는 있어도 꼭 그렇지만은 않았다는 것을 의미한다(물론 박영선은 약 6년이 지나 4·7 재보궐 선거에서 본인의 테마주를 형성한다).

지지율 급변 구간과 주가 관계
(공표일 당일 기준)

　대선 후보는 정치적 사건에 따라 지지율 변화를 보인다. 이번 편에서 알아보고자 하는 것은 이러한 지지율 변화가 주가 변화에 어떤 영향을 끼치는지다. 조사에 앞서 우린 어떤 여론조사 업체를 선택할지, 어느 정도의 지지율 변화를 유의미하게 볼지 설정해야 했다. 우선 현재의 테마주와 가장 가까운 성격이며 자료가 방대한 19대 대선 자료를 주로 사용하기로 했다. 대표적으로 리얼미터를 선택했는데 이는 18~19대 대선기간 동안 주간 정례 조사를 시행해 자료와 사례가 풍부했기 때문이다.

　유의미한 변화 구간은 우선 두 가지로 분류했다. 첫째 직전 조사 대비 3.8퍼센트 이상의 변화가 있는 지점이다. 이는 리얼미터 정례 여론조사에서 가장 빈도가 높은 오차범위가 ±1.9퍼센트인 점을 고려했다. 즉, 구간 간 3.8퍼센트 차이를 보인다면 그것은 유의미한 변화라는 통계적 설명이 가능하다. 이때 전주 대비 3.8퍼센트 이상 상승하면 급등, 하락하면 급락 구간이라 정했다. 한편 리얼미터 여론조사를 기준으로 두 번 연속 공표한 지지율 변화의 합이 6.0퍼센트 이상의 구간 역시 추세 상승으로 보아 확인해 보기로 했다.

조사 기준을 설정한 다음에는 우리는 조사 대상을 설정해야 했다. 우리는 최근 주자를 조사하는 것이 좋을 것이라고 판단했다. 따라서 19대 대선 주자부터 현재 20대 대선 주자를 대상으로 조사했다.

이후 급변 구간을 찾아 구간 사이의 고점, 저점을 찾기로 했다. 방식은 구간이 시작되기 직전의 종가를 기준으로 기간 내 최고점과 최저점을 상승률(%)로 표기하기로 했다. 이를 통해 지지율이 상승하면 주가가 상승하며, 하락하면 주가 역시 떨어지는지 확인할 수 있었다. 또한, 급등 혹은 급락한 여론조사가 공표된 당일 테마주의 종가, 저점, 고점, 공표일 이후 주간 고점을 확인해 보기로 했다. 이를 통해 지지율 급변 구간의 공표가 당일 주가에 어떤 영향을 끼치는지 확인할 수 있었다. 먼저 19대 대선 후보의 지지율 급변, 추세 변화 구간을 찾아 해당 구간의 공표 당일 종가, 고점, 저점 주간 수익률을 나타낸 표를 살펴보기로 했다. 각 순서는 대선에서 실제 득표한 순인 문재인, 홍준표, 안철수 순으로 배치했으며, 대선 불출마자는 공표일 기준으로 살펴보았다.

19대 대선 후보의 지지율 급변 구간과 주가 관계

후보	지지율 변화구간		최고점 (%)	최저점 (%)	주가 상승률 (구간 마지막 공표일 기준)			
	지지율	해당 구간(일)	최고점 (%)	최저점 (%)	종가	고가	저가	주간 고점
문재인	18.5→25.2	2015.02.09.~ 2015.02.16.	+10.1%	−16.5%	−6.5%	+0.0%	−6.7%	+0.0%
문재인	13.9→17.9	2015.09.14.~ 2015.09.21.	+3.1%	−4.1%	−0.6%	+4.0%	−1.6%	+4.0%
문재인	23.0→28.5	2017.01.02.~ 2017.01.05.	+4.6%	+0.6%	+0.6%	+0.6%	−0.9%	+1.7%
문재인	34.9→42.6	2017.04.03.~ 2017.04.10.	+1.5%	−36.8%	−11.4%	−3.5%	−14.6%	−3.5%
홍준표	3.6→9.8	2017.03.13.~ 2017.03.20.	+21.7%	−7.2%	+1.1%	+10.8%	−7.5%	+10.8%
홍준표	10.3→16.7	2017.04.17.~ 2017.04.30.	+0.0%	−19.7%	−16.3%	+10.9%	−18.6%	−18.6%
안철수	10.1→16.5	2015.12.14.~ 2015.12.28.	+160.8%	+15.4%	−7.6%	−0.4%	−10.7%	+3.2%
안철수	10.0→14.2	2016.04.04.~ 2016.04.07.	+32.2%	+1.8%	−3.6%	+1.5%	−3.7%	+9.4%
안철수	12.6→17.4	2017.03.27.~ 2017.03.30.	+58.4%	+8.7%	+1.0%	+2.7%	−2.6%	+6.8%
안철수	18.7→37.2	2017.04.03.~ 2017.04.10.	+13.4%	−27.4%	+0.7%	+10.5%	−3.3%	+10.5%
안철수	31.3→22.8	2017.04.17.~ 2017.04.27.	+17.4%	−30.9%	−8.1%	+0.9%	−8.8%	+0.9%
정몽준	22.3→18.4	2014.04.28.~ 2014.05.05.	+3.0%	−3.2%	−10.1%	−0.6%	−13.9%	+1.0%

정몽준	15.9→21.1	2014.05.12.~ 2014.05.19.	+7.6%	−14.4%	−10.3%	+1.1%	−13.3%	−5.3%
박원순	13.5→18.5	2014.06.09.~ 2014.06.16.	+9.2%	−7.2%	+0.1%	+2.7%	−1.4%	+2.7%
박원순	13.8→19.9	2015.06.08.~ 2015.06.15.	23.6%	+0.9%	−5.5%	+1.6%	−9.2%	+1.6%
오세훈	10.4→4.3	2016.05.30.~ 2016.06.02.	+27.1%	+0.8%	+2.2%	+18.3%	−0.4%	+18.3%
반기문	20.9→16.5	2016.10.31.~ 2016.11.03.	−1.4%	−17.7%	−0.1%	+0.7%	−5.1%	+26.4%
황교안	6.6→12.4	2017.01.30.~ 2017.02.06.	+47.2%	−6.0%	−12.0%	+4.7%	−15.6%	+4.7%
안희정	6.8→13.0	2017.01.30.~ 2017.02.06.	+59.7%	+10.7%	−5.0%	+2.8%	−8.5%	+12.4%
안희정	18.9→14.5	2017.02.27.~ 2017.03.02.	−5.6%	−22.8%	−7.5%	+0.3%	−8.9%	+0.3%
안희정	17.1→12.0	2017.03.27.~ 2017.03.30.	+12.5%	−22.4%	−14.1%	−4.8%	−14.5%	−4.8%
지지율 상승 구간 평균			+30.2%	−6.8%	−5.0%	+3.3%	−7.9%	+2.7%
지지율 하락 구간 평균			+8.8%	−16.0%	−6.3%	+2.5%	−8.6%	+7.0%

* 문재인 – 팜젠사이언스, 안철수 – 써니전자, 홍준표 – 세우글로벌, 반기문 – 성문전자, 정몽준 – 현대통신, 박원순 – 모헨즈, 황교안 – 인터엠, 안희정 – 백금T&A, 오세훈 – 한국선재를 대표테마주로 선정했다.
상승 구간은 흰색, 하락 구간은 핑크색으로 구분했다.

우선 표에 대한 해석이 필요하다. '지지율 변화구간'의 하위 항목인 '해당 구간(일)'은 변화 전, 후 여론조사 공표일을 적어놓은 것이다. 예를 들어 문재인 상승 구간 중 첫 번째 해당 구간이 2015.02.09.~

2015.02.16.으로 돼 있는데 2월 9일에 18.5퍼센트의 지지율을 기록한 여론조사가 공표됐으며 이로부터 1주 지난 16일 25.2퍼센트의 지지율을 기록했다는 것을 말한다. 이때 2월 9일부터 2월 16일 사이의 영업일을 기준으로 가장 높은 지점인 +10.1퍼센트를 최고점이라 칭했으며 가장 낮은 지점인 −16.5퍼센트를 최저점이라 명했다. 이때 최고점과 최저점의 기준은 해당 구간의 직전 종가(2015.02.06., 금요일)를 기준으로 한다. 또한, 공표일의 고점, 저점, 주간 고점을 측정했는데 이 기준점은 해당 구간의 마지막인 공표일(02.16) 직전 종가(02.15)가 기준이었다.

이를 통해 19대 대선 기간 급변 구간을 살펴본다면, 상승 구간이 총 15회 존재했으며 하락 구간이 6회 존재했다. 이때 상승하는 구간 고점이 평균 +30.2퍼센트로 저점인 −6.8퍼센트보다 폭이 큰 것을 확인할 수 있다. 이는 주가 상승의 힘이 더 강하다는 것을 의미한다. 그러나 급상승을 보인 지지율 공표 이후 당일 주가(종가, 고가, 저가) 흐름은 각각 −5.0퍼센트, +3.3퍼센트, −7.9퍼센트로 상승세를 이어가지 못했다. 이는 지지율을 오르게 한 재료가 이미 주가에 선반영된 것이 아닐까 하는 추정을 가능케 했다. 반대로 하락 구간은 기간 내 하락 폭이 더 컸다. 재밌는 점은 역설적이게도 상승 구간보다 하락 구간의 주간 고점이 높이 형성된 것이었다.

19대 대선을 통해 본 여론조사가 무의미해지는 시점
(각당 후보 선출 이후)

후보	지지율 변화 구간				주가 상승률 (구간 마지막 공표일 기준)			
	지지율	해당 구간(일)	최고점 (%)	최저점 (%)	종가	고가	저가	주간 고점
문재인	34.9→42.6	2017.04.03.~ 2017.04.10.	+1.5%	−36.8%	−11.4%	−3.5%	−14.6%	−3.5%
안철수	18.7→37.2	2017.04.03.~ 2017.04.10.	+13.4%	−27.4%	+0.7%	10.5%	−3.3%	+10.5%
안철수	31.3→22.8	2017.04.17.~ 2017.04.27.	+17.4%	−30.9%	−8.1%	+0.9%	−8.8%	+0.9%
홍준표	10.3→16.7	2017.04.17.~ 2017.04.30.	+0.0%	−19.7%	−16.3%	+10.9%	−18.6%	−18.6%
후보 선출 이후 급변 구간 평균			+8.8%	−28.7%	−8.8%	+4.7%	−11.3%	−2.7%

19대 대선에서 알 수 있는 또 한 가지의 사실은 대선 직전 여론조사는 점차 주가와 연관성을 잃어간다는 것이었다. 특히 각당의 후보가 선출된 2017년 4월 이후의 여론조사 급변 구간을 살핀다면 이 점을 여실히 확인할 수 있다. 위의 표를 보면 문재인, 안철수, 홍준표는 급등 구간이 존재했음에도 해당 구간의 저점의 폭이 고점의 폭보다 큰 것을 확인할 수 있다. 또한, 급상승 지지율 조사가 발표된 후에도 종가는 하락 추세를 보이는 것을 확인할 수 있다. 물론 경우의 수가 너무 적지 않느냐는 반문이 있을 수 있다. 그러나 이러한 흐름은 18대 대선에서도 유사하게 나타난 전례가 있다. 따라서 여론조사로 매수, 매도 시점을 정하는 것은

각 당의 후보 경선 이전까지만 하라고 조심스럽게 권유한다.

20대 대선 주자의 지지율 급변 구간과 주가 관계

그렇다면 20대 대선 주자에게도 앞서 추정한 내용이 적용되는지 살펴보기로 했다.

후보	지지율 변화 구간				주가 상승률 (공표일 – 전일기준)			
	지지율	해당 구간(일)	최고점 (%)	최저점 (%)	종가	고가	저가	주간 고점
이낙연	14.9→19.1	2019.04.02.~ 2019.04.30.	+23.9%	−2.0%	−3.9%	+0.3%	−4.4%	−2.9%
이낙연	21.2→25.0	2019.07.02.~ 2019.08.06.	+7.4%	−21.8%	−1.7%	+4.9%	−5.7%	+12.6%
이낙연	25.1→20.2	2019.09.03.~ 2019.10.01.	+16.2%	−18.9%	+4.0%	+6.8%	+1.1%	+7.4%
이낙연	23.7→27.5	2019.11.05.~ 2019.12.03.	+50.4%	−25.1%	+4.2%	+4.4%	−1.5%	+4.7%
이낙연	29.7→40.2	2020.03.31.~ 2020.04.28.	+62.9%	−13.3%	+6.3%	+9.9%	+1.1%	+12.3%
이낙연	40.2→34.3	2020.04.28.~ 2020.06.02.	+52.0%	+9.9%	−1.7%	+0.0%	−2.4%	+1.4%
이낙연	30.8→23.3	2020.06.30.~ 2020.07.20.	+9.2%	−14.0%	−3.6%	+0.5%	−4.3%	+0.5%
이낙연	18.2→13.6	2020.12.28.~ 2021.02.01.	+8.4%	−10.4%	−1.4%	+1.1%	−2.1%	+5.3%

황교안	13.5→17.1	2019.01.02.~ 2019.01.29.	+31.3%	−12.3%	+14.9%	26.6%	−4.4%	+26.6%
황교안	19.4→6.0	2020.03.31.~ 2020.04.28.	+16.5%	−44.0%	+2.1%	+3.0%	+0.2%	+3.0%
이재명	5.6→13.0	2020.02.05.~ 2020.03.09.	+19.4%	−5.7%	−5.4%	+7.1%	−6.1%	+7.1%
이재명	19.6→23.3	2020.08.05.~ 2020.09.01.	+80.9%	−4.2%	+7.3%	+11.4%	−1.2%	+11.4%
이재명	18.2→23.4	2020.12.28.~ 2021.02.01.	+37.9%	−1.0%	+1.1%	+5.1%	−0.2%	+5.1%
조국	13.0→9.4	2019.10.01.~ 2019.11.05.	+17.9%	−45.4%	+4.4%	+12.8%	−1.5%	+4.0%
윤석열	10.1→14.3	2020.06.30.~ 2020.07.20.	+40.0%	+4.1%	+6.6%	+6.6%	−1.3%	+6.9%
윤석열	10.5→17.2	2020.09.29.~ 2020.11.02.	+51.9%	+2.7%	+29.6%	+29.6%	+1.7%	+45.6%
윤석열	19.8→23.9	2020.11.30.~ 2020.12.28.	+18.7%	−20.0%	−1.0%	+17.8%	−1.4%	+17.8%
윤석열	23.9→18.4	2020.12.28.~ 21.02.01.	+17.8%	−25.2%	+2.8%	+5.0%	−1.7%	+11.4%
윤석열	15.5→34.4	2021.03.01.~ 2021.03.29.	+188.0%	+2.1%	+15.0%	+21.7%	−1.2%	+51.4%
상승 구간 평균			*+51.1%	−8.0%	+6.1%	+12.1%	−2.1%	+16.6%
하락 구간 평균			+19.7%	−21.1%	+0.9%	+4.2%	−1.5%	+4.7%

* 이낙연–남선알미늄, 황교안–한창제지, 이재명–에이텍, 조국–화천기계, 윤석열–서연을 대표 테마주로 선정하였다.
상승구간은 흰색, 하락 구간은 핑크색으로 구분했다.
* 상승 구간 평균에서 윤석열 테마주의 (2021.03.01.~2021.03.29. 기간) +188.0% 상승률을 제외하면 +38.6%의 평균값으로 조정된다.

20대 대선 주자들의 급변 구간 역시 19대 대선 후보와 유사한 흐름을 보이는지 살펴보기로 했다. 우선 상승 구간이 총 12회 존재하였으며, 하락 구간은 7회 존재했다. 상승 구간에선 기간 내 평균 고점이 +51.1퍼센트로 나타나 저점인 −8.0퍼센트보다 높은 폭을 보였다. 물론 윤석열 지지율 중 15.5퍼센트→34.4퍼센트로 상승한 구간의 +188.0퍼센트의 결과값이 포함돼 평균값이 급상승한 것은 사실이지만 그 사례를 제외한다 해도 기간 내 고점이 평균 +38.6퍼센트를 기록해 지지율 양상과 기간 내 고점, 저점 폭의 모습이 앞선 19대 대선 기간과 유사했다. 그리고 하락 구간은 고점, 저점 폭이 거의 비슷하나 근소하게 하락 폭이 더 큰 것을 확인할 수 있었다. 한편 19대 대선 후보와 다르게 20대 대선 주자의 급변 구간은 공표일 기준으로 종가, 고가, 저가, 주간 고가의 흐름이 더 높은 것을 확인할 수 있었는데, 이는 대선이 1년여 남은 시점까지만 조사했기에 테마주에 거품이 형성되는 과정이라 추정했다(전고점이 낮은 상황). 19대 대선은 후반으로 갈수록 주가 상승에 따른 차익 매물이 발생해 점차 여론조사에서 지표가 좋아도 주가 상승으로 이어나가지 못한 바 있었다. 이러한 점이 19대 대선과 20대 대선 기간 사이의 차이를 낳은 것이라 추정했다.

정치테마주 투자자는 지지율과 주가 연관성을 주목해야 한다

다음은 한국거래소에서 만든 A 후보의 여론 지지율과 정치테마주 가격 추이 자료다. 이 자료에 나온 A 후보는 안철수 후보일 것이며, 해당

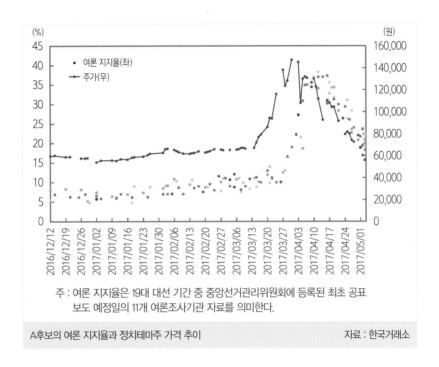

주 : 여론 지지율은 19대 대선 기간 중 중앙선거관리위원회에 등록된 최초 공표
　　보도 예정일의 11개 여론조사기관 자료를 의미한다.

A후보의 여론 지지율과 정치테마주 가격 추이　　　　　　　자료 : 한국거래소

테마주는 안랩일 것으로 추정된다. 한국거래소 역시 정치인의 지지율과
테마주 사이의 연관성을 파악하고 있었다. 그러나 해당 자료만 본다면
한 가지 오류를 범할 수 있다. 우선 19대 대선으로 돌아가면 안철수 후
보는 2017년 4월 이후 주가와 지지율 모두 떨어진다. 이 자료는 주가와
지지율 사이의 비례를 말한 자료이기에 어찌 보면 부합했다 할 수 있지
만 해당 예시는 그저 우연인 듯하다. 대표적인 반례로 같은 시기 문재인
후보는 더불어민주당 대통령 후보로 선출된 이후 지지율 급등을 이루어
내지만 주가가 상승하지 않는 상황이 발생한다. 이는 지지율과 주가 사
이의 연관성이 떨어지는 시기를 놓친 자료라 보았다.

결론적으로 정치테마주 투자자는 지지율 변화에 민감해야 하는 것이 맞다. 지지율이 상승하면 주가 상승이 예상되고 지지율이 빠지면 주가가 하락할 가능성이 크기 때문이다. 하지만 이걸 가지고 매도·매수 시점을 잡는다면 큰 손실을 볼지도 모른다. 특히 대선 막바지 시점이 되면 더욱 연관성이 옅어진다. 물론, 경선 이후 지지율과 함께 주가가 급상승할 수도 있겠지만 대선 테마주는 경선 이전부터 재료 선반영이 되는 경우가 많다는 것을 고려해야 한다.

04

특정 지지율과 주가 관계

특정 지지율에 주목하는 언론

언론은 사람들의 이목을 끌 만한 주제를 전하려 한다. 대선후보를 다루는 정치면에서 특정 정치인의 지지율에 관한 기사를 심심찮게 볼 수 있다. 예컨대 10퍼센트나 20퍼센트와 같이 직관적으로도(?) 충분히 의미가 있어 보이는 지지율을 기록한 A 후보가 있다고 가정해 보자. 그렇다면 해당 자료가 공표된 당일 정치면에서 "A 정치인 ○○% 최초 돌파"와 같은 기사를 쉽게 찾을 수 있을 것이다. 또한, 두 자릿수 지지율은 (10%) 해당 정치인을 유력 대선후보로 인식하게 만든다. 이는 주가 상승을 이끄는 강한 명분과 재료가 된다.

대상과 조사 시점

우리는 18~20대 대선의 유력 주자를 대상으로 조사했다. 여론조사 자료는 기사 인용 빈도가 높고 18~19대 대선 기간 동안 주간 정례조사를 발표해 자료가 많은 리얼미터의 것을 사용하기로 했다(일부 예시는 타 업체를 인용했다). 아래를 살펴보면 몇몇 대선 주자가 포함되지 않은 것을 확인할 수 있는데 대표적으로 박근혜는 20퍼센트를 돌파한 시점이 대선테마주가 형성되기 이전이므로 조사 대상에 포함할 수 없었다. 비슷한 이유로 17대 대선 주자(박근혜, 손학규, 정동영)는 조사 대상에서 제외하기로 했다. 또한, 여야 후보가 분리돼 다른 자료가 아닌 통합 여론조사가 시행된 2014년 3월 17일(19대 대선), 2018년 12월 4일(20대 대선) 이후의 자료를 다루기로 했다. 이는 여야 대선 후보를 분리하여 조사하면 각 진영 지지층이 전략적으로 선택할 가능성 때문에 자료의 신빙성이 다소 낮아질 것이라고 판단했기 때문이다.

후보	최초포함일	5% (돌파시점)	10%	20%
문재인	2011.05.23.	2011.05.30.	2011.08.16.	2012.02.20.
안철수	* 2011.09.07.	–	–	2011.10.10.
김무성	* 2013.05.15.	–	–	2015.05.11.
안희정	2014.01.13.	2014.11.17.	2017.02.01.	2017.02.20.
이완구	2015.02.02.	2015.02.02.	–	–
유승민	2015.07.15.	2015.07.15.	–	–
이재명	2016.03.14.	2016.09.14.	2016.11.17.	2020.09.01.

반기문	2016.06.02.	–	–	2016.06.02.
유시민	2019.03.05.	–	2019.03.05.	
조국	2019.10.01.	–	2019.10.01.	–
윤석열	2020.06.30.	–	2020.06.30.	2020.12.28.

*〈최초 편입〉 안철수: 박근혜와 양자 대결 리얼미터, 김무성: 리서치뷰 조사 인용, 유시민: 정계 복귀설에 의한 포함
*안희정 10% 돌파 여론조사는 반기문 불출마 선언 직후 진행된 리얼미터 긴급 여론조사

10% 공표 당일 주가 상승률

후보	10% 돌파	당시 관련주	주가 상승률 (당일 기준)			주간 최고 수익률 (공표일 기준)
			종가	고가	저가	
문재인	2011.08.16.	우리들휴브레인	+2.2%	+2.7%	−2.3%	+31.0%
		팜젠사이언스	+2.1%	+3.9%	+1.3%	+8.2%
박원순	2014.05.12.	모헨즈	+3.2%	+3.2%	−0.8%	+5.3%
김무성	2014.07.21.	엔케이	+6.1%	+13.3%	−3.8%	+13.3%
		디지틀조선	−3.9%	+0.5%	−4.3%	+0.5%
오세훈	2016.03.07.	한국선재	+1.8%	+2.2%	−6.0%	+1.8%
		진흥기업	+0.2%	+1.1%	−0.6%	+7.1%
이재명	2016.11.17.	에이텍	−0.4%	+7.3%	−2.4%	+7.3%
		에이텍티앤	+11.4%	+19.1%	+5.0%	+19.1%

안희정	2017.02.01.	백금T&A	+23.8%	+29.9%	+9.0%	+34.9%
		SG글로벌	+24.2%	+29.9%	+3.7%	+43.1%
황교안	2017.02.01.	인터엠	+9.9%	+27.0%	+9.3%	+27.4%
홍준표	2017.04.17.	OQP	+2.5%	+3.7%	−2.9%	+15.4%
		세우글로벌	−3.9%	−	−6.9%	+0.0%
이낙연	2018.12.04.	남선알미늄	+13.0%	+23.3%	+1.1%	+15.9%
		이월드	−2.8%	+6.1%	−2.8%	+44.7%
유시민	2019.03.05.	보해양조	+4.1%	+7.8%	+0.9%	+7.8%
조국	2019.10.01.	화천기계	+4.7%	+17.9%	+2.1%	+17.9%
		삼보산업	+7.1%	+15.8%	−2.9%	+15.8%
윤석열	2020.06.30.	서연	+12.4%	+22.1%	+4.1%	+40.0%
		덕성	+2.1%	+9.5%	+0.0%	+24.4%
평균	전체	−	+5.70%	+11.73%	+0.04%	+18.14%
	18~19대		+5.66%	+10.27%	−0.12%	+15.31%
	20대		+5.80%	+14.64%	+0.36%	+23.79%

*10% 돌파 여론조사 공표일이 휴장인 경우 가장 가까운 영업일을 기준으로 했다.
*여야 통합 조사만을 대상으로 자료를 모았다.

위의 표는 리얼미터 정례자료 중 18대 대선부터 현재까지, 10퍼센트의 지지율을 최초로 넘긴 시점을 기록한 것이다. 후보당 1~2개의 대표 테마주를 데이터로 사용하기로 했다. 해당 자료를 살펴보면 10퍼센트 돌파 시점 당일 주가에 꽤 많은 영향을 끼친다는 것을 한눈에 알아볼 수 있었다.

자세히 알아보자면 우선 표에서 10퍼센트 이상의 지지율을 기록한 후보는 총 12명이었다. 이들의 테마주를 대상으로 당일 주가를 살펴보면, 종가 기준으로 21번의 사례 중 17번 주가 상승이 있었던 것으로 확인된다. 이때의 평균적인 당일 변화(종가)는 +5.70퍼센트다. 공표 이후 고가, 저가는 평균 각각 +11.73퍼센트, +0.04퍼센트를 기록한다. 이때 평균 당일 저가가 하락이 아닌 상승을 기록한 것은 사뭇 놀라운 일이다. 물론 12번의 사례를 가지고 일반화하긴 어렵다. 하지만 시사점을 주는 건 사실이다. 한편 18~19대 대선과 20대 대선 사례를 비교해 보면, 20대 대선 구간에서 종가, 고가, 저가 주간 상승률이 높은 것으로 나타나 주가 상승의 연관성이 높아진 것을 확인할 수 있었다(종가 기준: 0.14%, 고가기준: 4.37%, 저가 기준: 0.48%, 주간 최고 수익률: 8.48%).

20% 공표 당일 주가 상승률

후보	20% 돌파	당시 관련주	주가 상승률 (당일 기준)			주간 최고 수익률 (공표일 종가 기준)
			종가	고가	저가	
안철수	2011.10.10.	안랩	+15.0%	+15.0%	+1.3%	+63.0%
문재인	2012.02.20.	팜젠사이언스	+1.8%	+10.0%	−6.5%	+10.0%
박원순	2014.09.22.	모헨즈	+2.2%	+6.0%	+0.8%	+7.0%
반기문	2016.06.02.	보성파워텍	−1.5%	+1.2%	−2.4%	+1.2%
안희정	2017.02.20.	백금T&A	−6.8%	+3.8%	−6.8%	+3.8%

황교안	2019.04.02.	한창제지	+2.4%	+4.0%	−0.9%	+5.3%
이낙연	2019.06.04.	남선알미늄	+2.0%	+14.6%	−	+14.6%
이재명	2020.09.01.	에이텍	+7.3%	+20.6%	+7.0%	+11.4%
윤석열	2020.12.28.	서연	−1.0%	+17.8%	−1.4%	+19.0%
평균		전체	+2.38%	+10.33%	−0.99%	+15.0%
−		18~19대	+2.14%	+6.67%	−2.42%	+15.1%
−		20대	+2.77%	+17.67%	+1.87%	+15.0%

10퍼센트 돌파와의 연관성을 살펴보고 나서 우린 20퍼센트 지지율 돌파와도 연관성이 있는지 확인했다. 위의 표는 18대부터 현재까지 20퍼센트를 돌파한 후보의 테마주를 모은 표다. 이를 살펴보면, 일단 20퍼센트를 돌파한 사례가 많지 않다. 따라서 참고 자료 정도로 봐야 할 것이다. 어쨌든 취합한 표를 살펴보면 20퍼센트 지지율 상승 구간의 주가 상승 여력이 10퍼센트 지지율 구간에 비해 떨어짐을 알 수 있었다. 그럼에도 20퍼센트는 상당히 유력한 대선 주자만이 획득할 수 있는 지지율이다. 따라서 어떤 재료로 움직이든, 해당 지지율을 기록했다면 그 자체만으로도 추가 상승 재료로 작용할 가능성이 컸다.

05

선호도 1위와 주가 관계

일반적으로 주식에서 골든크로스(golden cross)란 20일 이평선이 60일 이평선을 뚫고 올라가는 것을 말한다. 하지만 여론조사에서는 1, 2위 간의 순위가 바뀌는 것을 의미한다. 여론조사란 주가 상승(때론 하락)을 예상하는 자료가 되기도 하지만 그 자체가 재료가 되기도 한다. 특히 언론은 1위로 올라선 후보의 약진을, 2위로 떨어진 후보의 위기를 말할 것이며 이것은 주가에도 강한 기대(1위 후보에게)와 실망(2위 후보에게)을 만들어 낸다.

따라서 우린 이번 소단원에서 선호도 1위로 올라선 후보의 공표 당일(혹은 가장 가까운 영업일) 주가 관계를 살펴보기로 했다. 다음 표를 보면 자료가 너무 많아 보일지 모르지만 단순히 2014년 3월 17일부터 오늘까지의 1위 교체 시점을 모아놓은 것이다(단, 여야를 통합 조사한 리얼미터 자료를 사용했다. 또한, 선호도 1위를 기록한 날의 외생변수(정치적 사건 등)

는 고려하지 않았다). 이를 통해 선호도 1위로 올라선 당일의 주가 관계와 주간 최고 수익률을 살펴보기로 했다.

당일 기준 주가 상승률

후보	공표일	당시 관련주	주가 상승률 (당일 기준)			*공표일 종가 기준* 주간 최고 수익률 (영업일)
			종가	고가	저가	
정몽준	2014.03.17.	현대통신	+4.6%	+9.0%	−3.4%	+10.6%
문재인	2014.06.09.	팜젠사이언스	+2.2%	+6.2%	−0.5%	+12.0%
박원순	2014.06.16.	모헨즈	+0.1%	+2.7%	−1.4%	+2.7%
김무성	2014.08.11.	엔케이	+1.0%	+1.8%	−2.5%	+11.1%
박원순	2014.08.18.	모헨즈	+1.6%	+4.1%	−1.0%	+6.9%
김무성	2014.09.01.	엔케이	+15.0%	+15.0%	+4.2%	+32.1%
박원순	2014.09.07.	모헨즈	+1.4%	+5.2%	−0.8%	+8.9%
김무성	2014.10.06.	엔케이	+0.6%	+2.9%	−4.1%	+12.9%
박원순	2014.10.13.	모헨즈	−4.6%	+0.2%	−6.4%	+2.0%
문재인	2014.12.29.	팜젠사이언스	−8.4%	+7.9%	−9.2%	+7.9%
박원순	2015.01.05.	모헨즈	−0.5%	+0.9%	−1.7%	+12.1%
문재인	2015.01.12.	팜젠사이언스	−2.8%	−0.5%	−4.0%	−0.5%
김무성	2015.05.11.	엔케이	+7.1%	+9.7%	−2.6%	+18.2%
박원순	2015.06.15.	모헨즈	−5.5%	+1.6%	−9.2%	+1.6%
김무성	2015.07.06.	엔케이	+0.0%	+2.5%	−3.5%	+17.1%

문재인	2015.12.28.	팜젠사이언스	+5.9%	+19.9%	+4.3%	+19.9%
김무성	2016.01.11.	엔케이	+0.7%	+4.5%	−0.8%	+3.7%
문재인	2016.01.18.	팜젠사이언스	+2.8%	+6.3%	−2.5%	+6.3%
반기문	2016.06.02.	성문전자	−2.2%	+1.8%	−3.9%	+2.2%
문재인	2016.06.16.	팜젠사이언스	−0.8%	+5.7%	−2.4%	+11.8%
반기문	2016.06.20.	성문전자	+2.0%	+3.1%	−0.5%	+3.1%
문재인	2016.08.01.	팜젠사이언스	+0.0%	+0.9%	−0.6%	+8.6%
반기문	2016.08.04.	성문전자	−1.1%	+1.6%	−2.7%	+16.2%
문재인	2016.11.03.	팜젠사이언스	+0.3%	+4.9%	−2.0%	+4.9%
반기문	2016.12.22.	성문전자	+0.4%	+1.7%	−1.3%	+1.7%
문재인	2017.01.05.	팜젠사이언스	+0.6%	+0.6%	−0.9%	+1.7%
이낙연	2018.12.04.	남선알미늄	+13.0%	+23.3%	+1.1%	+23.3%
황교안	2019.01.29.	한창제지	+14.9%	+26.6%	−4.4%	+26.6%
이낙연	2019.07.02.	남선알미늄	+1.8%	+2.8%	−0.6%	+3.5%
이재명	2020.11.02.	에이텍	+9.2%	+16.2%	−4.2%	+17.1%
이낙연	2020.11.30.	남선알미늄	−3.0%	+0.6%	−3.0%	+0.6%
윤석열	2020.12.28.	서연	−1.0%	+17.8%	−1.4%	+17.8%
이재명	2021.02.01.	에이텍	+1.1%	+5.1%	−0.2%	+5.1%
윤석열	2021.03.29.	서연	+15.0%	+21.7%	−1.1%	+51.4%
평균	–	–	+2.1%	+6.9%	−2.2%	+11.2%
19대	–	–	+0.8%	+4.6%	−2.3%	+9.1%
20대	–	–	+6.4%	+14.3%	−1.7%	+18.2%

리얼미터 기준 대선 선호도 1위 교체 당일 주가 비교
19대: 흰색, 20대: 핑크색 배경

선호도 1위 시점은 총 34번 있었다. 이때 단순히 종가 기준으론 22번의 주가 상승이 있었으며, 10번의 하락이 있었다. 평균적인 당일 변화(종가)는 +2.1퍼센트를 기록하며 약간의 주가 상승이 예상됐다. 공표 이후 고가, 저가는 평균 각각 +6.9퍼센트, -2.2퍼센트로 확인됐다. 따라서 당일 기준으로 가격 변동의 파고가 상대적으로 상승에 가깝다는 것을 확인할 수 있었다.

선거 구분	종가 기준 (횟수)		주가 상승률 (당일 기준 평균)			주간 최고 수익률 (공표일 기준 평균)
	상승	하락	종가	고가	저가	
19대 대선	16	8	+0.78%	+4.62%	-2.28%	+9.07%
20대 대선	6	2	+6.38%	+14.26%	-1.73%	+18.18%
전체	22	10	+2.10%	+6.89%	-2.15%	+11.21%

한편 정치테마주는 대선을 기점으로 트랜드가 변하는데, 선호도 변화 시점도 그러한지 확인해 보고자 19대 대선과 20대 대선 기간을 분리해 비교했다. 앞의 표는 19, 20대 대선에서 선호도가 바뀐 시점의 종가, 고가, 저가의 평균값을 모은 것이다. 표를 살펴보면 19대 대선 기간보다 20대 대선에서 종가, 고가, 주간 최고 수익률이 높게 측정되는 것을 알수 있다. 이는 20대 대선 기간에 앞선 대선보다 1위 교체 횟수가 적어 언론과 대중이 인식하는 정도가 다르지 않나 하기도 하지만 여론조사가 재료로서 점차 강한 힘을 발휘한다는 의미이기도 하다. 한편 최근 대선 여론조사가 양강 구도(이재명, 윤석열)로 진행되고 있어 1위 시점이 변하

는 발표일마다 주가가 요동치지 않을까 하는 추정을 했다.

이외의 여론조사 적용

일반적으로 리얼미터의 기사 인용도가 높은 것은 사실이다(그렇기에 리얼미터 조사 결과가 주가에 큰 영향을 끼친다 생각했다). 하지만 1위 후보가 뒤바뀌는 조사는 원체 언론의 관심이 높다 보니 리얼미터가 아닌 조사 업체의 결과도 헤드라인으로 심심찮게 등장한다. 따라서 우린 이들 업체에서의 결과가 주가에 영향을 미치는지 살펴보기로 했다.

여론조사 업체	공표일	후보	주가 상승률 (당일 기준)			주간 최고 수익률 (공표일 종가 기준)
			종가	고가	저가	
한국갤럽	2020.08.14.	이재명	−2.8%	+12.3%	−5.6%	+12.3%
	2021.03.12.	윤석열	+5.6%	+6.9%	−2.6%	+9.0%
알앤써치	2018.06.20.	박원순	+7.2%	+11.4%	−1.2%	+21.4%
	2018.09.28.	이낙연	−1.2%	+0.4%	−1.7%	+2.1%
	2019.01.30.	황교안	+1.7%	+6.9%	−2.7%	+6.9%
	2020.10.28.	이재명	+0.0%	+1.7%	−0.8%	+10.0%
	2020.12.02.	윤석열	+2.6%	+14.1%	+0.0%	+14.1%
	2021.01.27.	이재명	+2.4%	+2.9%	+0.0%	+2.9%
	2021.03.31.	윤석열	+1.5%	+14.2%	−5.2%	+14.2%
한길리서치	2020.11.11.	윤석열	+18.8%	+28.6%	+6.4%	+28.6%

	2021.01.13.	이재명	−0.6%	+3.8%	−0.7%	+10.4%
	2021.03.10.	윤석열	+5.1%	+13.8%	−1.8%	+12.3%
*NBS 지표조사	2020.08.23.	이재명	+0.1%	+7.5%	+0.1%	+7.5%
	2021.03.25.	윤석열	+4.3%	+10.8%	−1.2%	+61.2%
	2021.04.08.	이재명	+8.0%	+14.4%	−3.5%	+14.4%
평균	−	−	+3.5%	+10.0%	−1.4%	+15.2%

위의 표를 살펴본다면 실제 선두주자로 올라선 후보의 테마주는 종가 기준 상승하는 경향성이 있다(15회 중 11번 상승). 하지만 이 역시 경향성을 파악하는 정도로 참고하라고 권한다. 시초가와 종가, 고가, 저가의 갭이 크기 때문에 경향성을 확인한다 해도 공표일 당일 큰 손해를 입을 수 있기 때문이다. 다만, 그간의 여론조사 참고자료로 고점, 저점, 종가가 어느 정도 선에서 움직이는지를 파악해 당일 매도 타이밍에 대한 감을 익히는 데 활용한다면 미약하게나마 도움이 될 것이다.

06

결론

여론조사 편을 마치며 우리는 여론조사와 주가의 관계에 관한 몇 가지 경향성을 확인했다. 크게 4가지를 파악했는데, 첫째 지지율 급변(상승, 하락) 구간 동안 주가는 지지율의 흐름(상승, 하락)과 유사하게 흘러갔다. 둘째, 대선 직전(경선 이후)의 여론조사는 주가에 영향을 끼치지 않았다. 셋째, 10퍼센트 지지율을 돌파하는 공표일 기준, 주가가 상승하는 경향성을 보였다. 마지막으로, 선두로 올라선 후보의 주가는 상승하는 흐름을 보였다. 이처럼 네 가지 경향성을 추정할 수 있었는데 이는 모두 '가능성이 존재한다' 혹은 '그간 그러한 흐름을 보였다'와 같은 가능성에 불과하다. 따라서 이 경향성 역시 바뀔 수 있으며 주가에 영향을 주는 변수는 여론조사 이외에도 많다는 것을 감안하고 그저 투자에 참고하는 자료 정도로 봐 주길 바란다.

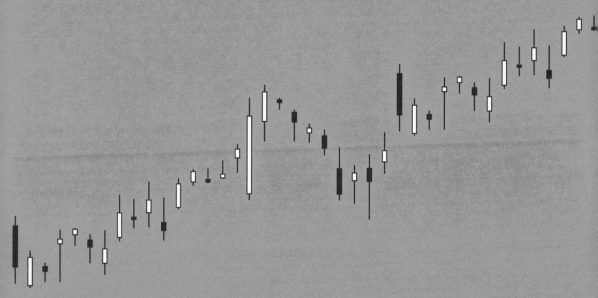

2013년부터 2021년 재보궐선거까지 약 9년에 걸쳐 정치적 사안과 주가 추이를 중심
으로 자금 흐름과 여론조사까지 알아봤다. 이 역시 짧지 않은 기간이지만 정치테마주
의 역사는 더 위로 거슬러 올라간다. 일부 이견이 존재하나 일반적으로 2007년 안팎
을 정치테마주의 탄생 시점으로 보고 있다. 당시의 어떤 정치적 상황이 정치테마주를
만들어 냈는지, 그리고 테마주 시장은 시간이 흘러 어떻게 변화했는지 큰 줄기를 살
펴보는 시간을 가져보겠다.

chapter 5

정치테마주의 역사

정책 테마주 중심의 제17대 대선

2006, 정치테마주 탄생 배경

노무현 정부 레임덕

당시는 노무현 정부의 레임덕이 한창인 시점이었다. 참여정부는 개혁정부를 표방하며 국보법 폐지를 포함한 4대 개혁 입법 등 여러 개혁을 시도하고자 했다. 그러나 이러한 시도는 여러 충돌과 갈등을 낳았으며 국정 지지율 하락으로 이어졌다. 또한 여당(열린우리당)은 지역주의 구도 타파를 목표로 영남권 공략을 시도한다. 하지만 이것이 호남의 반발을 샀다. 이는 분당 사태(열린우리당-새천년민주당)로 이어졌고 오히려 지역 기반을 점차 잃는다. 그 결과 2006년에 치러진 4회 전국동시지방선거에서 여당은 역사적인 참패를 당해 레임덕에 본격적으로

들어선다.[359]

2006년 (한국갤럽)	1분기	2분기	3분기	4분기
국정운영 긍정	27.0%	20.0%	16.0%	12.0%
국정운영 부정	63.0%	70.0%	74.0%	79.0%
2007년 (한국갤럽)	1분기	2분기	3분기	4분기
국정운영 긍정	16.0%	24.0%	27.0%	27.0%
국정운영 부정	78.0%	66.0%	64.0%	62.0%

참여정부는 제4회 지방선거 이후 17대 대선까지 부정 평가가 긍정 평가를 두 배 이상 웃도는 지지율을 기록하며 정국의 주도권을 야당인 한나라당에 넘기게 된다. 물론 어느 정권이든 집권 말기에 접어들면 레임덕에 시달리곤 한다. 하지만 노무현 정부는 그 정도가 심했다.

이명박 대세론

대선 레이스 초반만 하더라도 노무현 대통령 탄핵 소추 사건[360]으로 대통령 권한대행직을 수행한 고건 국무총리가 대세론을 형성했었다. 하지만 정부의 레임덕이 심화되면서 이명박 당시 서울시장이 대권 후보로 떠오른다. 청계천 사업을 비롯한 정책적 성과를 바탕으로 수도권이 중

---

359 여당인 열린우리당은 16시·도 광역단체장 중 전북지사 단 한 명만을 배출하는 데 그쳤다.

360 노무현 대통령 탄핵 사건: 노무현 대통령이 열린우리당의 17대 총선 약진을 기대하는 발언을 하여 대통령의 정치적 중립의무를 위반하였다는 사유로 탄핵안이 소추된다. 이는 여소야대 정국 속에 195 재석 193 찬성으로 가결된다. 하지만 여당의 승리로 끝난 17대 총선 이후 헌법재판소는 이를 기각한다.

심이 돼 그에 대한 선호도가 높아졌다. 그리고 여론조사에서 이명박은
고건 총리, 박근혜와 3강 구도를 형성해 각축을 벌인다.

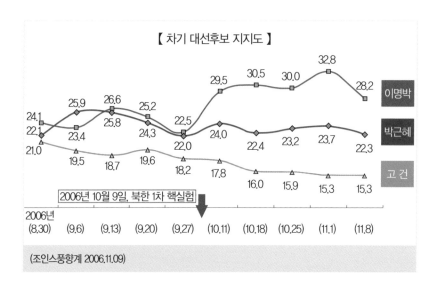

【 차기 대선후보 지지도 】

(조인스풍향계 2006.11.09)

이러한 3강 구도는 이명박이 경제 중심으로 정책 이슈를 선점한 데다
가 북한이 핵실험을 감행하자 균열이 가기 시작한다. 그리고 이명박 대
세론은 여권 1위 후보인 고건 총리가 불출마를 선언하면서 더욱 공고화
된다(2007.01.16.).

한반도 대운하_정책 브랜드화

이명박은 대세론을 바탕으로 정책 브랜드화를 시도한다. 한반도 대운
하라는 정책을 주요 공약으로 내세워 꾸준히 설득하고 홍보했다. 그 실
효성에 대한 논쟁으로 정치권은 뜨거웠지만 한반도 대운하는 그를 상징

하는 공약으로 자리매김했다.

특히 고건 총리의 불출마 선언 이후 이명박 대세론이 본격화되자, 이명박의 정책 구상은 사실상 차기 정부의 구상으로 여겨졌다. 이명박이 2007년 2월 23일 한반도 대운하 정책 간담회를 개최할 당시 국회의원 50명이 운집하는 등 미래 권력다운 세를 과시했다.

한반도 대운하 관련주_ 이명박 테마주의 시작

차기 권력으로 돈이 모이다

우리나라는 '제왕적 대통령제'라는 비판이 나올 정도로 제도적으로 행정부의 권한이 막강하다. 이는 차기 대통령 선출자가 대한민국을 바꿀 만한 권력을 가지고 있다는 뜻이다. 따라서 대선에서 말하는 공약은 향후 5년 동안 집행될 정책과 수혜 산업을 미리 내다볼 수 있는 이정표가 된다.

그러나 노태우 정부부터(6공화국이 출범한 이래) 참여정부까지 한국의 역대 대선은 정책에 대한 조명도가 상대적으로 낮았다. 민주화, 지역주의 타파, 3김 청산,[361] IMF 책임론 등 예산을 집행하는 정책보다 시대정신이 강조되어 왔던 것이 사실이다.

하지만 17대 대선 들어 당시 유력 후보였던 이명박은 한반도 대운하와 실용주의를 내세우며 경제 정책 이슈를 주요 쟁점으로 부각시켰다. 그리고 이는 대운하 테마주 탄생의 초석이 됐다.

대운하 관련주 1차 폭등

2007년 2월 23일, 대운하 정책 간담회가 개최된 이후 관련 테마주가 형성되고 폭등하기 시작했다. 이에 편입된 종목으로는 수중 시공 특허를 갖고 있는 삼호개발과 정부 발주 사업을 주로 진행하는 특수건설, 이화공영 등 다양했다.

치솟는 주가뿐만 아니라 거래량도 정책 간담회 전후로 뚜렷한 차이를 보였다. 물론 여타 버블과 마찬가지로 대운하 테마주 역시 단기 급등으로 조정을 겪지만 2007년에 정치테마주가 폭등하는 시발점이 된다.

대운하 테마주? 이명박 테마주!

대운하 관련주가 2007년 초반 급등하기 시작하자 언론은 이에 주목해 기사를 내기 시작했다. 그리고 이 기사는 여러 투자자를 끌어당기기에 충분했다.

또한 당시 대운하 관련주는 이명박 테마주라는 이름으로도 불리며 대

---

361 3김 청산: 한국 정치를 이끈 3김(김영삼, 김대중, 김종필)의 영향력에서 벗어나자는 세대교체론의 구호다.

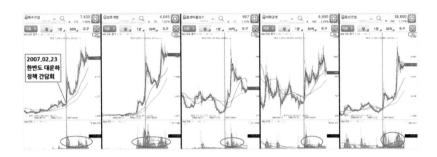

선 테마주의 정체성으로 확장되기 시작한다. 이는 명칭 이상의 중요한 의미가 있었다. 이명박의 대권 가능성에 따라 테마주가 형성됐다면 유력 상대 후보에 대해서도 테마주가 형성될 수 있다는 이야기였다. 이는 당시 한나라당 내에서 강력한 라이벌이었던 박근혜 테마주와 여권의 정동영·손학규 테마주 형성으로 이어졌다.

대선 테마주로의 정체성 확장_ 한나라당 경선

박근혜 혈연 인맥 테마주 재조명

사실 박근혜 테마주로는 한 기업이 매우 오래전부터 거론돼 왔다. EG는 박근혜의 친동생인 박지만 씨가 대표로 재직하던 기업이다. 물론 현재 정치테마주 시장처럼 중·장기적인 주가 흐름을 보이지는 않았다. 하지만 유력 정치인의 친동생이 운영하는 회사는 흥미로운 이슈거리였으며 실제로 선거철이나 박근혜가 주목받는 시기에 주가가 단기적으로 요동친 바 있다.

또한 이명박이 일찌감치 한반도 대운하라는 정책을 꾸준히 알리고 쟁점화해 온 것에 비해 박근혜의 정책적 이슈는 주목을 덜 받았다. 결국 박근혜 테마주로는 정책주가 아닌 인맥 테마주 EG가 대장주로서 움직였다.

희비 엇갈린 테마주

한나라당 경선은 대세론을 형성한 이명박과 추격하는 박근혜의 대결 구도로 흘러갔다. 당초 여론은 이명박의 승리를 예상했다. 하지만 이는 여론조사를 바탕으로 내린 추측에 불과했다. 한나라당대표를 여러 차례 역임해 대의원의 지지를 받는 박근혜 역시 경선 룰에 따라 승리할 가능성이 있었다.

한나라당 경선	박근혜	이명박	원희룡
2007년 8월 20일	48.1%	49.6%	1.5%

1.5퍼센트포인트라는 근소한 격차에서 알 수 있듯이 경쟁은 치열했다. 경선 과정에서 BBK 주가조작, 출생 및 병역비리 등 이명박에 대한 의혹 등이 불거지며 네거티브 공방전이 벌어졌고 이에 따라 박근혜가 이명박을 바짝 추격했다. 이 과정은 테마주 시장에도 반영됐다. 또한 여당 후보인 정동영 역시 이 기간 출마를 선언한 후 테마주가 형성되고 급등함으로써 대선 테마주로 정체성이 확장됐음이 완연히 드러났다.

• 2007년 6월 11일 – 박근혜 대선 출마 선언(이날부터 경선 일정 시작)

• 2007년 7월 3일 – 대통합민주신당 정동영, 대선 출마 선언
• 2007년 8월 2일 – 이명박, 출생 및 병역비리 의혹 해소
• 2007년 8월 20일 – 한나라당 대선후보, 이명박 선출

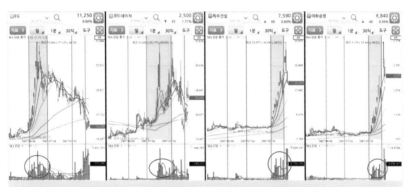

*코드네이쳐는 후술하겠지만 정동영의 대북철도건설 공약에 따른 관련 정책주다.
**이명박 테마주는 워낙 많아 가장 대표적인 두 가지만 예시로 들었으며 나머지 역시 유사한 흐름을 보였다.

위 네 번의 사건에 따라 자금이 이동하듯 세 명의 대선 테마주가 차례차례 급등한 것이 포착됐다. 한 테마주가 급등하면 다른 테마주는 주가가 침체하거나 횡보했다.

당내 지지 기반이 커서 박근혜의 당선 가능성 역시 높았다. 또한 여당 후보 역시 국내 정치 지형을 감안했을 때 가능성을 배제할 수는 없었다. 무엇보다 이 당시만 해도 재료가 선반영되는 정도가 낮았다. 그래서 대선 출마 선언을 기준으로 자금이 이동해 갔다.

하지만 경선 막판에 이명박에 대한 여러 의혹이 그의 DNA 검사 발표와 함께 씻겨 나간다. 이에 경선 통과 가능성이 선반영되며 이명박 테

마주가 급등했다.

그럼에도 여당 후보_대통합민주신당 경선

여권 후보 테마주 형성

제아무리 정부·여당의 지지율과 국정수행지지도가 낮은 상황이라 할지라도 여당의 후보라는 점은 무시할 수 없는 위치다. 또한 당시 박근혜의 경선 결과 불복 가능성과 이후 이회창의 출마 등 야권 분열 시나리오도 있었던 상황이었다.

가장 유력했던 후보는 정동영 전 통일부장관이었다. 정동영은 대선 출마를 선언하면서, 남북철도 연결과 항공우주산업 육성을 대선 공약으로 내세운다(2007.07.03.). 그리고 그의 대선 공약에 따라 코드네이처(당시 미주레일)와 세명전기 등 관련 대북 철도 건설 정책 테마주를 형성한다.

또한 한나라당을 탈당한 손학규가 대통합민주신당의 후보 경선에 참여하면서 손학규와 정동영의 2파전으로 전개됐다. 손학규 테마주는 지지 모임의 대표가 대주주로 있는 기업인 IC코퍼레이션과 그 자회사 세지가 인맥 테마주로서 눈에 띄었다.

당내 정동영 우위 vs 대외 손학규 우위

초반 여론조사에선 손학규가 정동영보다 높은 지지율을 얻었다. 하지만 정동영은 전북 연고와 당대표(열린우리당 의장)를 역임해 당내 입지에서 앞서는 상황이었다. 따라서 당내 경선에서는 정동영이 우위를 점하고 있다고 볼 수 있었다. 결국 관권 선거 논란으로 경선이 중단되는 등 우여곡절을 겪었으나 최종적으로 정동영이 손학규를 제치고 대선 후보로 선출된다.

이 과정 역시 테마주 시장에 반영돼 자금이 이동했다. 다만 손학규 테마주는 상장폐지가 돼 차트를 구할 수 없었다. 그래서 〈KRX 정보데이터시스템 상장폐지종목 시세 추이〉에서 얻은 정보로 자체 차트를 만들어 비교해 봤다.

- 2007년 7월 3일 – 대통합민주신당 정동영, 대선 출마 선언
- 2007년 8월 9일 – 손학규 대선 출마 선언
- 2007년 8월 22일 – 대통합민주신당 예비후보 등록일 마지막 날
- 2007년 10월 2일 – 경선 잠정 중단
- 2007년 10월 15일 – 대통합민주신당 대선후보, 정동영 선출

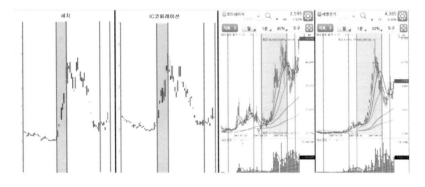

정동영의 대선 출마 직후 주가가 움직였으나 앞서 다뤘듯이 이명박 테마주로 자금이 쏠리며 큰 폭의 상승을 이끌어 내지는 못한다.

그리고 당시 여야 통합 지지율은 손학규가 정동영에 앞서 있었다. 그래서 손학규의 대선 출마 이후 세지와 IC코퍼레이션이 급등하기 시작했다. 그러나 대통합민주신당의 경선이 진행될수록 당내 기반이 탄탄한 정동영의 승리 가능성이 커졌고 뒤이어 정동영 정책 관련주인 코드네이처와 세명전기가 급등한다. 이 과정에서 손학규 테마주가 침체한 것으로 미루어 보아 자금이 이동했다고 짐작할 수 있었다.

야권, 분열의 조짐이 보이다_대선 직전

변수 등장, 다시 뜨거워진 대선판

한나라당과 대통합민주신당, 양당의 경선이 마무리됐다. 이제까지의 추세를 볼 때 이명박의 당선으로 무난하게 흘러가는 듯했다. 하지만 이명박은 대선 직전 두 개의 암초를 만난다.

한나라당 경선은 사실상 본선으로 여겨졌기에 치열한 네거티브 공방전으로 진행됐다. 여기서 BBK 의혹이 수면 위로 드러났다. 이명박이 대선 레이스를 독주 중이었기에 그에 대해 엄청난 견제가 쏟아졌고 결국 BBK 특검법이 통과된다(2007.10.11.). 검찰의 조사 결과에 따라 당선을 눈앞에서 놓칠 수도 있는 중대한 상황이었다. 이에 여당 후보인 정동영의 테마주가 반응하기도 했다.

또한 지난 16대 대선에서 노무현에게 패한 후 정계를 은퇴했던 이회창이 돌연 출마를 선언하며 야권이 분열될 상황에 처한다(2007.11.07.). 만약 이명박과 관계가 크게 틀어진 박근혜가 이회창 지지를 선언한다면 야권이 둘로 분열돼 15대 대선과 같은 결과를 맞이할 수도 있었다. 실제로 박근혜 지지 모임인 박사모가 이회창 지지를 선언하기도 했다. 이회창이 출마 선언 직후 여론조사에서 20퍼센트에 가까운 지지율을 획득하며 이명박의 지지율이 폭락하자 이러한 우려는 더욱 커졌다.

이명박 대통령 당선

이회창은 몇 차례 박근혜에게 지지를 요청했다. 하지만 박근혜는 정도가 아니라며 지지를 보내지 않는다. 결국 초반 돌풍이 무색하게 이회창의 지지율은 점차 하락했다. 여기다 검찰이 여러 의혹을 무혐의라고 발표함으로써 이명박에게는 거칠 것이 없어지게 되었다. 결국 야권이 분열되었음에도 이명박이 대통령에 당선되며 이변 없이 대선이 마무리된다.

- 2007년 8월 20일 – 한나라당 경선, 이명박 선출
- 2007년 10월 11일 – BBK 특검법 통과
- 2007년 11월 7일 – 이회창 대선 출마 선언
- 2007년 12월 5일 – 검찰 발표, 이명박 BBK 주가조작·다스 무혐의

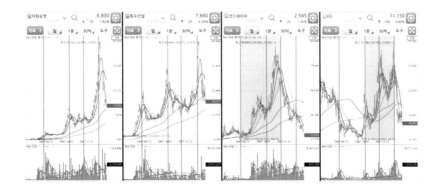

대선 직전이라는 시기답게 굵직한 여러 정치 이슈가 터졌다. 그리고 여기에 직간접적으로 이해관계가 얽힌 후보의 테마주가 급등락을 이어 갔다.

하지만 이명박이 제17대 대선의 중심이었듯이 테마주 시장 역시 그의 테마주를 중심으로 흘러갔다. 우선 이명박 테마주가 꾸준한 우상향 그래프를 그린다. 그리고 악재가 터지며 주가가 주춤할 때면 자금이 잠시 타 후보 테마주로 이탈했다가 다시 이명박 테마주로 돌아오는 양상이 반복됐다.

당선 = 주가 상승?

2007년 한 해 동안 정치테마주는 주식시장을 뜨겁게 달궜다. 이 테마주의 움직임을 이끈 요인은 후보가 당선된다면 관련 기업이 수혜를 입을 것이라는 믿음이었다. 따라서 당선에 실패한 후보의 테마주가 급락하는 것은 전혀 이상하지 않았다. 그러나 당선된 이명박 테마주 역시 심각하게 폭락한다. 비상식적인 모습이었다.

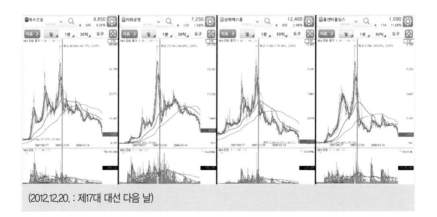

(2012.12.20. : 제17대 대선 다음 날)

2007년, 정치와 관련 테마주 주가 사이의 관계는 제법 밀접했다. 이를 목격한 이들의 기억 속에는 무엇이 남았을까?

첫째. 대선이 가까워지면 유력 후보의 관련 테마주는 광기의 상승기에 돌입한다.
둘째. 당선 가능성이 다소 낮은 후보라도 테마주는 급등한다.
셋째. 대선 직전이 되면 관련 테마주는 당선과 무관하게 폭락한다.

이렇게 세 문장으로 제17대 대선을 요약할 수 있다. 그렇다면 다음 대선에서도 이러한 흐름이 이어졌을까? 이어졌다면 얼마나 유사했으며 변화한 것이 있다면 무엇일까? 제18대 대선으로 돌아가 확인해 보자.

02

인맥 테마주 붐의 과도기, 제18대 대선

대선 초기_ 반응하지 않는 테마주

제17대 대선에서 정치테마주는 2007년, 대선 당해가 되어서야 본격적으로 움직이기 시작했다. 즉, 5년간의 대선 레이스 중 초반 4년 동안은 정치테마주가 유의미한 반응을 보이지 않았다.

이는 제18대 대선에서도 유사했다. 정계는 2008~2010년 말까지 굵직한 이슈로 가득했다. 제18대 국회의원 선거에서의 친박계 대규모 탈당 사태, 충격적이었던 노무현 대통령의 서거와 친노 진영의 부활, 그리고 제5회 지방선거까지. 현재라면 정치테마주 시장의 급변을 야기할 만한 굵직한 사건들이었다. 하지만 당시의 정치테마주는 이러한 이슈에 대해 일시적으로 급등락하기는 했으나 현재와 같은 중·장기적이고 일관된 주가 움직임을 보이지는 않았다.

저출산·한국형 복지국가 관련주_박근혜 테마주 시작

박근혜 대세론과 정책 브랜드화

2010년 말, 다음 제18대 대선까지 약 2년 정도 남은 시기였다. 정치권은 지난 대운하 관련주 폭등기 직전의 상황과 유사하게 흘러갔다. 당시 박근혜는 일찌감치 대세론을 형성하며 독주 중이었다.

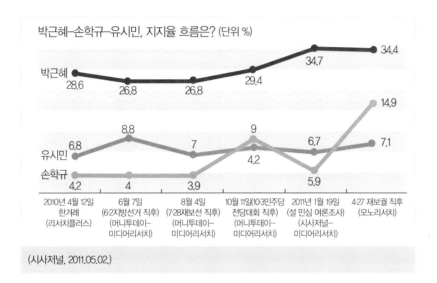

박근혜-손학규-유시민, 지지율 흐름은? (단위 %)

박근혜 28.6	26.8	26.8	29.4	34.7		34.4
	8.8	7	9	6.7		14.9
유시민 6.8			4.2			7.1
손학규 4.2	4	3.9		5.9		

| 2010년 4월 12일 한겨레 (리서치플러스) | 6월 7일 (6·2지방선거 직후) (머니투데이- 미디어리서치) | 8월 4일 (7·28재보선 직후) (머니투데이- 미디어리서치) | 10월 11일(10·3민주당 전당대회 직후) (머니투데이- 미디어리서치) | 2011년 1월 19일 (설 민심 여론조사) (시사저널- 미디어리서치) | 4·27 재보궐 직후 (모노리서치) |

(시사저널, 2011.05.02.)

2010년 12월 20일, 박근혜는 정책 공청회를 열어 한국에 맞춘 새로운 복지 모델이라며 일명 '한국형 복지국가'를 제시하고 차기 정부의 청사진을 그린다. 그리고 이 공청회에 70여 명의 국회의원이 참석하는 등 대선 행보를 시작함으로써 언론에서도 주목했다.

곧이어 정책을 구상할 싱크탱크 성격의 단체인 국가미래연구원을 발족한다. 이는 학계, 관료, 기업인을 중심으로 다양한 분야를 망라하는 인사들로 구성됐으며 대선 캠프를 대비한 인적 구성이라 볼 수 있었다.

정책주 강세

한국형 복지국가 공청회 이후 메디앙스(당시 보령메디앙스)와 아가방컴퍼니 등 저출산 정책 테마주가 급등하기 시작한다. 이명박의 한반도 대운하 정책 간담회 이후 한반도 대운하 정책 테마주가 우후죽순 급등했던 것과 유사했다.

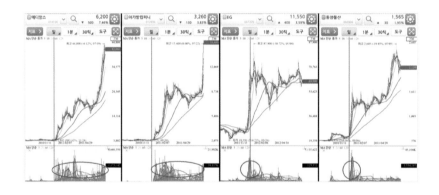

여기서 한 가지 재미있는 점을 알았다. 현재 주식시장에서는 정책 테마주보다 인맥 테마주가 훨씬 더 강세를 이룬다. 하지만 이 당시까지만 해도 정책 테마주가 더 강한 상승 동력을 가지고 있었던 것으로 보인다. 지난 대선에서 대장주로 통했던 EG, 그리고 마찬가지로 혈연 인맥 테마주인 동양물산 역시 높은 주가상승률과 거래량을 보였다. 하지만 저출산 육아복지 정책 테마주인 메디앙스와 아가방컴퍼니는 이를 훨씬 상회하는 모습을 보여줬다.

종목명	테마 편입 사유	기간	주가상승률
EG	동생 박지만이 회장	2010.12.20. ~ 2011.09.01.	+4.46%
동양물산	사촌의 남편 김희용씨가 대표이사	2010.12.20. ~ 2011.09.01.	+185.80%
메디앙스	육아복지 정책	2010.12.20. ~ 2011.09.01.	+883.75%
아가방컴퍼니	육아복지 정책	2010.12.20. ~ 2011.09.01.	+513.63%

*2011년 9월 1일은 안철수의 서울시장 출마 이슈가 처음 나온 날이다.
**테마 편입 사유는 논문 〈정치테마주, 효율적 시장 가설과 공시 효과에 관한 연구〉 中 부록1을 참고했다.

이때까지만 해도 향후 집권 가능성이 큰 후보의 주요 정책과 관련한 기업이 혜택를 볼 것이라는, 비교적 상식적인 판단이 정치테마주 시장을 주도한 것으로 보인다. 하지만 후술할 안철수의 등장 이후 많은 것이 바뀐다.

안철수 현상_인맥 테마주 붐의 시작

안철수 신드롬_무너진 박근혜 대세론
정계는 서울시장 재보궐선거 준비로 한창이었다. 당초 나경원과 한명숙의 여야 구도로 선거가 진행될 것으로 예상됐다.

그러나 2011년 9월 1일, 안철수가 서울시장 선거 출마를 고심 중이라는 보도가 나오면서 정계는 크게 술렁인다.

안철수는 얼마 후 불출마 의사를 밝힌다. 그리고 동시에 시민운동가 출신의 무소속 박원순 후보의 지지를 선언한다(2011.09.06.). 당선권의 유력 후보가 무소속 군소 후보에게 양보하는 모습은 기존의 정치권에서는 볼 수 없는 신선한 장면이었다. 이는 안철수에 대한 대선 지지로 이어진다.

리얼미터 여론조사	박근혜	안철수
2011년 9월 7일	40.6%	43.2%

뉴시스-모노리서치 공동 여론조사	박근혜	안철수
2011년 9월 7일	40.5%	42.4%

이는 곧바로 대선 여론조사에 반영된다. 그동안 부동의 1위를 기록하던 박근혜는 안철수와의 1대1 구도에서 밀리는 형세를 보인다. 2008년부터 줄곧 지지율 1위를 기록하던 박근혜 대세론이 깨지는 순간이었다.

안랩 폭등기
공고했던 박근혜 대세론이 안철수의 등장으로 깨지자 정치테마주 시장은 이 둘의 테마주를 중심으로 요동쳤다.

• 2011년 9월 1일 – 안철수, "서울시장 재보궐선거 출마 고심 중"
• 2011년 12월 9일 – 한나라당 최고위원회 해산

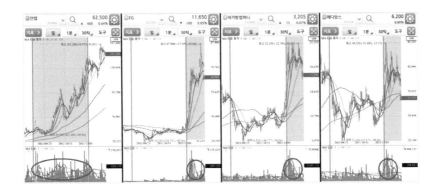

　안철수 하면 V3와 안랩이 수식어처럼 따라붙었다. 이에 따라 안랩 주가가 고공 행진하기 시작한다. 반면 박근혜 테마주는 일제히 폭락하며 자금이 이탈했다.

　이러한 안풍에 위기감을 느낀 한나라당은 최고위를 해산하고 박근혜 비상대책위원회 체제에 들어가 당내 개혁에 몰두하는 등 대권 레이스를 재정비하고자 한다. 이 과정에서 박근혜 테마주로 자금이 오갔으며 이 둘의 테마주가 시장을 이끌었다.

박·안·문 3자 구도_문재인 테마주 후발 급등

멀어지는 안철수, 가까워지는 문재인

　재보궐선거에서 안철수의 양보를 받은 박원순이 당선되며 최초의 무소속 서울시장이 선출되었다. 이로써 안철수 효과가 입증된 셈이었다. 하지만 이후 안철수는 오히려 정계 입문에 대해 소극적인 스탠스를 취하며 지지율이 조금씩 하락한다.

　사실 안철수의 등장 이전까지 야권의 중심은 문재인이었다. 물론 그 역시 초반에는 정치권과 거리를 두었다. 그러나 이명박 정부의 지지율이 하락하며 참여정부가 재평가되는 과정에서 친노 진영의 요구로 정치권에 조금씩 다가서게 된다.

　그리고 제18대 총선을 코앞에 둔 시점이었다. 민주당은 재보궐선거 분위기를 이어가고자 했으며 한나라당은 이를 끊고자 했다. 중요한 시점에 문재인은 총선 출마를 선언했고 보다 적극적인 스탠스를 취하며 선거 전면에 나선다. 방송 〈힐링캠프〉에 박근혜 다음 회차로 출연하기도 했으며 안철수에게 빼앗긴 중도·진보층을 잡으려 노력했다. 그리고 얼마 후 안철수가 정치 참여에 회의적인 입장을 드러낸다. 직후 여론조사에서 문재인은 처음으로 안철수를 뛰어넘는 지지율을 기록하기에 이른다.

진보 진영 대선 후보 적합도	문재인	안철수
2012년 1월 31일	29.3%	27.9%

리서치뷰 (오마이뉴스-한국미래발전연구원 공동의뢰)

문재인 테마주 형성의 당위성

　3자 구도를 형성한 가운데 앞서 두 명의 테마주가 급등했으니 문재인 테마주도 형성될 이유 혹은 명분이 생겼다.

　그러나 문재인은 안철수와 마찬가지로 정치권과 거리를 두던 인물이었다. 따라서 정책적 선명성이 부족했고 정책 테마주가 형성되기 어려운 상황이었다. 이는 안철수와 마찬가지로 인맥 테마주가 대장주 역할을 하는 배경이 된다. 문재인은 친노 진영의 구심점이었기에 과거 노무현 대통령과의 인연을 바탕으로 한 인맥 테마주가 대장주 자리를 차지한다.

- 2011년 12월 26일 – 문재인, 총선 출마 선언
- 2012년 1월 21일 – 안철수, "나까지 정치 참여에 고민할 필요가 있는가"
- 2012년 1월 31일 – 문재인, 여론조사 안철수 상대 첫 승리

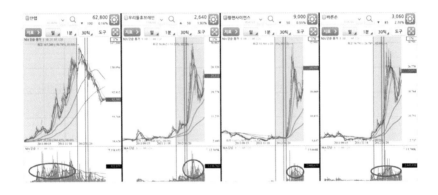

문재인이 총선에 출마한 후 안철수와 대조되는 적극적인 행보를 보이자 관련 테마주가 움직이기 시작했다. 특히 문재인이 여론조사에서 처음으로 안철수를 꺾은 이후 주가는 광기에 가깝게 움직였다.

반면 지난 기간까지 테마주 시장을 좌지우지하던 안랩은 거래량이 다소 줄며 주가가 폭락하기 시작했다. 박근혜 테마주 역시 주가가 횡보하며 자금이 3자 구도의 마지막 인물인 문재인으로 향했음이 드러났다.

야권, 총선 패배_안철수 등판론에 따른 후발 테마주 등장

문재인 한계론–안철수 등판론

제18대 총선은 결국 야당의 패배로 끝난다. 재보궐선거 분위기를 이어가고자 했던 민주통합당 입장에서는 쓰라린 결과였다. 문재인 개인은 지역구에서 당선됐지만 당의 패배에 고개를 숙였다. 이에 문재인으로는 대선에서 박근혜를 이기기 힘들다는 문재인 한계론과 안철수 등판론이 올라오기 시작한다.

때마침 안철수는 "설령 정치라도 감내하겠다"며 대선 의지를 다진다. 이전까지 정치에 회의적인 입장을 보이며 소극적인 행보를 해왔던 것과는 대조적이었다.

- 2012년 1월 21일 – 안철수, "나까지 정치 참여에 고민할 필요가 있는가"
- 2012년 3월 27일 – 안철수, "설령 정치라도 감당하겠다"

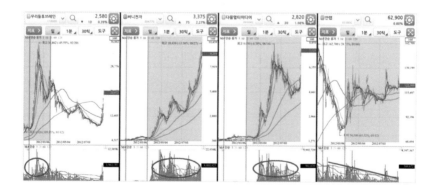

이러한 선거 결과와 안철수의 입장 변화에 따라 정계는 새로운 국면에 들어섰다. 그리고 테마주 시장 역시 이에 반응했다. 광기를 담기에 안랩은 너무 비좁았다. 테마주 시장은 이 광기를 이어갈 새로운 기업을 찾기 시작했다. 그리고 안랩 출신 임원이 사내 요직에 있다는 이유로 써니전자와 다믈멀티미디어가 안철수 테마주라는 꼬리표를 달고 움직이기 시작했다. 후발 테마주의 등장에 기존 대장주였던 안랩은 영 시원치 않은 주가 움직임을 보인다. 그리고 문재인 테마주 역시 일제히 하락하며 자금이 이탈한다.

야권 단일화_재료 소멸의 시간

민주통합당 후보 경선이 시작됐고 문재인의 과반 여부에 이목이 쏠렸다. 당내의 타 후보들은 반문연대를 결성해 각각의 주력 지역에서 최대한 표를 모아 문재인의 과반을 막고 결선투표까지 끌고 가는 것을 목표로 삼았다(후보로 나선 손학규는 충북, 강원 그리고 김두관은 경남에서, 정세균은 전북에서 표밭을 갈고 닦았다). 그러나 전 지역에서 문재인 후보가 승리를 거두며 결선 투표 없이 56.52퍼센트의 누적 득표율로 선출된다.

압도적인 스코어로 승리한 문재인은 컨벤션 효과 속에서 여론조사에서도 선전한다. 양자대결 시 처음으로 문재인이 박근혜를 이기는 여론조사가 공표된 것이다.

리얼미터 여론조사(양자구도)	문재인	박근혜
2012년 9월 19일	47.1%	44.0%

그리고 민주통합당의 경선이 끝나고 3일 후였다. 안철수는 약 1년간의 무수한 출마설 끝에 드디어 대선 출마를 선언한다.

대세론이 지속되며 싱거운 승부가 이어진 17대 대선과 달리 18대 대선은 단일화 여부와 결과에 따라 누가 당선될지 모르는 팽팽한 구도가 만들어졌다. 이는 치열한 단일화 경쟁으로 이어졌다.

두 야권 후보는 단일화 협상을 두고 팽팽한 줄다리기를 하던 끝에 결국 안철수가 후보직을 사퇴하며 문재인 단일 후보로 마무리된다. 하지만 대선 구도는 문재인의 경합 열세가 이어졌고 결국 박근혜가 대통령에 당선된다.

- 2012년 9월 16일 – 문재인, 민주통합당 후보 선출
- 2012년 9월 19일 – 안철수 대선 출마 선언
- 2012년 11월 23일 – 안철수 불출마
- 2012년 12월 19일 – 제18대 대통령 선거, 박근혜 당선

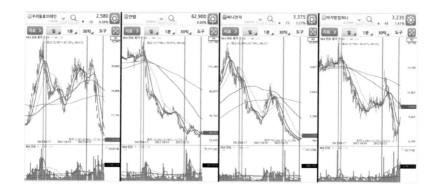

먼저 문재인 테마주는 민주통합당 본 경선이 시작하자 주가가 급등하기 시작했다. 그리고 대선 후보로 선출된 이후 재료 소멸이 발생해 하락했다.

그런데 이 직후 안철수가 대선 출마를 선언해서 큰 폭의 하락을 겪기 시작한다. 안철수 테마주는 모두 대선 출마라는 하나의 큰 재료를 바탕으로 주가가 급등해 왔다. 후발 테마주인 써니전자는 고작 5개월여 동안 1400퍼센트 넘게 상승했다. 그러나 정작 안철수가 대선 출마를 선언하자 재료 소멸에 따른 공포 매도가 시장을 덮쳤다. 이후 단일화 재료가 있었지만 안철수 테마주의 폭락은 정도가 컸고 이는 타 테마주 역시 공포 매도를 유발하기에 충분했다. 마치 지난 대선에서 이명박의 BBK 논란에 대한 검찰의 무혐의 발표 이후 주가가 폭락한 상황과 유사했다.

물론 단일화 직후 문재인 테마주는 급등했다. 또한 박근혜에게도 안철수가 더 까다로운 상대였기에 테마주는 급등한다. 하지만 전체적인 하락 추세를 바꾸기에는 역부족이었고 곧이어 더 큰 폭의 하락을 겪는다.

이렇게 제18대 대선이 마무리됐다. 지난 대선과 마찬가지로 대선 테마주는 다시금 광기를 보였고, 제17대 대선 과정에서 얻은 그 세 가지 명제는 이번에도 통했다.

첫째. 대선이 가까워지면 유력 후보의 관련 테마주는 광기의 상승기에 돌입한다.
둘째. 당선 가능성이 다소 낮은 후보라도 테마주는 급등한다.
셋째. 대선 직전이 되면 관련 테마주는 당선과 무관하게 폭락한다.

제17대 대선에서 정치테마주가 큰 움직임을 보였지만 다음 대선에서도 이러한 현상이 반복될지는 미지수였다. 하지만 결과적으로 제18대 대선에서도 연거푸 유사한 상황이 펼쳐졌다. 두 번의 역사와 경험이 축적되자 제2~4장에서 다뤘듯이 정치테마주 시장은 더 빠르고 광범위하게 움직이기 시작한다. 현대 정치테마주 시장은 이렇게 탄생했다.

03

정치테마주 시장 트렌드 변화

    이렇게 초기 정치테마주로 일컬어지는 제17, 18대 대선 과정을 간략하게 알아봤다. 그런데 제2장부터 제4장까지의 내용을 기억하고 있다면 초기 시장과 최근 시장의 분위기가 많이 다름을 알 것이다.

    정치테마주의 역사는 많은 것을 시사한다. 시장은 계속 변화하기 때문에 당장 다음 대선에서 테마주 시장이 어떤 모습을 보일지는 장담할 수 없지만 과거부터 현재까지 시장이 어떻게 변화해 왔는지 안다면 향후 변화된 시장에도 효과적으로 대처할 수 있으리라 생각한다. 따라서 이번 파트에서는 테마주 시장이 어떻게 변화해 왔는지 그 트렌드를 알아보도록 하겠다.

더 빨라진 시간

정치는 살아 있는 생물과 같다는 말이 있다. 그리고 정치테마주 역시 정치와 명운을 함께한다는 점에서 마치 살아 있는 생물과 같다. 테마주는 온 대중의 관심이 정계로 몰리는 대선 직전이 되면 깨어났다가 선거가 끝날 무렵이 되면 긴 겨울잠에 들어갔다. 첫 두 번의 대선에서 그랬듯이 다음 대선이 다가오면 다시 깨어나리라 예상했다. 하지만 두 차례 광기의 폭등을 목격한 투자자는 이 동면을 이른 시기 깨우게 된다.

	급등 시작점	대선까지 남은 시간	재료
제17대 대선	2007.02말	약 1년	한반도 대운하 정책 공청회
제18대 대선	2010.12말	약 2년	한국형 복지국가 정책 공청회
제19대 대선	2012.12말	약 5년	안철수 정계 입문 및 신당 창당
제20대 대선	2017.06말	약 5년	제7회 전국동시지방선거

17, 18대 대선 과정에서는 각각 선거 1, 2년 전부터 정치테마주의 움직임이 감지됐다. 또한 공통적으로 특정 후보의 대세론과 구체적인 정책 밑그림이 제시된 후 주가가 급등하기 시작했다. 즉 ①대선 직전, ②대세론, ③구체적 정책 제시, 이 세 가지의 까다로운 발동 조건이 충족돼야 정치테마주가 움직인다고 볼 수 있었다.

최근에는 전혀 다른 양상을 보이고 있다. 일반적으로 대선이 막판으로 치닫는 과정에서 모든 재료가 소멸해 대부분의 정치테마주가 매우 낮은 수준의 주가를 기록한다. 그리고 대선이 완전히 끝나면 오히려 악재가 소멸한 듯, 그리고 새롭게 다음 대선을 준비하듯 주가가 상승하기 시작했다. 우리는 두 번의 대선에서 유력 후보의 테마주는 광기의 급등을 보여준다는 데이터를 축적했기 때문인 것으로 추정했다.

달리 말하면 정치테마주가 움직이는 시간이 대선 직전에서 초반으로 앞당겨졌다고 할 수 있다. 테마주 시장에 공백이 거의 사라진 것이다. 이는 단순히 시기 그 이상의 중요성을 담고 있다. 테마주가 움직이는 시기가 길어진 것이 테마주의 속성에 영향을 주었으며 시장이 복잡해지는데 결정적인 요인이 되었다.

현대 사회의 슬픈 자화상_ 주식에도 중요한 인맥

정책주와 인맥주

정치테마주의 속성은 크게 정책과 인맥 둘로 나눌 수 있다. 정책 테마주는 주로 후보가 내세우는 공약에 따라 결정됐다. 정부로부터 직접 발주를 받을 것으로 예상되는 종목군이 대표적인데 지난 대운하 관련주가 여기에 속한다. 또한 향후 정책 방향성에 따라 혜택을 입으리라 예상되는 산업군에 포함되는 종목 역시 여기에 속하는데 이때는 좀 더 광범위해진다. 이번 문재인 정부의 탈원전 정책에서 주목받은 신재생에너지 관련주와 18년도 남북 평화무드 속에서 급등한 바 있는 남북경협주가 대표적이다.

이는 비단 한국에만 일어나는 특이한 현상은 아니다. 미국의 한 논문 〈정책 플랫폼은 주가로 자본화되는가? 부시 대 고어의 2000년 대선을 통해 알아본 증거(Are policy platforms capitalized into equity prices? Evidence from the Bush/Gore 2000 presidential election)〉에 따르면 2000년에 치러진 미국의 대선 결과와 관련 종목의 주가 사이에 유의미한 관계가 있었다. 당시 대선에서는 공화당의 조지 부시와 민주당의 엘고어가 맞붙었다. 그 결과 대선을 전후해 조지 부시와 관련된 기업(주로 담배 및 군수산업)은 3퍼센트 상승했지만, 낙선한 엘 고어와 관련된 기업(대체에너지 및 IT산업)은 6퍼센트 하락했다.

즉, 미래 권력이 내세우는 정책과 연관된 기업의 주가는 상승한다는 가설은 합리적인 생각이다. 그리고 유력 후보의 정책과 관련된 주식으로 돈이 모이는 현상은 어찌 보면 자본주의 시장에서는 당연한 일이다.

[제17~19대 대통령 선거, 본선 출마 후보별 정치테마주 현황]

대선	후보명	종목명	속성	편입 사유
제17대	이명박	특수건설	정책	4대강 정책
		이화공영	정책	4대강 정책
		삼호개발	정책	4대강 정책
	정동영	코드네이처	정책	대북철도 공약
		세명전기	정책	대북철도 공약
제18대	박근혜	아가방컴퍼니	정책	육아복지 정책
		메디앙스	정책	육아복지 정책
		EG	인맥	박지만 회장, 박근혜 친동생
	문재인	우리들휴브레인	인맥	노무현 대통령 주치의의 아내가 최대 주주
		팜젠사이언스	인맥	우리들휴브레인 계열사
		바른손	인맥	소속 법무법인의 고객사
제19대	홍준표	세우글로벌	정책	밀양신공항 공약
		OQP	정책	밀양신공항 공약
	안철수	안랩	인맥	안철수, 대표이사
		써니전자	인맥	안랩 임원 출신이 설립
		다믈멀티미디어	인맥	대표, 김홍선 전 안랩 대표와 대학원 동문
	유승민	대신정보통신	인맥	대표, 위스콘신대 대학원 동문
		삼일기업공사	인맥	대표, 위스콘신대 대학원 동문
	심상정	월비스	정책	청년 일자리 공약

앞은 대선에 출마해 본선까지 진출했던 후보들과 일명 '대장주'로서 움직인 테마주를 나열한 표다. 그런데 최근 정책주가 테마주 시장의 주류에서 밀려나고 있는 모습이 확연하게 드러난다. 그리고 이 자리를 후보와 혈연·지연·학연 등 관계로 얽힌 인맥주들이 잠식하고 있다.

대선 초반, 낮은 정책 조명도

인맥주가 시장에서 주류로 자리잡은 이유는 무엇일까? 일반적으로 대선 직전이 아닌 이상 직접 공약을 내세우며 대선 행보를 펼치는 것은 부담이다. 우선 국정 혼란을 야기할 수 있다는 비난이 뒤따른다. 실제 제18대 대선에서 박근혜가 대선 2년 전, 한국형 복지국가 공청회를 통해 대선 공약을 소개했을 당시에도 이른 대권 행보가 현정부(이명박 정부)의 국정에 도움이 되지 않는다며 당내에서 비판의 목소리가 컸다. 또한, 상대 진영에게 공격받는 시기가 길어진다는 점에서 역시 불리하게 작용할 수 있다.

즉, 대선 레이스 초·중반까지는 유력 후보라 할지라도 향후 정책과 공약을 많이 노출하지 않는다. 이렇게 정책적 선명도가 낮은 상황 속에서 정치테마주가 형성되다 보니 자연스럽게 정책주는 지고 인맥주가 뜨는 상황이 연출된 것이 아닌가 추측해 본다.

[제17~19대 대선 불출마 및 경선 낙마 후보별 테마주 현황]

대선	후보명	종목명	속성	편입 사유
제17대	박근혜(경)	EG	인맥	회장이 박근혜 친동생
		동양물산	인맥	대표이사가 박근혜 사촌의 남편
	손학규(경)	세지	인맥	IC코퍼레이션 자회사
		IC코퍼레이션	인맥	대주주가 손학규 지지모임 공동대표직
제18대	안철수(불)	안랩	인맥	안철수, 대표이사
		써니전자	인맥	안랩 입원 출신이 설립
		다믈멀티미디어	인맥	대표, 김홍선 전 안랩 대표와 대학원 동문
제19대	안희정(경)	백금T&A	인맥	대표, 고려대 동문, 통일문화연구원장 출신
		대주산업	인맥	충남 서천군에서 사업 영위
	이재명(경)	에이텍	인맥	대표, 성남창조경영CEO 포럼 운영위원직
		에이텍티앤	인맥	대표, 성남창조경영CEO 포럼 운영위원직
	반기문(불)	보성파워텍	인맥	부회장이 반기문 친동생
		씨씨에스	인맥	본사가 반기문 고향 충북 음성에 위치
		성문전자	인맥	회장이 반기문 총장과 국제회의 개최경험
	김무성(불)	전방	인맥	김무성 친인척 소유회사
		엔케이	인맥	김무성 사돈 일가가 최대주주

앞은 지난 세 번의 대선에서 대선 출마를 선언했으나 경선을 통과하지 못했거나 또는 한때 대세론을 형성했으나 불출마한 후보의 테마주를 나열한 표. 후보들이 두각을 보이던 당시의 정책적 선명도는 낮았다. 공약을 선보이기 이전에 대세론을 형성했으나 불출마했거나 경선 통과 가능성을 점치기 어려운 위치에 있었기 때문이다. 이러한 이유로 정책주가 강세를 보였던 17, 18대 대선 국면에서도 인맥주 일색이었음을 알 수 있었다.

복잡해진 테마주 시장

선거의 세분화

연도별 선거 일정						
연도	2004	2006	2007	2008	2010	2012	2012
선거	17대 총선	4회 지선	17대 대선	18대 총선	5회 지선	19대 총선	18대 대선
연도	2014	2016	2017	2018	2020	2022	
선거	6회 지선	20대 총선	19대 대선	7회 지선	21대 총선	20대 대선	

앞의 표는 지난 세 번의 대선 과정의 연도별 주요 선거 일정이다. 우선 제17대 대선의 경우 대선 막바지에 테마주가 생성되었기 때문에 대

410

선 이외의 대형 선거가 테마주에 영향을 주는지 알아볼 수 없었다. 반면에 제18대 대선은 굵직한 선거가 세 번이나 진행됐기에 테마주 시장이 대선보다 더 작은 선거에도 반응하는지 확인할 수 있었다.

확인된 바로는 대선 이외의 선거가 초기 정치테마주 시장에 큰 영향을 미치지 못했다. 물론 서울시장선거에서 안철수 테마주가, 그리고 19대 총선 과정에서 문재인 테마주가 급등하기는 했다. 하지만 이는 코앞으로 다가온 제18대 대선에 출마하리란 기대감에서 비롯된 현상으로 보인다.

반면 19, 20대 대선 과정에서 큰 변화가 관측됐다. 지선과 총선은 물론 심지어는 작은 규모의 재보궐선거까지 테마주에 영향을 주기 시작했다. 대선 이외의 작은 선거에도 주가가 움직이기 시작했다는 점은 테마주 시장이 이전보다 복잡해졌음을 시사한다.

재료의 세분화

초기 정치테마주의 주요 재료는 대선 출마 선언, 대선 당내 경선, 대세론 및 여론조사 순위 변동 정도로 압축할 수 있었다. 오직 대선에 국한돼 테마주가 반응했기에 재료로 작용하는 이벤트 역시 제한적일 수밖에 없었다.

하지만 최근 테마주가 전 기간 동안 움직이며 다양한 선거에 반응하기 시작하면서 재료로 작용하는 사건은 매우 다양해졌다. 탈당, 정계 복귀, 여론조사 편입, 지지율 상승, 주요 국무위원의 취임 및 퇴임, 사법부 판결, 대선 이외 선거(총선, 지선, 재보궐선거, 전당대회) 등 향후 정계에 영향을 주는 사건이라면 대부분 재료로 작용하는 양상을 띤다.

후보의 세분화

정계에 영향을 주는 사건이라면 무엇이든 재료가 될 수 있다는 것은 달리 말하면 유력 후보가 아닌 군소 후보도 정치테마주의 대상이 될 수 있다는 것이다. 최근에는 어느 정도 이름이 알려진 정치인이라면 대부분 테마주를 형성하고 있다. 물론 아직 시장의 관심을 크게 받기 전이기 때문에 정치적 사안으로 주가가 움직이지 않는 경우도 많다. 하지만 언제든 해당 정치인이 주목받는다면 매우 빠르게 시장이 반응할 준비를 마친 상태라 볼 수 있다.

대표적인 예가 홍정욱 테마주다. 사실 정치에 관심이 없다면 생소한 정치인일 가능성이 크다. 아직 홍정욱은 한 번도 차기 대권 여론조사에 편입된 적이 없으며 현재 활발한 정치 활동을 펼치지도 않고 있다. 그러나 이번 제20대 대선 과정에서 서울시장 후보 하마평에 오르거나 국민의힘 김종인 비대위원장이 '70년대생 경제통'을 언급할 때마다 테마주 시장은 이를 매우 기민하게 받아들였다.

빠르게 반영되다

2장에서 재료의 선반영이라는 표현을 자주 썼다. 어떠한 이벤트가 발생했을 때 그 이전부터 예상할 수 있어서 주가에 반영되는 정도가 컸다면 재료 소멸이 발생할 확률이 크다. 반면 가능성이 높지 않아 선반영이 적었다면 그 이벤트를 재료로 주가가 상승할 확률이 크다고 밝혔다.

초기 정치테마주 시장에서는 주가에 선반영되는 정도가 많지 않았다. 따라서 이벤트가 발생하고 주가가 오르기 시작하면 그때부터 추격 매수를 하더라도 투자 측면에서는 늦지 않았다. 아무래도 특정 사건에 주가가 움직인 선례가 적었기 때문으로 추정된다.

그러나 정치테마주 급등 사례와 역사가 축적되자 최근에는 재료 발생 이전에 선반영되는 정도가 많아졌다. 이벤트가 발생하고 주가가 오른 시점이면 이미 충분한 수익률을 기록했을 즈음이라서 차익 실현을 하려고 매도하는 경우가 많았다. 이러면 이벤트 발생 이후 빠르게 재료 소멸이 발생했다.

주식 투자란 항상 예측 영역에 있다. 전망이나 실적을 미리 읽는 힘이 곧 수익으로 연결된다. 이는 정치테마주 역시 마찬가지다. 그리고 재료의 선반영이 커지는 추세는 곧 예측 영역이 확대됨을 뜻한다. 이것이 이 책에서 가장 많은 부분을 정치적 맥락 설명에 할애한 이유다. 역사는 반복되기 때문에 정치적 맥락을 잘 알고 있는 게 예측의 정확도를 조금이나마 높이는 데 큰 도움이 된다.

큰 줄기_ 선여후야

이렇게 정치테마주 시장은 복잡해졌지만 대신 그만큼 실제 정치와 더 닮아 간다. 정치에는 큰 줄기가 있다. 국민의 선택을 받은 초창기에는 어느 정부든 그에 거는 기대감이 크다. 하지만 이 기대를 충족하기란 여간 어려운 일이 아니다. 어느 정권이나 말기에는 비판과 쓴소리가 뒤따른다. 시간이 흘러 이 정도가 심해지면 레임덕으로 이어진다. 역사적으로 레임덕을 피했던 정부는 단 한 번도 없었다.

이는 정치를 반영하는 테마주 시장 역시 마찬가지다. 정권 초기에는 여권 후보의 테마주가 흥하는 경향이 있다. 그리고 정부 지지율이 하락하는 시점부터는 야권 후보 혹은 여권 내 반대 계파 후보의 테마주가 힘을 내는 경향성이 짙다.

〈 제19-20대 대선 기간 정치테마주 〉

	여야 구분	테마주	재료
박근혜 정부	야권	안철수 테마주	정계 입문 및 신당 창당
	여권	정몽준 테마주	서울시장 선거
	야권	박원순 테마주	서울시장 선거
	제6회 전국동시지방선거		
	여권	김무성 테마주	여론조사 여권 1위
	여권	반기문 테마주	여야 반기문 영입설
	여권	김무성 테마주	여론조사 여야 통합 1위
	야권	안철수 테마주	탈당
	여권	오세훈 테마주	정계 복귀 및 총선 출마
	여권	유승민 테마주	탈당 및 총선 출마
	제20대 국회의원 선거		
	야권	문재인 테마주	야권 지지율 1위
	여권	반기문 테마주	여권 지지율 1위
	여권	유승민 테마주	복당 및 대선 출마
	탄핵정국		
	야권	이재명 테마주	지지율 야권 2위
	여권	반기문 테마주	사무총장 퇴임 및 귀국
	야권	안희정 테마주	지지율 야권 2위
	여권	홍준표 테마주	3심 무죄 및 대선 출마
	야권	안철수 테마주	경선 통과 및 지지율 여야 통합 2위
	야권	문재인 테마주	경선 통과
	제19대 대통령 선거		

	여권	안희정 테마주	충남도지사 선거 및 재보궐선거 원내 입성
	여권	이재명 테마주	경기도지사 선거
	야권	안철수 테마주	서울시장 선거
	여권	김경수 테마주	경남도지사 선거
	제7회 전국동시지방선거		
	야권	황교안 테마주	정계 입문 및 당대표 선출
	여권	이낙연 테마주	여론조사 지지율 대세론
	여권	유시민 테마주	정계 복귀
	여권	조국 테마주	법무부장관 취임 및 친문 제3후보 가능성
	여권	이낙연 테마주	국무총리 퇴임 및 총선 출마
문재인 정부	야권	안철수 테마주	정계 복귀, 총선 출마 및 야권 연대
	야권	윤석열 테마주	여론조사 편입 및 야권 지지율 1위
	야권	홍준표 테마주	탈당 및 추후 복당 가능성
	제21대 국회의원 선거		
	여권	이재명 테마주	무죄 판결 및 지지율 여야 통합 1위
	야권	윤석열 테마주	추미애 장관과의 갈등 및 지지율 여야 통합 1위
	여권	정세균 테마주	친문 제3후보 가능성
	여권	박영선 테마주	서울시장 선거
	야권	안철수 테마주	서울시장 선거
	야권	오세훈 테마주	서울시장 선거
	야권	유승민 테마주	정계 복귀 및 대권 가능성
	여권	정세균 테마주	친문 제3후보 가능성
	야권	윤석열 테마주	검찰총장 사임 및 정계 입문
	2021 서울·부산시장 재보궐선거		

보시다시피 초·중반에는 여권 후보의 테마주가 강세지만 후반으로 갈수록 야권 후보의 테마주로 자금이 흘러갔음이 드러났다(또한, 초기 테마주 시장과 비교했을 때 테마주 형성 후보와 급등 재료가 매우 다양해졌음 역시 드러난다). 물론 정치 지형과 정부 지지율이 언제 어떻게 변하느냐에 따라 여에서 야로 흐름이 바뀌는 시기는 달라진다. 또한, 중요한 선거가 잡히면 여야를 막론하고 재료를 형성하기도 한다. 하지만 정치의 큰 흐름이 역사적으로 항상 '선여후야'였다는 점을 알아둔다면 큰 도움이 될 것이다.

정리

앞으로 정치테마주 시장은 데이터가 축적되고 새로운 인물이 나타나면 계속 변화해 갈 것이다. 하지만 그 변화의 방향성은 실제 정치를 더욱더 닮아가는 쪽이 아닐까 하는 생각이 든다. 원래 재료로 분류되던 큼지막한 이벤트가 아니라도 정계에 영향을 주는 사건이라면 테마주가 꿈틀대기 시작하는, 마치 매일 오전 9시부터 오후 3시 반까지 집계되는 여론조사처럼 말이다.

04

정치테마주의 허상

　지금까지 최대한 투자의 관점에서 도움을 줄 수 있는 정보를 전달하고자 노력했다. 하지만 정치테마주가 광기의 움직임을 보임으로써 많은 이들에게 손실을 준 측면도 있는 만큼 우리가 혹시 위험한 투자를 종용한 것이 아닌가 하는 우려가 내내 마음 한편에 자리잡고 있었다.

　그래서 이제부터 투자에 대한 생각은 잠시 내려놓으려 한다. 좀 더 비판적인 시선으로 진짜 정치테마주가 무엇인지 살펴보는 시간을 가지며 마무리하겠다.

테마주 선정의 기준은 무엇인가

피는 물보다 진하다?

정책 테마주에는 말 그대로 특정 정치인의 정책과 연관된 기업이 포함돼 있다. 그리고 해당 정책으로 혜택을 받을 업종인가 혹은 정책 집행 과정에서 수주를 받을 가능성이 있는가에 따라 관련 종목이 편입되었다. 따라서 대권 가능성과 주가 사이의 관계가 비교적 합리적 추정을 기반으로 했다고 볼 수 있었다.

하지만 최근 정책 테마주는 위축돼 갔고 인맥 테마주를 중심으로 시장이 움직이고 있다. 인맥 테마주는 오직 해당 정치인과 어떤 관계가 있는지, 그리고 그 관계가 깊은지에 따라 관련 종목이 편입된다. 그리고 비교적 가까운 혈연관계에 있는 기업이 우선 테마주에 편입돼 대장주격으로 움직이는 경향을 보였다.

후보명	테마주	편입 사유
박근혜	EG	회장 박지만 씨가 박근혜 친동생
반기문	보성파워텍	부회장 반기호 씨가 반기문 친동생
이낙연	남선알미늄	계열사 삼환기업 대표, 이계연 씨가 이낙연 친동생

그러나 가까운 혈연으로 관련성을 묶는 데 한계가 생기자 점차 기준이 확대되기 시작했다. 남동생의 조카의 사위 등 사실상 남이나 다름없는 사람에까지 범위를 넓혔다. 최근 테마주 시장을 뜨겁게 달구고 있는

윤석열 테마주는 이러한 경향성이 극대화된 사례다. 대장주인 덕성과 덕성우, 그리고 서연이 워낙 고평가되자 사람들은 후발 테마주를 찾아 헤매다 몇 개의 종목을 윤석열 테마주로 선정한다.

종목명	편입 사유
성보화학	윤정선 대표이사, 파평 윤씨 종친
NE능률	최대 주주, 파평 윤씨 종친회 소속
웅진	윤석금 웅진그룹 회장, 파평 윤씨

이제는 하다 하다 같은 성씨라는 이유로 테마주에 편입되는 지경까지 이르렀다. 관련주에 편입만 되고 시장에서 관심은 받지 못하는 특이한 예시를 가져온 것이 아니다. 믿기 힘들겠지만 최근 검찰총장 퇴임 (2021.03.04.) 이후 이들 종목은 신고가를 경신하며 무섭게 상승하고 있다.

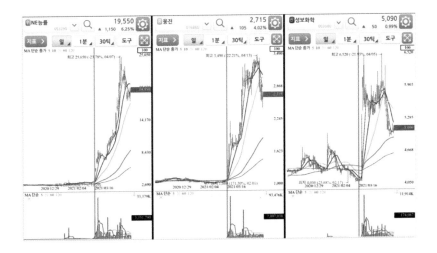

학연, 지연_ 우후죽순 늘어나는 테마주

가까운 혈연관계의 기업이 있다면 쉽게 대장주에 오른다. 하지만 상장사의 요직에 정치인과 가까운 친인척이 있기란 쉽지 않다. 만약 이렇다 할 기업이 보이지 않는다면 다음으로 꼽히는 관계는 지연과 학연이다.

사실 출신지와 출신 학교로 기업을 엮고자 한다면 관련 기업이 없는 게 더 이상하다. 인생을 살면서 스쳐 지나갔던 모든 것이 테마주 형성의 근거가 되어 버린 것이다. 고향이나 지역구에 소재한 기업, 혹은 같은 고등학교, 대학교, 대학원, 연수원 등 테마주의 기준을 현미경 수준으로 확대했고 많은 종목이 관련주로 묶였다. 이는 정치테마주의 수가 우후죽순 늘어나는 데 한몫했다.

후보명	테마주	편입 사유
안희정	백금T&A	대표가 고려대 동문
유승민	대신정보통신	대표가 위스콘신대 대학원 동문
이재명	에이텍	대표가 성남창조경영 CEO포럼운영위원직
오세훈	진양산업	이사가 대일고, 고려대, 고려대 대학원 동문
이낙연	이월드	회장이 광주제일고 동문
윤석열	덕성	대표이사가 서울대 법대 동문
김경수	디케이락	본사가 지역구였던 김해에 위치
바이든	두올	대표이사가 델라웨어대 동문

후보당 급등락이 컸던 기업 하나씩만 예시로 들어봤다. 이외에 포털

사이트에서 테마주로 검색만 해도 지역과 출신 학교를 근거로 엮여 있음을 알 수 있다. 그런데 앞의 표를 읽었다면 마지막에 약간 이상한 부분을 발견했을 것이다.

> • 한국일보(2020.11.06.) 한국 게맛살 업체가 바이든 수혜주? '요지경' 미대선 테마주
> • 한국경제(2020.06.29.) 대선 테마주 '꿈틀'… '바이든 동문' 한성기업 49개월만에 최고가
> • 조선비즈(2020.11.06.) 바이든 승리하면 닭고기·게맛살 뜬다? 하림·한성 주가 '들썩'

이번에 미국 대통령으로 선출된 그 바이든이 맞다. 믿기 힘들겠지만 미국에서 대선이 치러지는 동안 지구 반대편인 한국에서는 바이든 테마주라는 말도 안 되는 정보가 주식시장을 떠돌아다녔다. 최근 정치테마주 시장이 얼마나 비이성적인지 보여주는 사례다.

돌고 도는 테마주

테마주 선정 기준이 모호하다는 점은 테마주가 이리저리 정치인을 옮겨가는 것만 봐도 여실히 드러난다. 정치테마주를 오랜 기간 모니터링해 본 사람이라면 특정 종목이 A 정치인의 테마주에서 B 정치인의 테마주로 바뀌는 것을 여러 번 목격했을 것이다. 다음 표를 보자.

	17대 대선	18대 대선	19대 대선	20대 대선
동신건설	이명박			이재명
특수건설	이명박			이낙연, 원희룡
서한	이명박		유승민	유승민
EG	박근혜	박근혜		황교안
우리들휴브레인		문재인	문재인	추미애
대주산업		손학규	안희정	
누리플랜		박근혜	오세훈	금태섭
국일신동		문재인	문재인	황교안, 김태년
남선알미늄			최경환	이낙연
모헨즈			박원순	추미애
SG글로벌			안희정	유시민, 김동연
KNN			문재인	홍정욱
성문전자			반기문	황교안
디지틀조선			김무성	홍정욱
휘닉스소재			박원순, 반기문	홍정욱, 원희룡
국영지앤엠			손학규	김경수, 김부겸
한국선재			오세훈	이낙연, 원희룡
백금T&A			안희정, 유시민	
제이티			황교안	박영선

특정 종목이 시간과 선거에 따라 다른 후보의 테마주로 둔갑하는 사례가 비일비재하게 일어난다. 정치테마주로서 테마가 소멸해 폭락한 종목이 다른 후보의 이름을 달고 재급등하는 모습은 도대체 이를 선정하는 주체가 누구인지 궁금하게 만든다.

금융당국이 바라본 정치테마주

그렇다면 금융감독원은 이러한 정치테마주 현상에 대해 어떤 입장일까? 금융당국은 제18대 대선부터 정치테마주에 대한 보고서를 작성해 금융감독원 홈페이지에 게시하고 있다. 여기에 금융당국이 보는 정치테마주의 구체적 정의와 어떠한 방식으로 주식시장에 교란을 주는지가 자세히 나와 있다. 이하 내용은 금융감독원 정치테마주 보고서 21개의 내용을 토대로 했다.

개미지옥 정치테마주

정치테마주의 수익률이 높은 것은 부인할 수 없는 사실이다. 이른 시기 들어가 조정을 조금만 버틸 수 있다면 쉽게 돈을 벌 수 있을 것만 같다. 유력 후보의 테마에 편입돼 시장에 어느 정도 알려진 종목이면 대다수 까마득한 우상향 곡선을 그리기 때문이다. 하지만 실제 투자자의 계좌 내부를 들여다보면 실상은 전혀 달랐다.

금융당국은 대표 테마주 35개를 선정해 투자자 유형별로 비율과 손익 규모를 조사했다. 이 35개 종목은 조사 기간 동안 최고가 기준으로 평균 335퍼센트라는 큰 주가 상승률을 보여줬다. 그런데 실제 거래에 참여한

계좌 195만 개에서 총 1조5494억 원의 실현 손실이 발생했으며 대부분의 손실은 개인투자자가 보았다.

또한 신규 테마주 16개를 조사한 결과 역시 유사했다. 저점 대비 주가가 평균 172퍼센트 상승했으나 개인 투자자의 손실 규모는 총 665억 원이었으며 전체 손실의 99.26퍼센트에 달했다.

〈 신규 테마주 투자자 유형별 손실 규모 〉

(단위 : 개, 원)

유형	손실발생 계좌수 (구성비율)		총 손실액 (구성비율)		계좌당 평균 손실액
개인	208,684	99.93%	−66,538,820,586	99.26%	−318,850
법인	105	0.05%	−64,565,362	0.10%	−614,908
기관투자자	37	0.02%	−432,629,722	0.65%	−11,692,695
계	208,829	100.00%	−67,036,015,670	100.00%	−321,009

출처: 금융감독원, 120925_조간_테마주 주가 급등에도 개인투자자 손실ㄴ

정치테마주가 위험한 시장이란 것은 익히 알고 있었으나 이 정도로 개인이 승리하기 힘든 구조라는 사실은 믿기 힘들었다. 물론 이는 제18대 대선 과정의 결과다. 하지만 테마주 시장이 점점 복잡해지고 있다는 점에서 앞으로 전혀 다른 결과를 보이리라 믿을 수 없다.

누가 테마주를 생성하나?

□ 테마정보의 주요한 형성 및 전파 경로는 다음과 같은 인터넷 게시판, 증권방송, 언론매체, 증권회사, 유사투자자문업자 등으로 파악됨

— 주식전문사이트 또는 일반 인터넷포털에 개설된 36,000여 개의 주식투자 관련 카페 등

— 7개 증권전문 방송사에서 활동하는 증권전문가 및 이들에게 회비를 지급하고 투자조언을 듣는 유료회원

— 사실관계 조차 확인되지 않은 테마정보를 무차별적으로 생성·전파하는 유사투자자문업자*

* 11.12월 기준 신고업체 474개사 대표자 441명에 대한 점검결과 92.9%가 투자상담사 자격도 갖추지 못하여 객관적인 전문성·책임성이 미흡할 소지

— 이들로부터 제공받은 정보를 아무런 검증도 없이 투자자에게 전달하거나, HTS를 통해 허위·과장된 내용의 기사식 광고(인포머셜*)가 투자자에게 노출되도록 방치한 증권회사 등

출처 : 금융감독원, 121227_조간_(브리핑자료) 테마주 급등후 폭락 결국 투자위험만 남겨

금융감독원은 테마주를 형성하는 주체를 위와 같이 명시하고 있다. 그리고 시민의 제보와 자체적인 감시망으로 이들을 꾸준히 조사해 불법적인 과정이 포착되면 고발 조치를 하고 있다.

사실 주식 동호회나 커뮤니티 등에서 정치테마주가 형성되고 이들이 모여 급등락을 유발한다는 것은 어느 정도 알고 있었다. 그런데 증권 전문 방송사에서 활동하는 전문가까지 정치테마주 현상에 일조했다는 사실은 놀라웠다. 방송에서 특정 종목을 테마로 묶어 설명하기 이전에 미리 주식을 매수해 놓는 선취매매로 부당 이익을 취한 사례가 적발되었음이 금융감독원 보고서로 드러났다.

우리 역시 책을 쓰는 과정에서 정보를 얻고자 TV의 모 증권방송에서

정치테마주를 다루는 것을 시청했다. 특정 방송을 언급할 수는 없으나 내용은 다소 이해할 수 없었다. 2019년 말이었던 것으로 기억한다. 당시 황교안, 이재명, 안희정 테마주의 전망을 분석하는 부분이었다. 대략 말하면 황교안 테마주의 상승 가능성을 매우 높게 점쳤으며 이재명과 안희정의 테마주를 동일 선상에 놓았다.

당시 황교안은 곧 있을 제21대 총선에서 패할 경우 대권 가도에서 이탈하기에 정치테마주로서 매우 위험한 상태로 보아야 했다. 또한 재판 중인 이재명은 1심에서는 무죄가 선고되었다. 따라서 3심 결과가 유죄라 장담할 수 없었으며, 3심 무죄 기대감에 의한 급등 가능성이 있었다. 무엇보다 안희정은 성폭행 혐의라는 중대한 사안으로 불명예 정계 은퇴를 했기에 절대 이 둘을 동일선상에 놓을 수 없었다. 이 시장이 얼마나 잘못된 정보로 가득한지 실감하게 해준 방송이었다.

이외에도 정치테마주를 형성한 주체는 다양한 방식으로 시장을 교란하며 호시탐탐 유혹에 빠진 이의 돈을 노리고 있다. 만약 정치테마주 투자를 결심했다면 항상 주의해야 한다. 다음은 세력의 대표적인 주가 교란 방식이다. 참고해서 매수 혹은 매도를 결심하기 전에 한 번 더 의심하고 적절히 분산해서 리스크를 관리하라고 당부하고 싶다.

- 허수호가: 거래 성립 가능성이 희박한 호가를 대량으로 제출하거나 호가를 제출한 후 호가를 반복적으로 취소·정정하여 시세에 부당한 영향을 주거나 줄 우려가 있는 행위
- 통정·가장성 매매: 권리 이전을 목적으로 하지 아니함에도 불구하고 거짓으로 꾸민 매매를 하여 시세에 부당한 영향을 주거나 줄 우려가 있는 행위
- 상한가 굳히기: 상한가 근접 시점에 대량의 상한가 주문 제출로 상한가를 형성한 후 상한가를 유지할 목적으로 과도하게 상한가 대량 매수 주문을 제출한 후 익일에 보유 물량을 고가 매도하는 행위
- 초단기 시세교란행위: 소량의 매수·매도 주문을 반복해 체결한 후 시세를 변동시켜 매수세를 유인한 후 보유 물량을 고가에 처분하는 행위

정말 줄어들었나

어느새 정치테마주의 역사는 대선을 기준으로 네 번이나 반복되었다. 경향성을 파악할 수 있는 통계자료가 충분히 축적된 셈이다. 제19대 대선이 끝난 후 금융감독원은 정치테마주의 동향과 대응 성과를 발표했다.

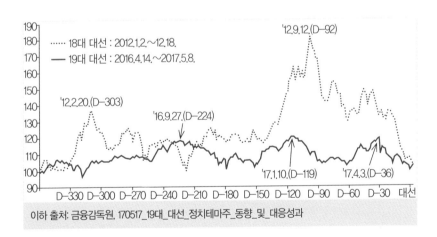

이하 출처: 금융감독원, 170517_19대_대선_정치테마주_동향_및_대응성과

□ (주가변동 축소) 19대 대선 관련 정치테마주의 주가 변동성을 분석한 결과, 18대 대선 당시와 비교하여 주가변동률이 대폭 축소됨(62.2%→25.0%)

〈 주가변동률 비교 〉

	18대 대선	19대 대선	증감
주가변동률	62.2%	25.0%	△37.2%p

금융감독원은 제19대 대선 들어서 정치테마주 현상은 여전하나 그 광기는 다소 줄어들었다고 평했다. 그러나 이러한 주가변동률 축소는 조사 기간 설정에 따른 착시효과로 보인다.

초기 정치테마주인 제17~18대 대선 테마주는 대선 직전 해에 발생했기에 이렇게 조사 기간이 짧아도 전체적인 동향을 파악할 수 있었다. 하지만 현대 정치테마주 시장은 전 기간인 약 5년에 걸쳐 움직인다. 따라서 대선 직전 1년의 주가 변동만 보는 건 빙산의 일각만 보는 것에 불과하다. 19대 대선은 극 초반부터 테마주가 격렬히 요동쳐 대선 직전 1년이면 이미 오를 대로 오른 시기였다.

□ 대부분의 주가 상승이 단기간(2일 이내)에 종료되고, 연속 상한가 종목이 대폭 감소

〈 연속 상한가 기간 비교 〉

연속상한가 기간	18대 대선	19대 대선	증감
2일연속	23종목	14종목	△9종목
3일이상	5종목	2종목	△3종목

또한, 연속 상한가가 이번 19대 대선에 들어서 절반 가까이 줄어들었다는 통계 역시 발표했다. 하지만 이 역시 단순 비교할 수 없는 사항이다. 레포트 본문을 읽어 보면 가격제한폭에 대한 언급이 없는 것을 알 수 있다. 우리나라는 2015년 6월 15일을 전후로 가격제한폭이 바뀌었다. 이전까지는 ±15퍼센트 제한이 있었으나 이후부터 현재까지 ±30퍼센트까지로 확대됐다. 즉, 상한가 한 번이 보여주는 광기의 크기가 2015년 6월 이후 훨씬 커진 것이다.

다만 자본시장연구원에서 조사한 자료에 따르면 17대 대선과 비교했을 때 제19대 대선은 상한가 횟수가 100분의 2 수준으로 낮아졌다.[362] 하지만 이 자료에서도 정치테마주 시장의 주가변동이 적어졌다고 초점을 맞추지는 않았다. 세력의 고전적인 수법인 '상한가 굳히기'가 쉽사리 먹혀들지 않았다는 것에 의의를 두는 내용이었다.

이러한 점에서 정치테마주의 광기는 전혀 식지 않았다고 생각한다. 아니 더 심각해졌다. 단지 훨씬 많은 후보와 더 많은 테마주에 자금이 분산된 효과일 뿐 정치테마주 시장 자체의 파이는 더욱 커진 듯하다.

기업이 바라본 정치테마주

정치테마주는 금융당국의 이러한 감시와 대응에도 불구하고 투기 세력과 개인투자자들의 적극적인 참여로 유지되고 있다. 그러나 책임을 개인과 세력에게만 전가하는 것이 맞는지 의문이다. 광기의 매개체가

---

362 금융감독원, 이슈보고서_1704_대통령 선거 국면의 정치테마주 특징과 시사점_h_v3

된 기업은 정치테마주 시장이 형성되는 데 책임이 없는 것일까?

모럴—해저드, 대주주의 매도

조회공시란 특정 기업의 주가 및 거래량이 급변할 때 투자자 보호를 위해 증권거래소가 판단해 확인을 요청하는 공시를 말한다. 기업은 요구받은 날로부터 1일 이내에 직접 공시해야 하며, 거래소에 문서로 제출해야 한다.

하지만 많은 정치테마주 편입 기업이 이러한 조회공시 요청에 대해 '주가 급등 사유 없음' 정도로 답하는 소극적 대응을 하는 데 그치며 정치인과의 연관성에 대한 말을 아낀다. 심지어는 이러한 공시를 밝힌 후 대주주가 주식을 고가에 매도해 버린 사례도 있었다.[363]

금융감독원은 제18대 대선 과정에서 정치테마주로 알려진 종목 131개를 전수조사했다. 그런데 여기서 충격적인 사실이 밝혀졌다. 131개 종목 중 64개에 달하는 종목에서 대주주 및 특수관계인이 주가 급등 상황에서 약 1억2972만 주를 매도한 정황이 포착된 것이다. 이는 약 6406억 원의 규모였으며 상장주식총수 대비 6.9퍼센트에 달하는 수치였다. 그리고 이 64개 종목 중 17개 종목은 대주주가 조회공시 요구에 대해 '주가 급등 사유 없음'이라고 밝힌 후 상장주식총수 대비 평균 12.7퍼센트의 주식을 팔아 치운 것으로 나타났다.

당시 주가 상승률을 감안한다면 해당 기업의 기존 주주는 막대한 시세 차익을 누렸을 것이다. 그러나 이러한 대주주의 보유 주식 매도를 규제할 수단이 없으며 법적 위반 사항도 아니다.

---

363 금융감독원, 120620_조간(브리핑자료) 테마주 투자 거품을 사는 것입니다_게시

또한, 최근인 제19대 대선 과정 중에 실제 법적으로 고발 조치된 사례도 있다. 이는 대주주의 매도보다 훨씬 죄질이 좋지 않았다. 한 기업의 최대 주주이자 대표이사가 정치테마주를 이용해 불법적으로 시장을 교란한 사례였다.

□ (혐의내용)

A사 최대 주주 겸 대표이사 ○○○은 차명주식*을 고가에 매도할 목적으로 동사 주식을 '대선 테마주'로 부각시켜 투자자를 기망(*○○○은 상장 당시 실명주식 25.3% 이외에 차명으로 23.0%를 보유하고 있었음)

2016.9월 당시 대선 출마 예상자와 관련된 인사인 □□□를 동사 임원으로 위장 영입(실제로 □□□는 그 동안 동사에 어떠한 업무도 수행하지 않았음)하였고,

이에 동사 주가가 3배 이상 상승하자 ○○○은 차명주식을 매도(257억원)하여 부당이득 취득(101억원)함

◇ 또한, A사는 차명주식 보유내역을 사업보고서 등 정기보고서 및 증권신고서에도 기재하지 않았음

□ (조치내용)

고발(최대 주주 겸 대표이사 ○○○, 임원 △△△)

수사기관 통보(임원 ◉○◉, ■■■)

과징금 부과(A사)

금융감독원, 170929_조간_정치테마주_불공정거래_조사결과

쓰면 뱉고 달면 삼키는 해명 공시

해명 공시의 목적은 광기의 상승 후 폭락할 때 발생할 피해자들을 보호하기 위함이다. 따라서 주가에 이상 조짐이 발견되었을 때 최대한 빠르게 해명 공시를 해야 그 목적에 부합하다고 할 수 있다. 하지만 이미

주가가 오를 대로 오른 후 뒤늦게 해명 공시를 하는 경우가 많았다.

박근혜 대통령 탄핵안에 대한 헌법재판소의 인용 판결이 난 2017년 3월 10일이었다. 많은 정치테마주 편입 기업이 일제히 해명 공시를 올렸다. 자사와 특정 후보 간의 연관성과 매출 연계 가능성이 떨어진다는 공시였다. 하지만 이미 큰 폭으로 주가가 상승한, 매우 늦은 시점이었다.

	정치인	유형	공시일자	공시 전 1년간 주가 상승률		공시 내용
				주가	종합지수	
바른손	문재인	코스닥	2017.03.10.	343.2%	−11.0%	문재인과 사업 이해관계 없음
우리들 휴브레인	문재인	코스피	2017.03.10.	243.9%	6.5%	문재인과 사업 이해관계 없음
DSR	문재인	코스피	2017.03.10.	265.5%	6.5%	문재인과 사업 이해관계 없음
우성사료	문재인	코스피	2017.03.10.	50.7%	6.5%	문재인, 안철수와 무관한 회사
대신 정보통신	유승민	코스닥	2017.03.10.	107.5%	−11.0%	유승민과 사업 이해관계 없음
써니전자	안철수	코스피	2017.03.15.	21.4%	8.3%	안철수와 사업 이해관계 없음
다믈멀티 미디어	안철수	코스닥	2017.03.27.	76.7%	−11.1%	안철수와 사업 이해관계 없음

또한 특정 정치인의 대권 행보에 큰 악재가 발생하면 주가에 악영향이 미칠까 꼬리 자르기 식으로 해명 공시를 하는 경우도 매우 빈번하게

발생한다.

제19대 대선에서 유력 후보였던 반기문이 2017년 2월 1일 불출마를 선언했다. ㈜광림은 반기문의 친동생인 반기호 씨가 사외이사에 있다는 이유로 테마주에 편입됐다. 그런데 반기문이 불출마를 선언하자 반기호 씨가 사외이사에서 중도 퇴임해 관련이 없는 사람임을 공시한다. 물론 이 역시 테마주의 주가 하락을 막을 순 없었으나 공시를 올린 타이밍이 썩 개운치 않았다.

	정치인	유형	공시일자	불출마 사건 전후		공시 내용
광림	반기문	코스닥	2017.02.01.	−30.0%	+1.23%	반기호 사외이사 중도 퇴임 공지

안희정 테마주 역시 악재가 발생한 직후 기업이 해명 공시를 올린 대표적인 사례다. 안희정은 미투 사건이 있기 전 차기 대선 호감도 1, 2위를 기록하던 유력 대선 주자였다. 앞에서 다뤘듯이 제19대 대선이 끝난 직후부터 충남지사 3선, 재보궐선거를 통한 국회 입성, 당권 도전, 그리고 향후 대권 가능성 등 많은 재료를 형성하며 관련 테마주가 급등했다. 이 당시에만 해도 자사와 안희정과의 연관성에 대한 해명은 거의 없었다. 하지만 막상 안희정 미투 사건으로 주가가 하한가를 기록하자 그제야 공시를 낸다. 이는 테마주에 포함된 회사가 테마주 급등을 묵인해왔는지 알 수 있는 중요한 사건이었다.

	정치인	유형	공시일자	미투 사건 당일 주가상승률	공시 내용
SG글로벌	안희정	코스피	2018.03.06.	-28.6%	안희정과의 연관성이 없음
백금T&A	안희정	코스닥	2018.03.06.	-26.7%	안희정과의 연관성이 없음
대주산업	안희정	코스닥	2018.03.06.	-20.0%	안희정과의 연관성이 없음
청보산업	안희정	코스닥	2018.03.06.	-7.0%	안희정과의 연관성이 없음
프럼파스트	안희정	코스닥	2018.03.06.	-2.3%	안희정과의 연관성이 없음
유라테크	안희정	코스닥	2018.03.06.	-2.8%	안희정과의 연관성이 없음

모두가 거품을 즐긴다

이렇게 정치테마주를 묶인하고 심지어는 불공정하게 활용해 차익을 실현한 사례만 모아 놓으니 마치 기업들이 주식시장의 악역처럼 보일지도 모르겠다.

하지만 기업도 저마다의 사정이 있다. 기업은 CEO 개인의 소유물이 아니다. 주주 전체의 이익을 위해 움직인다. 주주가 기업의 적극적인 해명을 원하지 않는 분위기도 이러한 현상에 이바지하는 듯하다.

> 윤석열 테마에 올라탄 한 기업에 문의한 결과 '긁어 부스럼을 내기 싫다'는 답변만 받았다. 주가가 오르는 데 찬물을 끼얹기도 싫고 주주들의 항의도 부담이 된다는 게 이유다

아주경제(2021.03.10.) [현장에서] 정치테마주 강력한 처벌이 필요할 때

사람들은 모두 돈을 사랑한다. 실적과 시장이 흘러가는 대로 유유자적하던 차트가 갑자기 불을 뿜으면 회사도, 원래 있던 사람도, 이를 노리던 사람도 모두가 싫지 않은 그림이 된다. 그렇기에 앞으로도 정치테마주는 쉽게 사라지지 않을 것이다. 투기 세력이든 한 방을 노리는 개미든 주가 상승을 즐기는 기업이든 모두 그 거품을 즐기기 때문에.

📖 북오션 부동산 재테크 도서 목록 📖

부동산/재테크/창업

장인석 지음 | 17,500원
348쪽 | 152×224mm

롱텀 부동산 투자 58가지

이 책은 현재의 내 자금 규모로, 어떤 위치의 부동산을 언제 살 것인가에 대한 탁월한 분석을 펼쳐 보여 준다. 월세탈출, 전세탈출, 무주택자탈출을 꿈꾸는, 건물주가 되고 싶고, 꼬박꼬박 월세 받으며 여유로운 노후를 보내고 싶은 사람들을 위한 확실한 부동산 투자 지침서가 되기에 충분하다. 이 책은 실질금리 마이너스 시대를 사는 부동산 실수요자, 투자자 모두에게 현실적인 투자 원칙을 수립할 수 있도록 해줄 뿐 아니라 실제 구매와 투자에 있어서도 참고할 정보가 많다.

나창근 지음 | 15,000원
302쪽 | 152×224mm

나의 꿈, 꼬마빌딩 건물주 되기

'조물주 위에 건물주'라는 유행어가 있듯이 건물주는 누구나 한 번은 품어보는 달콤한 꿈이다. 자금이 없으면 건물주는 영원한 꿈일까? 저자는 현재와 미래의 부동산 흐름을 읽을 줄 아는 안목과 자기 자금력에 맞춤한 전략, 꼬마빌딩을 관리할 줄 아는 노하우만 있으면 부족한 자금을 충분히 상쇄할 수 있다고 주장한다. 또한 액수별 투자전략과 빌딩 관리 노하우 그리고 건물주가 알아야 할 부동산지식을 알기 쉽게 설명한다.

박갑현 지음 | 14,500원
264쪽 | 152×224mm

월급쟁이들은 경매가 답이다
1,000만 원으로 시작해서 연금처럼 월급받는 투자 노하우

경매에 처음 도전하는 직장인의 눈높이에서 부동산 경매의 모든 것을 알기 쉽게 풀어낸다. 일상생활에서 부동산에 대한 감각을 기를 수 있는 방법에서부터 경매용어와 절차를 이해하기 쉽게 설명하며 각 과정에서 꼭 알아야 할 중요사항들을 살펴본다. 경매 종목 또한 주택, 업무용 부동산, 상가로 분류하여 각 종목별 장단점, '주택임대차보호법' 등 경매와 관련되어 파악하고 있어야 할 사항들도 꼼꼼하게 짚어준다.

초저금리 시대에도 꼬박꼬박 월세 나오는
수익형 부동산

나창근 지음 | 17,000원
332쪽 | 152×224mm

현재 (주)기림이엔씨 부설 리치부동산연구소 대표이사로 재직하고 있으며 [부동산TV], [MBN], [한국경제TV], [KBS] 등 방송에서 알기 쉬운 눈높이 설명으로 호평을 받은 저자는 부동산 트렌드의 변화와 흐름을 짚어주며 수익형 부동산의 종류별 특성과 투자노하우를 소개한다. 여유자금이 부족한 투자자도 전략적으로 투자할 수 있는 혜안을 얻을 수 있을 것이다.

주식/금융투자

북오션의 주식/금융 투자부문의 도서에서 독자들은 주식투자 입문부터 실전 전문투자, 암호화폐 등 최신의 투자흐름까지 폭넓게 선택할 수 있습니다.

주식투자
기본도 모르고 할 뻔했다

박병창 지음 | 19,000원
360쪽 | 172×235mm

코로나 19로 경기가 위축되는데도 불구하고 저금리 기조가 계속되자 시중에 풀린 돈이 주식시장으로 몰리고 있다. 때 아닌 활황을 맞은 주식시장에 너나없이 뛰어들고 있는데, 과연 이들은 기본은 알고 있는 것일까? '삼프로TV', '쏠쏠TV'의 박병창 트레이더는 '기본 원칙' 없이 시작하는 주식 투자는 결국 손실로 이어짐을 잘 알고 있기에 이 책을 써야만 했다.

하루 만에 수익 내는
데이트레이딩 3대 타법

유지윤 지음 | 25,000원
312쪽 | 172×235mm

주식 투자를 한다고 하면 다들 장기 투자나 가치 투자를 말하지만, 장기 투자와 다르게 단기 투자, 그중 데이트레이딩은 개인도 충분히 가능하다. 물론 쉽지는 않다. 꾸준한 노력과 연습이 있어야 한다. 하지만 가능하다는 것이 중요하고, 매일 수익을 낼 수 있다는 것이 중요하다. 그 방법을 이 책이 알려준다.

최기운 지음 | 18,000원
424쪽 | 172×245mm

10만원으로 시작하는
주식투자

4차산업혁명 시대를 선도하는 기업의 주식은 어떤 것들이 있을까? 이제 이 책을 통해 초보투자자들은 기본적이고 다양한 기술적 분석을 익히고 그것을 바탕으로 향후 성장 유망한 기업에 투자할 수 있는 밝은 눈을 가진 성공한 가치투자자가 될 수 있다. 조금 더 지름길로 가고 싶다면 저자가 친절하게 가이드 해준 몇몇 기업을 눈여겨보아도 좋다.

박병창 지음 | 18,000원
288쪽 | 172×235mm

현명한 당신의
주식투자 교과서

경력 23년차 트레이더이자 한때 스패큐라는 아이디로 주식투자 교육 전문가로 불리기도 한 저자는 "기본만으로 성공할 수 없지만, 기본 없이는 절대 성공할 수 없다"고 하며, 우리가 모르는 '기본'을 설명한다. 아마도 이 책을 보고 나면 '내가 이것도 몰랐다니' 하는 감탄사가 입에서 나올지도 모른다. 저자가 말해주는 세 가지 기본만 알면 어떤 상황에서도 주식투자를 할 수 있다.

최기운 지음 | 18,000원
300쪽 | 172×235mm

동학 개미
주식 열공

〈순매매 교차 투자법〉은 단순하다. 주가에 가장 큰 영향을 미치는 사람의 심리가 차트에 드러난 것을 보고 매매하기 때문이다. 머뭇거리는 개인 투자자와 냉철한 외국인 투자자의 순매매 동향이 교차하는 곳을 매매 시점으로 보고 판단하면 매우 높은 확률로 이익을 실현할 수 있다.

곽호열 지음 | 19,000원
244쪽 | 188×254mm

초보자를 실전 고수로 만드는
주가차트 완전정복

이 책은 주식 전문 블로그 〈달공이의 주식투자 노하우〉의 운영자 곽호열이 예리한 분석력과 세심한 코치로 입문하는 사람은 물론 중급자들이 놓치기 쉬운 기술적 분석을 다양하게 선보인다. 상승이 예상되는 관심 종목 분석과 차트를 통한 매수매도타이밍 포착, 수익과 손실에 따른 리스크 관리 및 대응방법 등 주식시장에서 이기는 노하우와 차트기술에 대해 안내한다.

유지윤 지음 | 18,000원
264쪽 | 172×235mm

누구나 주식투자로
3개월에 1000만원 벌 수 있다

주식시장에서 은근슬쩍 돈을 버는 사람들이 있다. '3개월에
1000만 원' 정도를 목표로 정하고, 자신만의 투자법을 착실
히 지키는 사람들이다. 3개월에 1000만 원이면 웬만한 사람들
월급이다. 대박을 노리지 않고, 딱 3개월에 1000만 원만 목표
로 삼고, 그것에 맞는 투자 원칙만 지키면 가능하다. 이렇게
1000만 원을 벌고 나서 다음 단계로 점프해도 늦지 않는다.

근투생 김민휴(김달호) 지음
16,000원 | 224쪽
172×235mm

삼성전자 주식을 알면
주식 투자의 길이 보인다

인기 유튜브 '근투생'의 주린이를 위한 투자 노하우. 국내 최초
로 삼성전자 주식을 입체분석한 책이다. 삼성전자 주식은 이른
바 '국민주식'이 되었다. 매년 꾸준히 놀라운 이익을 내고 있으
며, 변화가 적고 꾸준히 상승할 것이라는 예상이 있기에, 이 책
에서는 삼성전자 주식을 모델로 초보 투자자가 알아야 할 거의
모든 것을 설명한다.

금융의정석 지음 | 16,000원
232쪽 | 152×224mm

슬기로운 금융생활

직장인이 부자가 될 방법은 월급을 가지고 효율적으로 소비하
고, 알뜰히 저축해서, 가성비 높은 투자를 하는 것뿐이다. 그 기
반이 되는 것이 금융 지식이다. 금융 지식을 전달함으로써 개설
8개월 만에 10만 구독자를 달성하고 지금도 아낌없이 자신의 노
하우를 나누어주고 있는 크리에이터 '금융의정석'이 영상으로는
자세히 전달할 수 없었던 이야기들을 이 책에 담았다.

최기운 지음 | 18,000원
252쪽 | 170×224mm

주식 투자의 정석

은행 예금으로 노후를 대비할 수 없는 저금리 시대에서는 단순
한 급여 저축만으로는 미래를 설계할 수 없다. 이런 이유로 많
은 개인투자자가 재테크를 위해 투자를 시작한다. 이 책은 새로
운 개인투자자로 거듭나기 위한 구체적인 방법과 노하우를 제
시한다. 과거 증시에서 개인투자자가 왜 투자에 성공할 수 없었
는지 원인을 분석해 투자에 실패하는 가능성을 줄이고자 했다.